需求冲击、不确定性与企业的出口和创新

亢梅玲◎著

中国社会科学出版社

图书在版编目（CIP）数据

需求冲击、不确定性与企业的出口和创新 / 亢梅玲著 . —北京：中国社会科学出版社，2024.2
ISBN 978-7-5227-3268-8

Ⅰ.①需⋯ Ⅱ.①亢⋯ Ⅲ.①外贸企业—出口贸易—研究—中国 Ⅳ.①F279.23

中国国家版本馆 CIP 数据核字（2024）第 053863 号

出 版 人	赵剑英	
责任编辑	戴玉龙	
责任校对	周晓东	
责任印制	王　超	

出　　版	中国社会科学出版社	
社　　址	北京鼓楼西大街甲 158 号	
邮　　编	100720	
网　　址	http://www.csspw.cn	
发 行 部	010-84083685	
门 市 部	010-84029450	
经　　销	新华书店及其他书店	
印　　刷	北京明恒达印务有限公司	
装　　订	廊坊市广阳区广增装订厂	
版　　次	2024 年 2 月第 1 版	
印　　次	2024 年 2 月第 1 次印刷	
开　　本	710×1000　1/16	
印　　张	16.5	
字　　数	266 千字	
定　　价	98.00 元	

凡购买中国社会科学出版社图书，如有质量问题请与本社营销中心联系调换
电话：010-84083683
版权所有　侵权必究

目　录

第一章　绪论 ………………………………………………………… 1

　　第一节　引言 ………………………………………………………… 1
　　第二节　国内外文献综述 …………………………………………… 3
　　第三节　研究内容和研究思路 ……………………………………… 8

第二章　需求不确定性与中国出口企业决策 ……………………… 10

　　第一节　引言 ………………………………………………………… 10
　　第二节　文献综述 …………………………………………………… 11
　　第三节　理论模型 …………………………………………………… 13
　　第四节　需求不确定性影响我国出口企业决策的实证研究 ……… 18
　　第五节　结论 ………………………………………………………… 31

第三章　出口学习、风险规避与多产品出口企业产品组合 ……… 33

　　第一节　引言 ………………………………………………………… 33
　　第二节　理论模型设定 ……………………………………………… 34
　　第三节　出口经验与多产品出口企业产品组合实证研究 ………… 42
　　第四节　结论 ………………………………………………………… 51

第四章　需求冲击、产品组合与多产品企业生产率 ……………… 52

　　第一节　引言 ………………………………………………………… 52
　　第二节　理论模型 …………………………………………………… 54
　　第三节　需求冲击对多产品企业产品组合的影响 ………………… 59
　　第四节　需求冲击、产品组合调整对多产品企业生产率的影响 … 70
　　第五节　结论和政策建议 …………………………………………… 73

第五章 贸易政策不确定性、汇率波动与出口附加值研究 …………… 75

- 第一节 引言 ………………………………………………………… 75
- 第二节 文献综述 …………………………………………………… 77
- 第三节 理论模型 …………………………………………………… 81
- 第四节 贸易政策不确定性、汇率与企业出口附加值实证分析…… 83
- 第五节 结论与政策建议 …………………………………………… 106

第六章 贸易政策不确定性、创新与企业出口升级 ………………… 109

- 第一节 引言 ………………………………………………………… 109
- 第二节 影响机制分析与基本假说 ………………………………… 111
- 第三节 数据与方法 ………………………………………………… 114
- 第四节 贸易政策不确定性、创新与企业出口升级实证分析 …… 119
- 第五节 影响机制检验及异质性分析 ……………………………… 131
- 第六节 结论与启示 ………………………………………………… 135

第七章 出口退税与企业创新 …………………………………………… 138

- 第一节 引言 ………………………………………………………… 138
- 第二节 文献综述与研究假设 ……………………………………… 140
- 第三节 研究设计 …………………………………………………… 145
- 第四节 出口退税与企业创新实证分析 …………………………… 147
- 第五节 结论与建议 ………………………………………………… 160

第八章 人口年龄结构与创新 …………………………………………… 162

- 第一节 引言 ………………………………………………………… 162
- 第二节 文献回顾 …………………………………………………… 165
- 第三节 人口年龄结构与创新研究假说 …………………………… 167
- 第四节 人口年龄结构与创新研究设计 …………………………… 169
- 第五节 人口年龄结构与创新实证分析 …………………………… 175
- 第六节 人口年龄结构与创新机制探讨 …………………………… 191
- 第七节 结论 ………………………………………………………… 196

第九章 企业不确定性感知与创新 …… 197

第一节 引言 …… 197

第二节 企业不确定性感知对创新影响的理论假说 …… 199

第三节 数据构建 …… 201

第四节 企业不确定性感知对创新影响的实证分析 …… 207

第五节 结论与建议 …… 219

第十章 结论与政策建议 …… 222

第一节 结论 …… 222

第二节 政策建议 …… 225

参考文献 …… 232

后 记 …… 257

第一章 绪论

第一节 引言

在 2008 年金融危机之后,全球经济复苏缓慢且不稳定,经济需求发生结构性变化,贸易增速和贸易自由化放缓,全球价值链扩张停滞,大宗商品价格震荡波动,各国为应对危机而采取的各种货币政策、贸易政策,甚至移民或者气候相关的政策都强化了这种不稳定状态。世界银行最新发布的《全球经济展望》将 2023 年全球经济增长预期下调至 2.1%,由于新冠疫情、乌克兰危机以及全球金融环境紧缩导致经济急剧放缓在内的多重冲击给新兴市场和发展中经济体造成重大挫折。全球经济不确定性持续存在。政治"黑天鹅"事件频发,地缘政治形势复杂,全球政治面临的诸多不确定性加剧了未来国际经济局势下行的风险。2016 年美国特朗普赢得大选、英国脱欧,主要经济体出现贸易保护主义和"逆全球化"的倾向。贸易保护主义无疑将会给全球经济的复苏带来不利影响,增大国际贸易中的冲突和摩擦。

2018 年,中美贸易争端引起了全球范围内的不确定性。美国政府实施了一系列关税政策,而中国政府则采取了应对措施。这种不确定性使得企业难以制定长期战略规划,缩减研发支出,从而影响了创新和经济增长。贸易政策的不确定性也对贸易产生了负面影响。企业在不确定的政策环境下难以预测未来的市场需求和生产成本,因此不敢承担过多的风险。这种情况导致了企业不愿意投资和拓展业务,最终影响了全球贸易的发展。在 2018—2019 年的美国和中国贸易争端期间,美国企业减少了从中国进口的商品数量,同时中国也减少了对美国的进口。这种贸易冲突导致了全球贸易的放缓,给各国经济带来了困难。

在最近的全球卫生危机中，贸易政策不确定性也在很大程度上影响了全球供应链和贸易。由于疫情引发的旅行限制和封锁措施，企业难以得到必要的原材料和零部件，这使得企业在生产和运营方面临着巨大的挑战。此外，由于全球各国的反应不同，一些国家在采取出口禁令和限制时，也导致了全球贸易的放缓，导致2008年金融危机以来经济复苏、贸易增长的步伐更加艰难，贸易保护主义与单边主义、逆全球化等势力不断凸显、发达国家对发展中国家频繁发起贸易摩擦、筑高贸易壁垒，使得全球经济贸易活动受到极大冲击，全球各经济体面临的不确定性日益提升。

拜登政府在核心产业链上加速"去中国化"，加强对华的技术和投资管制，通过"小院高墙"保护基础性的核心技术，加速对美国国家安全再投资，转向"新华盛顿共识"，通过芯片法案和通货膨胀法案，加速芯片和新能源产业回流。美国在亚太地区，加速推进印太经济框架（IPEF）供应链联盟，以及美日印澳四方（QUAD）安全对话机制和美英澳三边（AUKUS）安全伙伴关系军事联盟。中美两国贸易摩擦的常态化，以及美国在高科技领域对中国的遏制和打压不断加码，再加上美国的"近岸外包""友岸外包"政策的推行，导致我国面临产业链外移的风险和压力的不断加大。全球地缘政治冲突加剧和通胀高企，国际资本更加注重产业链和供应链的安全性，跨国资本加快了产业链布局的本土化、多元化和区域化，导致国际贸易和投资环境恶化，影响国家间正常交流，国际经贸规则面临重构，这些变化意味着我国出口企业将面临更大的不确定性，更高的成本以及更严峻的挑战。

党的二十大报告指出："当前，世界之变、时代之变、历史之变正以前所未有的方式展开。""人类社会面临前所未有的挑战，世界又一次站在历史的十字路口，何去何从取决于各国人民的抉择。""世纪疫情影响深远，逆全球化思潮抬头，单边主义、保护主义明显上升，世界经济复苏乏力，局部冲突和动荡频发，全球性问题加剧，世界进入新的动荡变革期。"世界百年未有之大变局进入加速演变期，国际形势继续发生深刻复杂变化，国际形势中不稳定、不确定、不安全因素日益突出。为应对复杂多变的国际环境，加快构建"双循环"新发展格局，坚持实施更大范围、更宽领域、更深层次对外开放，我们必须要积极应对贸易政策不确定性所产生的风险与冲击。政府和企业应该密切关注全球贸易政策的变化，及时调整商业决策，并通过多边贸易谈判和合作来维护全球经济的稳定和可持续发展。

第二节 国内外文献综述

本章将通过四个部分内容就目前学术界对于不确定性与贸易、不确定与创新的相关文献进行梳理总结。分别从不确定性的相关研究，贸易政策不确定性的相关研究、贸易与创新的相关研究以及不确定性对于贸易与创新的影响的相关研究等。

一 不确定性的相关研究

梳理近些年的文献，学者对于不确定性的研究主要涉及企业理论、企业投资、经济增长与国际贸易，我们主要研究不确定性与国际贸易和创新。我们将从以下方面浅述不确定性：

Knight（1921）首次提出不确定性的概念，能否使用具体数值测度是风险与不确定性的显著区别，确定性的存在是企业利润的理论来源。随着对于经济问题研究的深入发展，对于不确定也逐渐有了新的认识。Alchian（1950）认为，随着问题研究的深入与愈加复杂，即使作为每个理性人的个体做出最明智且最合理的选择的时候，结果也无法达到预期。Galbraith（1977）认为我们每个人都处在这个充满不确定性的时代。

二 不确定性的测度

Bloom（2009）开创性提出通过股票市场的波动率指数（VIX）度量不确定性；Jurado 等（2015）通过对大量宏观变量构建因子预测模型并基于预测误差构建了不确定指数；Baker 等（2016）通过对新闻报纸上的关键词文本分析构造了经济政策不确定指数（EPU）。关于中国经济的不确定性研究大多使用 Baker 等（2016）提出的经济政策不确定性及宏观总体层面的不确定性作为中国经济不确定性的代理变量。

Bachmann 和 Bayer（2014）在跨国层面上，英国脱欧和欧元区商业周期的不确定性增加了美国商业周期的不确定性，并拖累了美国经济增长和资产价格，COVID-19 的不确定性也是如此。Londono、Wilson（2018）及 Londono（2013）发现了各国股市波动之间存在强相关性的证据，Londono 等（2019）发现了宏观经济不确定性在各国之间存在溢出效应的证据。所有这些都表明，不确定性在全球范围内具有相当大的影响。

Ahir 等（2018）基于经济学人智库国家报告中"不确定性"及其变体的字数统计，为 143 个发达国家和发展中国家构建了一个不确定性衡量指标。这些报告涵盖了与政治和经济发展相关的特定主题，并具有跨国家的标准化结构。更重要的是，由于这些报告都是由同一来源制作的，因此减轻了国家之间意识形态偏见的可能性。世界不确定性指数（WUI）是国家层面不确定性指数的 GDP 加权平均值，使用 1996 年以来的季度数据计算，计算结果如图 1.1 所示。

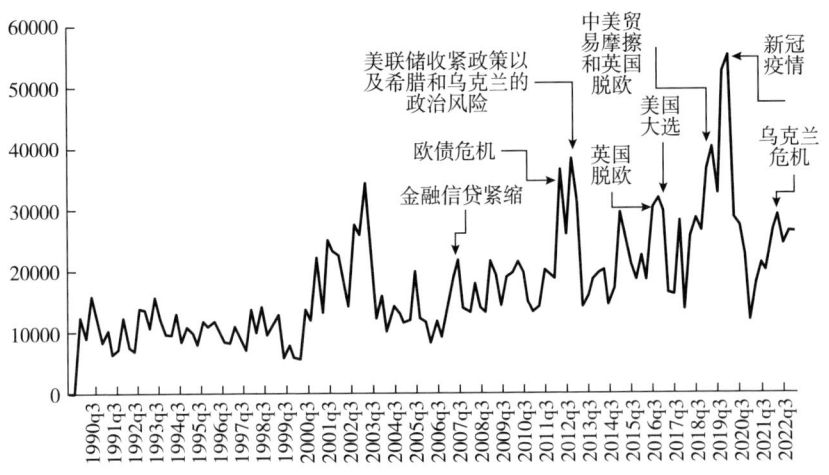

图 1.1　世界不确定性指数

资料来源：https://worlduncertaintyindex.com。

三　贸易政策不确定性的相关研究

贸易政策不确定性（TPU）的起源是经济政策的不确定性，经济政策不确定 EPU 即市场主体对于政府现在及未来将做出何种贸易决策以及该决策何时实施等情况无法准确预测。2008 年金融危机爆发，各国（地区）经济贸易发展遭受严重冲击，世界各经济体纷纷采取相应的财政政策、贸易政策或货币政策等经济政策来刺激经济复苏、调整经济社会的运行与发展，但这也导致各经济体以及全球 EPU 波动频率及波动幅度显著提升。

2014 年，贸易政策不确定性（Trade Policy Uncertainty）这个概念由

Handley（2014）提出，但早在此前就已经存在与贸易政策不确定性密切相关的研究。

（一）贸易政策不确定性的内涵

我们可以借助经济政策不确定性的内涵来研究贸易政策的不确定性，国内外专家学者主要对关于 EPU 的定义主要分为广义和侠义两个角度。从广义角度看，EPU 主要指政策变动的不确定和政策变动诱因的不确定以及政策变动结果的不确定三个方面；从狭义角度看，则从经济主体预期出发，EPU 主要指经济主体不能准确预测未来政府部门将采取何种财政政策、货币政策、贸易政策或金融政策等的某种经济环境或经济政策因素（Huseyin 和 Mihai，2013；刘洪铎和陈和，2016；裴斌等，2021；胡沅洪和戴一鑫，2021），而这种经济环境或经济政策的不确定性主要是由经济衰退、自然灾害、战争、政治选举或立法等因素造成的，这也符合 Baker 等（2015）的观点——EPU 包含了对经济不确定性与政策不确定性两个维度的考量，并且其在构建 EPU 综合性指数时也同时考虑了经济和政策两方面的不确定性。

（二）贸易政策不确定性的测度

随着对贸易不确定性的研究逐渐深入，随着逐渐发达的科学技术，国内外学者对于贸易不确定性有了更加深刻的认知。关于贸易不确定性主流上有两种计算方法。Baker（2016）首次提出采用"文本分析"的方法，求出美国各类讨论贸易不确定性的文章的占比，将其作为美国经济政策的不确定性，进而求出贸易政策的不确定性指数。Handley（2014）借助理论模推导出第二种计算方法，即引入关税的概念，贸易政策的不确定性与关税上限呈现正相关的关系，同时与贸易最惠国呈现负相关的关系。在此基础上 Groppo 和 Piermartini（2014）将贸易不确定性计算为世贸组织约束关税与最惠国关税的差值。虽然贸易不确定性是借助关税水平计算而得，但是其经济学上的含义并不是简单地代表着一国关税水平的高低。而是关税水平的逆转的程度很大，一言以蔽之，贸易政策的不确定性其本质是带来关税的变动带来的一种不确定性。图1.2则是采用第二种方法所计算得出的中国行业贸易不确定性的各种指数。

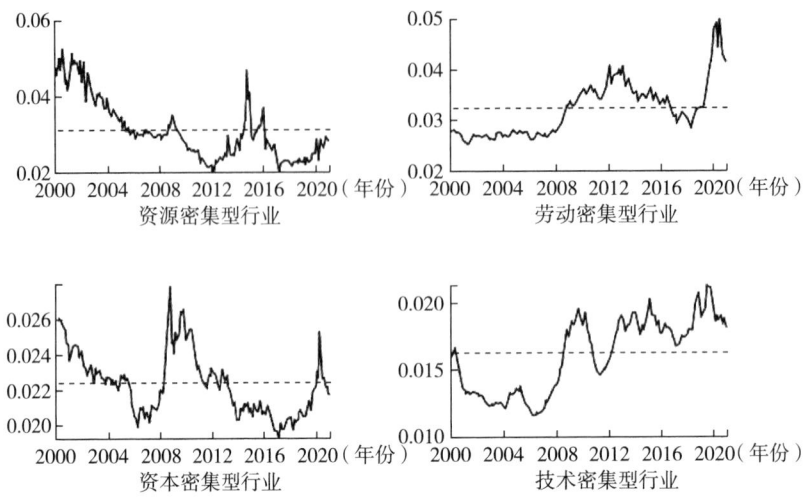

图1.2 中国行业贸易不确定性指数

资料来源：参见邓创等《中国贸易不确定性的行业关联动态及其对进出口贸易的影响》，《数量经济研究》2022年第4期。

四 贸易政策不确定性对贸易与创新的相关研究

（一）贸易政策不确定性与出口

优惠贸易协定广泛存在，是贸易一体化的成功源泉。优惠贸易协定所做的只是将关税从已经很低的最惠国待遇水平降至零（Limão，2016）。Crowley等（2020）构建了假设最惠国待遇逆转的关税风险措施；他们发现公投导致英国出口公司进入（退出）风险较高产品的数量大幅减少。Douch等（2019）采用了类似的方法，发现风险较高产品的英国出口商将出口转向了非欧盟国家。Graziano等（2021a）认为，英国脱欧TPU的影响甚至在公投之前就已经存在。保守党于2015年5月当选，自那以后，预测市场（民意调查）为新政府承诺的公投结果提供了高频率的可能性。这些概率可以代表出口商对制度变化的信念，他们发现，英国与欧盟双边贸易额减少了11%—20%，产品层面的贸易参与减少了。Ahmad等（2020）探索了克服这些困难的新数据。它们使用欧盟和英国在优惠和最惠国水平上的部门服务和贸易限制指数来构建风险度量；这些与2016年第一季度至2018年第四季度英国脱欧的可能性相互作用。他们发现英国脱欧TPU对服务业产生了显著的负面影响。Carballo等（2018）模拟了减少不确定性的 PTA 如何通过防止贸易政策放大经济冲击来为出口商提供保险。他们的模型预测，收入不确定性的增加会降低出口商进入该市场的净门槛，特别是在没有 PTA 的情况下。他们发现 2008 年的金融危机，当时大规模的经济衰退和不确定性引发了贸易争端的预期。与签订 PTA 目的地相比，美国公司对非 PTA 的出口降幅更大。此外，在贸易争端中威胁关税较高的行业和收入不确定性较高的市场，这种差异更大。

从微观角度来讲，贸易政策不确定性主要体现在对企业出口的影响。Handley（2017）提供的证据表明，给予中国 PNTR 地位，降低了其在美国面临的 TPU，对出口价值和价格造成较大影响。美国永久正常贸易关系对中国出口的影响得到了其他研究的证实，Pierce 和 Schott（2016）使用美国进口交易数据，重点关注美国制造业就业。Feng 等（2017）预期的较低关税增加了中国企业进入美国的机会，并侧重于单位价值。Feenstra 和 Sasahara（2018）估计最终商品最惠国待遇被撤销的隐含概率为 15%。Alessandria 等（2019）提供证据表明国会撤销投票改变了关税预期。在投票前的几个月里，中国对美国的出口增加，然后下降。马野清（2019）将出口二元边际嵌入异质性企业贸易模型进行理论分析，并使用 2002—2013 年中国出口企业的微观数据对理论假说进行检验，贸易政策不确定性的下降会促进企业的出口总量和二元边际提升；刘晴（2022）随着贸易政策不确定性的降低，企业从事一般贸易出口的比重将上升，通过加工贸易出口的比重将下降。

韩慧霞（2019）在归纳已有研究的基础上首次通过严格而细致的数理模型推导出了贸易伙伴 TPU 对一国高技术产业出口技术复杂度的影响；王明涛（2022）运用 2001—2013 年中国工业企业和海关贸易数据库合并数据，以中国—东盟自由贸易区为外生冲击事件，实证分析贸易政策不确定性下降对企业出口产品质量的影响。邓创（2022）从行业视角出发测度中国贸易不确定性指数，并在分析其行业关联动态的基础上，进一步运用 TVP-VAR 模型从贸易规模增长和贸易结构优化两个维度，实证考察了贸易不确定性冲击的影响动态及行业异质性特征。

（二）贸易政策不确定性与创新

从宏观角度来讲，Qing 和 Ma（2020）认为贸易自由化可以通过消除政策确定性从而鼓励创新来促进经济增长，其影响路径如下所示：第一个途径是，关于 TPU 减少效果的一个重要假设为它扩大了出口商的市场，专利申请衡量的是创新的产出。第二个途径是，创新可以通过不同类型的投入来实现。借助两个途径可以促进经济增长。Chen 等（2021）采用双重差分，发现与未受此政策影响的公司相比，受 PNTR 影响的公司的专利申请和专利引用显著增加。减少与中国进口相关的不确定性可以提高美国公司进行长期不可逆转投资（如技术创新）的吸引力。Xiao 和 Li（2021）研究了贸易政策不确定性、政治关系和政府补贴之间的关系。结果表明，当贸易政策不确定性上升时，中国政府倾向于增加对能源企业的补贴，政治关系在加强因果效应方面发挥了积极作用。

从微观角度来看，贸易政策不确定性与企业创新更多则体现在与企业个体相关。Shen 和 Hou（2021）认为贸易政策的不确定性与企业创新呈正相关，表明企业在贸易政策高度不确定的时期会促进创新以获得增长机会的优势。此外，贸易政策不确定性对企业创新的积极影响对于拥有更多政府补贴和管理所有权的企业来说不太明显。Xia 等（2022）研究发现 TPU 水平越高，企业创新产出越大。张文宇（2023）认为贸易政策不确定性对出口企业创新存在显著负向作用，贸易政策不确定性增加加剧市场要素错配是其中的关键影响路径。谢杰等（2021）研究发现，贸易政策不确定性的下降对出口企业加成率产生的效应呈"U"形走势。司登奎（2022）从金融市场化视角为应对贸易政策不确定性冲击以引领企业创新型发展提供可行性诠释，选取 2003—2018 年中国非金融类上市公司为研样本，实证检验了贸易政策不确定性对企业创新绩效的影响。

第三节 研究内容和研究思路

一 研究内容

第一章绪论，主要是课题的理论意义和现实意义，文献综述以及研究思路。第二章研究需求不确定性与中国出口企业决策。第三章研究了出口学习、风险规避与多产品出口企业产品组合。第四章研究了需求冲击、产品组合和多产品企业生产率。第五章研究了贸易政策不确定性、汇率波动与出口附加值。第六章研究了贸易政策不确定性、创新与企业出口升级。第七章研究了出口退税与企业创新。第八章研究了人口年龄结构与创新。第九章研究了企业不确定性感知与创新。第十章是关于结论与政策建议。

二 研究思路

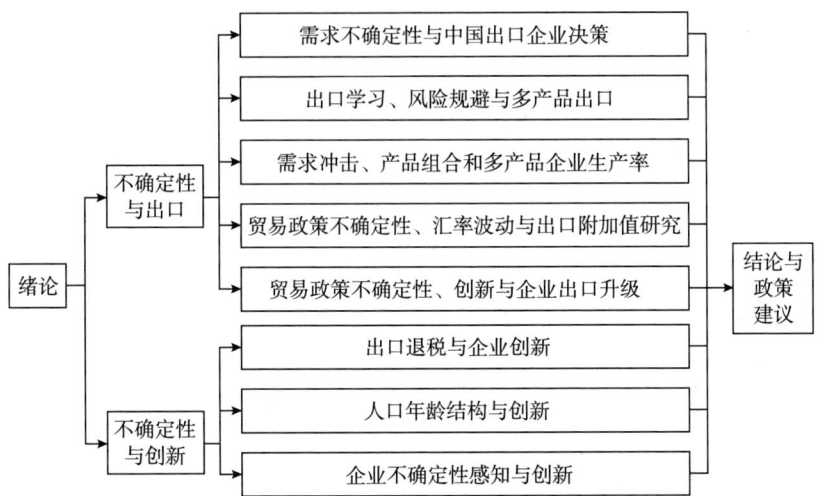

图 1.3 研究思路

第二章 需求不确定性与中国出口企业决策

第一节 引言

2008年金融危机之后,全球的经济复苏缓慢,同时全球政治经济进入到一个不稳定的时期。2016年更是"黑天鹅"事件频频发生,贸易保护主义和"逆全球化"开始对国际贸易产生现实的威胁。据计算,2015—2016年国际经济政策不确定性指数(EPU)上升了约30%。

国际形势的深刻变化意味着我国出口企业将面临更大的不确定性,面对更严峻的挑战。外国需求、外汇汇率、宏观经济政策一直是影响出口企业决策的主要因素,其不确定性的增加无疑会影响到出口企业的行为。本章以异质性企业为出发点,将注意力集中到宏观经济的不确定性上,研究出口目的地国经济波动如何对企业的集约边际和广延边际产生影响。进一步利用企业层面数据对出口国宏观经济不确定性对我国出口企业出口决策的影响进行了实证研究,并根据结论提供可行性的建议。

本章的边际贡献有以下几个方面:第一,构建了一个存在需求不确定性的异质性企业模型,并根据模型讨论了出口目的国和地区需求不确定性对出口企业行为的影响;第二,本书扩充了关于不确定性的实证研究,现存文献多关注企业对政策不确定性的反应,进一步利用中国微观层面数据验证了需求不确定性对出口企业的影响,丰富了相关方面的文献。

第二节　文献综述

在国际商品贸易的理论中长期都忽视了不确定性的影响，即使这种影响是显然存在的。Markorwitz（1959）和 Tobin（1958）建立起均值和方差方法研究资产组合配置，被用来衡量国际商品贸易中的不确定性，此后不确定性对贸易影响的研究继而蓬勃发展起来。

到目前为止文献中考虑到的不确定性因素主要有三种：宏观经济的不确定性、汇率的不确定性以及政策的不确定性。Brainard 和 Cooper（1968）、Bardhan（1971）、Batra 和 Russell（1974）、Ruffin（1974a）等的研究认为出口目的地国（地区）宏观经济的不确定性不仅导致了出口产品的总体产量减少，而且还降低了社会福利水平。这也就意味着国家经济的开放是会产生副作用的，因为经济开放会导致不确定性的增加，所以政府应该在开放经济的同时加强宏观干预来降低不确定性带来的负面影响。Dixit（1989）研究了宏观经济的不确定性对企业二元边际影响。作者认为宏观经济波动会带来商品价格的变化，从而使得生产者调整自己的产品，这都会带来转换的沉没成本，因此宏观经济的不确定性会对企业"集约边际""广延边际"产生影响。Bloom（2014）使用 2007—2009 年金融危机时期的美国股票市场波动的数据研究了宏观经济的不确定性对企业和消费者的影响，他认为不确定性和经济萧条是并行的，不确定性随着经济萧条而加剧，而经济萧条又进一步增加了经济的不确定性。Wang（2016）建立了一个垄断竞争的异质性企业模型，指出当出口市场的经济不确定性升高时，企业会提高价格和加成来应对，作者使用了中国工业企业库以及海关库 2000—2008 年的数据来进行实证检验，当企业所面临的不确定性升高时，企业的生产率会有下降而企业的产品平均价格会增加。De Sousa（2016）使用法国的制造业企业数据衡量了目的国和地区宏观和行业两个层次的市场波动对企业出口行为的影响，实证结果表明市场波动增加不仅会减少出口销售额和出口可能性，也会减少出口对于贸易政策的敏感度。行业层面的需求波动对生产效率更高的企业的影响更大，会导致市场份额从生产效率高的企业向生产效率低的企业转移。戴觅和茅锐（2015）使用了 2006—2009 年的工业企业库和海关库配对数据研究了中国出口企业在面临外需冲击时的出口和内销策略的转变。

Ethier（1973）指出如果企业是风险厌恶的，汇率风险就会增加贸易成本，减少贸易中的获益。Grier 和 Smallwood（2007）发现这种现象在发展中国家表现得更突出。Hericourt（2015）使用中国企业层面的数据研究了企业层面出口行为对实际汇率波动的反应，研究发现当某目的国和地区市场汇率波动加大时企业会减少出口额，融资约束较大的企业因其资金链条更加脆弱，其出口减幅会更大。

Handley 和 Limao（2014）构建了一个有着出口沉没成本的动态的异质性企业模型，发现当贸易政策处于不确定状态时，投资和进入出口市场的企业数目减少。Handley 和 Limao（2016）、Feng 等（2016）运用中国数据研究了加入 WTO 背景下，贸易政策稳定性增加对中国企业向美国和欧盟出口行为的影响。Feng 等（2016）研究结果发现贸易政策稳定性增加导致价格低而质量高的企业进入出口市场，价格高质量差的企业会退出出口市场。Handley 和 Limao（2016）的研究结果表明贸易政策稳定性提高使得美国消费品价格下降，消费者的相对收入提高。Baker 等（2016）统计了美国从 20 世纪开始发行的报纸中提到经济、不确定性以及政策相关字样的文章出现的频率，以此作为经济政策稳定性的指标（EPU），发现政府采购涉及更多的行业中的企业对政策不确定性的反应更大。Davis（2016）在 Baker 等（2016）的基础上使用占全球产出 2/3 的 16 个国家的 EPU 指数上构建了月度的全球经济政策不确定指标（GEPU），发现 GEPU 指标在亚洲金融危机、2008 年金融危机等重大事件发生时迅猛上升，并在某些经济危机持续时在较高水平波动，说明它对于衡量政策不确定性是个灵敏度较高的指标。

以上所有的文章都是从宏观的角度来衡量不确定性的影响，但实际上正如 Bloom（2014）研究的那样，宏观经济的不确定性往往和经济萧条是同时存在的，很难分别哪些变化是由经济下行导致的预期变化引起，哪些是由宏观经济的不确定性引起。Kozeniauskas 等（2016）提出企业面临的不确定性可以分为三个层次，分别是"微观的不确定性""宏观的不确定性""更高级的不确定性"。其中，"微观的不确定性"指的是产品层面的不确定性，由企业无法了解消费者偏好的信息导致；"宏观的不确定性"指的是宏观经济层面的不确定性，由宏观经济冲击引起的消费者收入变化导致；

"更高级的不确定性"则是市场前景预期的错误估计导致的风险。Kozeniauskas 等（2016）指出，这三种冲击之间有很强的相关性，但是因为其源于不同的原因，能够互相独立存在，有时甚至会有相互替代的关系。

由于更难预测，相比宏观经济的不确定性企业对"微观的不确定性"即产品层面的不确定性的反应更加强烈。根据 Brode 和 Weinstein（2007）的统计，26%进入美国市场的产品都会在两年内退出，而最容易退出的是那些低销售额的产品：市场占有率处于最末 1%的产品中有 20%会在 1 年内退出市场，而市场占有率处于最前 50%的产品只有 1%会在一年内退出市场，能在市场上存在 4 年以上的产品其销售额比平均水平高出 23%。因此 Brode 和 Weinstein（2007）得出结论，产品失败的主要原因是其过低的需求而不是过高的成本。Nguyen（2016）通过研究荷兰 2009 年到 2011 年的出口数据发现，在控制了自选择效应的前提下，销售额的波动仅仅有 15%可以由生产率的波动解释，这跟 Melitz（2003）的假设明显是不符的。Nguyen（2016）认为销售额波动的主要原因是市场需求的变化，通过构建一个需求异质性模型，Nguyen（2016）发现那些产品需求更高的企业将在市场中存活下来，而那些产品需求更低的企业将退出市场。

通过对以往文献的归纳整理，我们发现以下几方面的问题：首先，关于使用中国数据进行研究分析的文献大多集中在政策不确定性这一领域，对市场需求不确定性的研究非常少，而如今全球经济形势不明，贸易增速放缓，市场需求的不确定性对中国出口企业的影响不容小觑。其次，研究的落脚点大多在出口企业的二元边际上，即进入或退出市场，以及企业间的资源流动，产量决策。而多产品企业在我国出口企业中占比 75%以上，企业的产品决策也必然会受到目的国和地区需求不确定性的影响，那么将原有的研究领域扩展到多产品领域是有必要的。

第三节 理论模型

本章的理论部分参照了 De Sousa（2016）的模型设定，通过更合理的设计使其更加完备和具有一般性。我们假设了一个开放经济的情形，i 国企业在出口市场之前无法准确预测目的地国 j 的支出水平 R_j，而 R_j 取决于随机冲击。我们同时假设，企业可以通过观察历史信息知晓 R_j 的分布，从而在进入出口市场前做出决策，其中$E(R_j)$，$V(R_j)$，$S(R_j)$分别代表目的国和地区支出水平波动性的均值、标准差、偏度，为简单起见我们假设两个国家之间的波动性没有关系。因为每个企业都面对着相同的支出水平R_j，所以每个企业其实都面临着相同的随机冲击，这会产生两方面的影响：一方面由于总需求曲线不确定，所有风险厌恶企业的产出水平应该都会减少；另一方面因为会有一部分企业退出出口市场，那么余下企业的市场份额又可能升高，即使只是相对价格的变化也可能会使得市场资源重新分配。因此行业层面的不确定性对企业的影响并不是完全确定的。下面我们通过设定企业以及目的国和地区的一些特征来推导出风险厌恶的企业对行业层面的不确定性是如何做出反应的。

一 代表性消费者

我们假设 j 国所有消费者都拥有相同的偏好，令代表性消费者的偏好满足 CES 形式，每种消费品的替代弹性为 $\sigma = \frac{1}{1-\rho} < 1$。则代表性消费者的效用表达式为：

$$U_{c_j} = \left(\int_{v \in \Omega_j} q_j(v)^\rho \mathrm{d}v \right)^{\frac{1}{\rho}} \quad (2.1)$$

其中，Ω_j 表示的是可消费的产品集合，$q(v)$ 指的是每个产品的消费量。我们假设差异性产品的偏好互不影响，并且 $\rho < 1$ 使 $q_j(v)^\rho$ 满足 $\sigma q_j(v)^\rho / \sigma q_j(v) > 0$，$\sigma^2 q_j(v)^\rho / \sigma q_j(v)^2 < 0$。可以看出消费者更乐意消费多种产品但是每种产品带来的边际效用是递减的。目的国和地区 j 的代表性消费者的消费同时受到价格与支出的约束，其约束条件如下：

$$\int_{\Omega_j} p_j(v) q_j(v) \mathrm{d}v = R_j \quad (2.2)$$

其中，R_j 是 j 国代表性消费者的支出水平，$p_j(v)$ 指的是 j 国销售的产品 v 的价格，最大化代表性消费者的效用，可以得到每种产品 v 的价格需求函数为：

$$p_j(v) = R_j q_j(v)^{\rho-1} Q_j^{-1} \quad (2.3)$$

其中，$Q_j = \int_{v \in \Omega_j} q_j(v)^\rho \mathrm{d}v$ 是行业供给。可以看到每种产品 v 的需求都随着 R_j 的增加而增加并且随着它本身的供给量以及行业总供给量的增加而下降。这样出口企业在目的国和地区 j 面临的需求曲线就是向下弯曲的，并且取决于随机波动的 R_j。

二 面临不确定性的企业

在本章中市场的结构是垄断竞争的,每个企业都能提供可以相互替代的产品 v。市场上只有劳动这一种生产要素,并且劳动的供应无弹性。设 φ 为劳动力生产率,那么产量 $q_{ij}(v)$ 所需要的劳动数量为 $l_{ij}(v) = \tau_{ij}q_{ij}(v)/\varphi$,$\tau_{ij}$ 为冰山成本并且大于 1。我们假设劳动生产率为已知,并且各个企业不同。

在目的地国和地区需求存在不确定的情况下企业可以选择先确定产量或者先确定价格,然后由市场实际需求决定其出清水平。在本章中我们采用 De Sousa 等 (2020) 的做法,假设企业在不确定状态下决定其产量,然后由确定后的支出水平决定价格的市场出清价格。假设 q_{ij} 为 i 国企业决定出口至国家 j 的产品 v 的产量,均衡价格 $p_{ij}(v)$ 将在需求曲线确知后得到,而企业在 j 国的预期出口利润由下式表达:

$$E[\pi_{ij}(v)] = E[p_{ij}(v)]q_{ij}(v) - c_{ij}(v)q_{ij}(v) \tag{2.4}$$

其中,w_i 为 i 国当前的工资水平,$c_{ij}(v) = w_i \tau_{ij}/\varphi$ 为企业的单位成本。i 国企业的总利润水平等于其出口国利润水平之和,即 $\pi_i(v) = \sum_j \pi_{ij}(v)$。

我们可以得到企业在外国市场上的期望价格:

$$E[p_{ij}(v)] = E(R)_j q_{ij}(v)^{\rho-1} Q_j^{-1} \tag{2.5}$$

而每个企业在目的国和地区 j 的预期市场份额为:

$$s_{ij}(v) = \frac{E[p_{ij}(v)]q_{ij}(v)}{E(R_j)} = q_{ij}(v)^{\rho} Q_j^{-1} \tag{2.6}$$

其中,v 产品在 j 国的预期市场份额随着其产出水平增加而增加,并且企业的边际利润也是正的。利用预期市场份额,我们还可以求出利润的方差与偏度:

$$V[\pi_{ij}(v)] = V[(R_j q_{ij}(v)^{\rho-1} Q_j^{-1} - c_{ij}(v))q_{ij}(v)] = V(R_j)s_{ij}(v)^2 \tag{2.7}$$

$$S[\pi_{ij}(v)] = S[(R_j q_{ij}(v)^{\rho-1} Q_j^{-1} - c_{ij}(v))q_{ij}(v)] = S(R_j)s_{ij}(v)^3 \tag{2.8}$$

可以看出,产品利润 $\pi_{ij}(v)$ 的方差与偏度不仅受到居民支出 R_j 的影响,也受到产品市场规模的影响,产品的市场份额越大,其利润的方差与偏度越大。

三 集约边际

企业经营的目的是实现其效用的最大化。我们假设企业的效用函数是由利润的凹函数 $U_m(\pi_i)$ 决定的,意味着 $U'_m(\pi_i) > 0$,$U''_m(\pi_i) < 0$。风险厌恶意味着企业愿意支付一定的风险溢价来避免不确定性风险,参照

Eeckhoudt 等（2005），以及 De Sousa 等（2020），我们假设 π_i 的三个中心矩阵存在，将 $U_m(\pi_i)$ 写成关于 $E(\pi_i)$ 的三阶泰勒展开式，并对两边取期望得到：

$$EU_m(\pi_i) \approx U_m[E(\pi_i)] + \frac{1}{2}U_m''[V(\pi_i)] + \frac{1}{6}U_m'''[S(\pi_i)] \quad (2.9)$$

其中，$E(\pi_i)$，$V(\pi_i)$，$S(\pi_i)$ 分别为 π_i 的均值、方差以及偏度。从期望效用理论可以得知，衡量一个企业决策者的风险厌恶程度的方法之一就是看其风险溢价的大小。在这里我们将风险溢价定义为一定数量的金额 Γ，使得企业决策者风险回报 π_i 和相应的无风险回报 $E(\pi_i)$ 等价：

$$EU_m(\pi_i) = U_m[E(\pi_i) - \Gamma_i] \approx U_m[E(\pi_i)] - \Gamma_i U_m' \quad (2.10)$$

结合公式（2.9）和公式（2.10），我们可以得到企业风险溢价水平 Γ_i。由于我们假设各出口目的地国和地区的风险不相关，因此总风险溢价 Γ_i 等于所有出口目的国和地区风险溢价之和：

$$\Gamma_i \approx \theta_v V(\pi_i) - \eta_v S(\pi_i) = \sum_j \Gamma_{ij} \approx \sum_j \theta_v V(\pi_{ij}) - \eta_v S(\pi_{ij}) \quad (2.11)$$

其中，$\theta_v = -\frac{U_m''}{2U_m'} > 0$，$\eta_v = \frac{U_m'''}{6U_m'} > 0$。从期望效用理论可以得出最大化 $EU_m(\pi_i)$ 等同于最大化确定性同等支出 $\prod_v(\pi_i) = E(\pi_i) - \Gamma_i$。根据式(2.11)确定性同等支出可以写为：

$$\prod_v(\pi_i) = E(\pi_i) - \Gamma_i = \sum_j E(\pi_{ij}) - \Gamma_{ij} \quad (2.12)$$

其中，$E(\pi_{ij}) = s_{ij} E(R_j) - c_{ij} q_{ij}$。企业的目的是调整出口 q_{ij} 来令 $\prod_v(\pi_i)$ 最大化，即令 $\delta \prod_v(\pi_i)/\delta q_{ij} = 0$。一阶条件如下式所示：

$\delta \prod_v(\pi_i)/\delta q_{ij} = q_{ij}(v)^\rho Q_j^{-1}$

$$\frac{\delta s_{ij}}{\delta q_{ij}} E(R_j) \left[1 - \frac{\delta \Gamma_{ij}}{\delta s_{ij}} \frac{1}{E(R_j)} \right] - c_{ij} = 0 \quad (2.13)$$

其中，$\dfrac{\delta s_{ij}}{\delta q_{ij}} = \rho\, q_{ij}(v)^{\rho-1} Q_j^{-1} = \rho\, \dfrac{E[p_{ij}(v)]}{E(R_j)} \quad (2.14)$

使用式（2.11）和式（2.13），根据隐函数定理，我们可以得到 q_{ij} 与 $V(R_j)$ 的关系：

$$\frac{\delta q_{ij}}{\delta V(R_j)} = -\frac{\dfrac{\delta^2 \prod_v(\pi_i)}{\delta q_{ij} \delta V(R_j)}}{\dfrac{\delta^2 \prod_v(\pi_i)}{\delta q_{ij}^2}} \quad (2.15)$$

显然 $\frac{\delta^2 \prod_v(\pi_i)}{\delta q_{ij} \delta V(R_j)} < 0$,但是 $\frac{\delta^2 \prod_v(\pi_i)}{\delta q_{ij}^2}$ 的符号不容易确定。我们假设市场上的商品供给足够大($Q<\infty$)使得 $\frac{\delta^2 \prod_v(\pi_i)}{\delta q_{ij}^2} < 0$。在这种条件下出口目的地国和地区居民收入方差的增加会导致企业减少其出口 $\left(\frac{\delta q_{ij}}{\delta V(R_j)} < 0^{①}\right)$,否则不成立。

命题1:出口目的地国和地区居民收入方差的增加会导致企业减少其出口 $\left(\frac{\delta q_{ij}}{\delta V(R_j)} < 0^{②}\right)$。

同理我们可以得到 q_{ij} 与 $S(R_j)$ 的关系:

$$\frac{\delta q_{ij}}{\delta S(R_j)} = -\frac{\frac{\delta^2 \prod_v(\pi_i)}{\delta q_{ij} \delta S(R_j)}}{\frac{\delta^2 \prod_v(\pi_i)}{\delta q_{ij}^2}} \tag{2.16}$$

显然 $\frac{\delta^2 \prod_v(\pi_i)}{\delta q_{ij} \delta S(R_j)} > 0$,而且在证明式(2.12)时我们假设 $\frac{\delta^2 \prod_v(\pi_i)}{\delta q_{ij}^2} < 0$,所以在这种条件下出口目的地国和地区居民收入偏度的增加会导致企业增加其出口 $\left(\frac{\delta q_{ij}}{\delta S(R_j)} > 0\right)$。

---

① 因为 $\frac{\delta^2 \prod_v(\pi_i)}{\delta q_{ij} \delta V(R_j)} = -2\theta_v \rho q_{ij}^{2\rho-1} Q^{-2} < 0$,$\frac{\delta^2 \prod_v(\pi_i)}{\delta q_{ij}^2} = E(R_j) \frac{\delta^2 s_{ij}}{\delta q_{ij}^2} - \frac{\delta^2 \Gamma_{ij}}{\delta q_{ij}^2} - c_{ij}$,因为 $\frac{\delta^2 s_{ij}}{\delta q_{ij}^2} = \rho(\rho-1) q_{ij}^{\rho-2} Q^{-1} < 0$,$\frac{\delta^2 \Gamma_{ij}}{\delta q_{ij}^2} = \frac{\delta^2 s_{ij}}{\delta q_{ij}^2}(2\theta_v V(R_j) s_{ij} - 3\eta_v S(R_j) s_{ij}^2) + \left(\frac{\delta s_{ij}}{\delta q_{ij}}\right)^2 (2\theta_v V(R_j) - 6\eta_v S(R_j) s_{ij}) = \rho^2 q_{ij}^{2\rho-2} Q^{-2} \left(\frac{\rho-1}{\rho} \frac{2\theta_v V(R_j) - 3\eta_v S(R_j)}{2\theta_v V(R_j) - 6\eta_v S(R_j)} - 1\right) > 0$,则 $\frac{\delta^2 \prod_v(\pi_i)}{\delta q_{ij}^2} < 0$。

② 因为 $\frac{\delta^2 \prod_v(\pi_i)}{\delta q_{ij} \delta V(R_j)} = -2\theta_v \rho q_{ij}^{2\rho-1} Q^{-2} < 0$,$\frac{\delta^2 \prod_v(\pi_i)}{\delta q_{ij}^2} = E(R_j) \frac{\delta^2 s_{ij}}{\delta q_{ij}^2} - \frac{\delta^2 \Gamma_{ij}}{\delta q_{ij}^2} - c_{ij}$,因为 $\frac{\delta^2 s_{ij}}{\delta q_{ij}^2} = \rho(\rho-1) q_{ij}^{\rho-2} Q^{-1} < 0$,$\frac{\delta^2 \Gamma_{ij}}{\delta q_{ij}^2} = \frac{\delta^2 s_{ij}}{\delta q_{ij}^2}(2\theta_v V(R_j) s_{ij} - 3\eta_v S(R_j) s_{ij}^2) + \left(\frac{\delta s_{ij}}{\delta q_{ij}}\right)^2 (2\theta_v V(R_j) - 6\eta_v S(R_j) s_{ij}) = \rho^2 q_{ij}^{2\rho-2} Q^{-2} \left(\frac{\rho-1}{\rho} \frac{2\theta_v V(R_j) - 3\eta_v S(R_j)}{2\theta_v V(R_j) - 6\eta_v S(R_j)} - 1\right) > 0$,则 $\frac{\delta^2 \prod_v(\pi_i)}{\delta q_{ij}^2} < 0$。

更进一步,我们发现出口目的地国和地区居民收入方差和偏度对企业出口产品数量的作用受到企业生产率水平的影响。根据模型的基本假设 $\left(\frac{\delta q_{ij}}{\delta \varphi_i}>0, \frac{\delta^2 q_{ij}}{\delta \varphi_i^2}<0\right)$,可以得到:

$$\frac{\delta^2 q_{ij}}{\delta \varphi_i \delta V(R_j)}<0<\frac{\delta^2 q_{ij}}{\delta \varphi_i \delta S(R_j)} \tag{2.17}$$

命题 2:对于生产率水平更高的企业,面对更高的不确定性其产量下降的幅度将更高。

四 广延边际

我们认为进入目的国和地区市场需要投入一定的固定成本 (f_{ij})。只有当预期收入高于固定成本时,企业才会决定出口到该外国市场,即 $\prod_{ij} \equiv E(\pi_{ij}) - \Gamma_{ij} > f_{ij}$。我们知道,当出口目的地国和地区不确定性上升(表现为 $V(R_j)$ 的上升)时,Γ_i 会随之上升而 $\prod_{ij}$ 会下降。一旦 $\prod_{ij}$ 下降到 f_{ij} 之下,企业将会退出市场。

命题 3:出口目的地国不确定性上升导致生产率较低的企业退出该市场。

第四节 需求不确定性影响我国出口企业决策的实证研究

本章这一部分将对本章的实证结果进行介绍和分析,包括论文所使用的数据来源和处理方式,变量的选择理由、计算方法与描述性统计以及多个层次实证结果的分析。

一 数据来源

本章使用了三个数据库的匹配数据,包括中国工业企业数据库、中国海关数据库以及 CEPII BACI 数据库,数据年限为 2000—2009 年。

(1)中国工业企业微观数据库:包含全部国有和规模以上(主营业务收入超过 500 万元)非国有企业的企业层面的信息,比如企业产值、增加值、中间投入、固定资本、员工人数、企业性质等。因为数据统计过程中会有各种错误,为了得到有效数据,参照谢千里(2008)的数据筛选程序,本章剔除了以下观测样本:①总资产、固定资本合计、中间投入品和工业增加值等变量缺失或者小于 0 以及雇佣量小于 10 人的企业；②不符合一般会计准则的数据，包括流动资产大于总资产、固定资产大于总资产、企业成立年份缺失的企业。工业企业库中的产值，中间投入等数值采用的当年价记录，本章选用省份的出厂价格指数、中间投入品价格指数、固定资本价格指数来对数据进行平减，最终得到以 2000 年为基期的实际值。

（2）中国海关数据库：为中国企业—产品层面的出口月度数据，包含企业进出口的 HS8 分位的产品信息，如产品出口目的地、贸易方式、运输方式、出口数量、出口值等。本章为研究需要，将该月度、HS8 分位数据整合到年度、ISIC 四分位。

（3）CEPII BACI 数据库：是 HS6 分位产品层面的国际贸易流量数据库，它包含 200 多个国家和 5000 多个产品的进出口流量，该数据是由 COMTRADE 提供的贸易流量整理而来的，采取了不同的产品分类方法。它包含国家 i 出口到国家 j 的 HS6 分位的产品数量和价值。我们将 CEPII BACI 数据整合到 ISIC 四分位。

由于三个数据库的企业代码采用不同的编码体系，为了得到合并后的数据本章对其进行了匹配。首先在匹配中国工业企业数据库和海关库时，本章为了保留尽可能多的数据，对两个数据库进行了三轮匹配：其一，使用企业名称信息进行匹配，匹配未成功的数据进入下一轮匹配；其二，使用企业电话加邮编作为识别变量进行匹配，匹配未成功的进入第三轮匹配；其三，使用企业法人代表加邮编进行匹配。将三轮匹配成功的数据合并在一起作为最终的数据集。其次因为海关库和 BACI 数据库的国家编码体系不同，将通过 CEPII BACI 数据计算的指标通过国家名称（中文名）匹配。

最终匹配得到的数据样本中，每年平均约有 43286 家出口企业，其中，多产品企业平均占 75% 左右，而多产品出口企业的出口额却占到了 90% 以上，这说明多产品出口企业的平均出口额要高于单一产品企业。对于多产品企业来说，平均每个企业出口的产品数在 8 个以上，而产品属于 GB 的二分位行业则平均在 3 个以上。并且数据样本集中包含了 245 个出口目的国和地区以及 76 个 ISIC 三分位行业和 142 个 ISIC 四分位行业。

二　描述性统计

（一）目的国和地区需求波动性指标

本章使用目的国和地区的 ISIC 三分位产品的进口总需求波动来代表目的国和地区需求波动，该指标体系主要包含三个指标：目的国和地区的需求的期望值、目的国和地区进口需求的标准差以及目的国和地区需求的偏度。本章实证部分作为因变量的企业出口量采用的 ISIC 四分位，为了减少贸易对不确定性指标的影响，作为自变量的波动性指标就选用了 ISIC 三分位，我们认为更宏观的波动性会对更低层面的贸易流量产生影响，而低聚合度的贸易流量对高聚合度层面的经济波动性则影响小得多。这三个指标计算方式如下：

（1）期望值 E，本章在计算期望值时使用了每个国家进口每个 ISIC 三分位行业的数据，并直接将前五年的数据求平均值，得出期望值 E 的替代指标。

（2）标准差 V，作为衡量波动性的常见指标，本章的构造采用了大多数文献所使用的标准差法，分为两步计算，首先计算出每个目的国和地区 ISIC 四分位行业层面连续六年的进口量增长率，然后计算每 ISIC 三分位行业层面的增长率的标准差（计算该三分位行业中的所有四分位行业连续六年增长率的标准差）。

（3）偏度 S，衡量的是平均值与中位数的关系，当偏度大于零时，分布为正偏，形态偏左，平均值小于中位数小于众数；当偏度小于零时，分布为负偏，形态偏右，算术平均数大于中位数大于众数。计算方法与 V 指标相同，也是分为两步计算，首先计算出每个目的国和地区 ISIC 四分位行业层面连续六年的进口量增长率，然后计算每 ISIC 三分位行业层面的增长率的偏度（计算该三分位行业中的所有四分位行业连续六年的增长率的分布偏度）。

（二）企业—目的国和地区—ISIC 四分位层面的出口数量

使用海关库数据，计算企业出口到每一个目的国和地区的每一个 ISIC 四分位产业的出口量。

（三）企业生产率

以往文献中在测算企业的全要素生产率时主要采用了两种方法：参数估算法和半参数估算法，李春顶（2009）提到对于样本量足够大的数据集，更适合采用参数法。因此本章借鉴了李春顶（2009）、文东伟（2016）等文献使用近似全要素生产率进行参数法估算，这个方法具备参数法的优点，还可以识别随机因素的影响。公式为 $ATFP = \ln(Q/L) - s \times \ln(K/L)$，其中 Q 指的是工业产出，K 指的是固定资本，L 指的是劳动投入，s 指的是资本贡献度，s 的取值大于 0 小于 1。参照 Hall & Jones

(1999)，本章取 $s=1/3$。李春顶（2009）和文东伟（2016）也都认为，选择 $s=1/3$ 是比较合理的，因为使用该方法的以往文献多是采用这个比例，具有统计上的普遍性，该取值也符合中国实际，并且与劳动生产率相比，全要素生产率更接近于实际情况。

表 2.1 给出了所有变量的描述性统计，其中 Tidt、product、lnq、lnq_jtk 是因变量，E、V、S 为代表目的国和地区市场不确定性的主要自变量，Tfp 为控制变量。

表 2.1　　变量描述

变量	中文名	观测值	均值	标准差	最小值	最大值
Tidt	企业 f 出口到国家 j 行业 K 的出口偏度	5239594	0.1387	0.2817	-6.53e-08	3.8095
lnq	T 年企业 f 出口到国家 j 行业 K 的出口量对数	5403924	8.3527	3.2997	0	23.9857
lnq_jtk	T 年全国出口到国家 j 行业 K 的出口量对数	130806	11.4994	3.9273	0	25.2719
E	目的国和地区 j 行业 K 年份 t 的进口量均值	145268	516999.3	2994063	0.0421	2.49e+08
V	目的国和地区 j 行业 K 年份 t 的进口量增长率标准差	152835	848.7793	167162.5	4.21e-06	3.77e+07
S	目的国和地区 j 行业 K 年份 t 的进口量增长率偏度	150529	0.9620	1.2814	-3.5835	6.3245
Tfp	企业 f 年份 t 的全要素生产率	476423	4.1921	0.9034	-8.0957	11.8263

资料来源：作者计算。

（四）波动性指标的时间差异

图 2.1 和图 2.2 给出了我国 2000—2009 年的出口总量变化趋势以及不确定性指标 V 的均值变化趋势。由图中可以看出我国的出口量在 2009 年前一直处于上升的趋势，在 2008 年金融危机发生之后，随着各个产业逐渐被波及，工业出口量也受到了影响，在 2008 年出现下滑。与此同时可以对比看下图的不确定性指标——进口国进口量增长率的变化，可以看出在 2007 年和 2008 年的平衡之后在 2009 年出现了剧增，这也是符合客观情况的。说明我们数据年限中正好包含金融危机带来的部分影响，

对于我们的研究内容来说也意义重大。

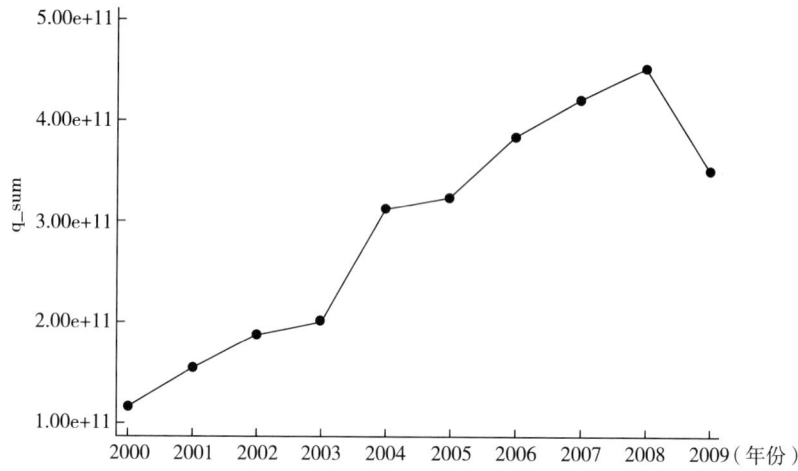

图 2.1　历年出口总量

资料来源：作者计算。

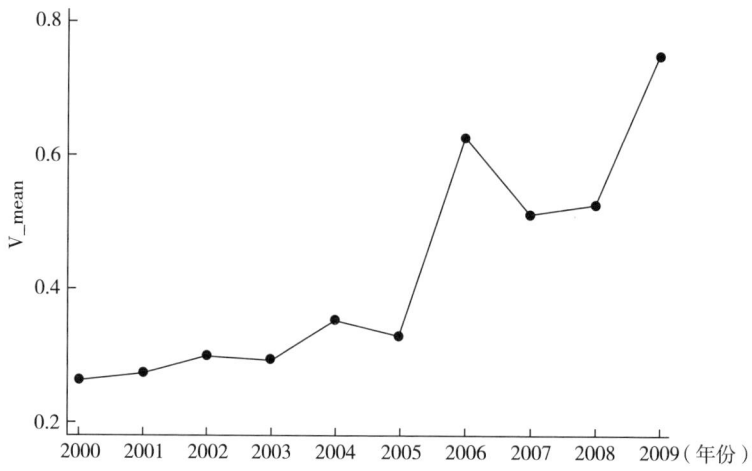

图 2.2　外国市场行业水平波动性——进口量方差

资料来源：作者计算。

三　实证分析

这一部分中，我们从行业层面、企业层面和产品层面三个层次分析了目的国和地区市场的进口需求波动对我国出口企业的出口决策的影响，进出口需求波动就由 ISIC 三分位行业层面的目的国和地区进口量的均值、标准差和偏度来代替，并且本章采用了多种固定效应，以求得到稳健的结果。

（一）需求不确定性对中国行业出口水平的影响

在得到行业层面的实证结果时，我们使用的模型如下：

$$\ln q_{jt}^k = \beta_1 \ln E(R_{jt}^K) + \beta_2 \ln V(R_{jt}^K) + \beta_3 \ln S(R_{jt}^K) + fe + \varepsilon_{jt}^k \tag{2.18}$$

其中，q_{jt}^k 代表的是中国企业 t 年出口到目的国和地区 j 四分位 ISIC 行业 k 的出口量；$E(R_{jt}^K)$ 代表的是目的国和地区 j 的三分位 ISIC 行业的连续六年进口总量的平均值；$V(R_{jt}^K)$ 代表的是目的国和地区 j 的三分位 ISIC 行业的连续六年进口总量增长率的标准差；$S(R_{jt}^K)$ 代表的是目的国和地区 j 的三分位 ISIC 行业的连续六年进口总量增长率的偏度；fe 表示的是固定效应，这一部分采用三种固定效应来检测结果，分别是行业—目的国和地区和年份的双向固定效应（第一列）、行业—年份和目的国和地区双向固定效应（第二列）、国家—年份和行业双向固定效应（第三列）。结果显示在表 2.2 中。首先对于第一个中心矩阵——目的国和地区进口量的均值来说，对我国行业层面的出口量的影响是显著正向的，即当目的国和地区 j 的三分位行业 K 进口需求均值上升时，我国出口到国家 j 四分位行业 K 的出口量会上升，这是符合预期的，并且在三种固定效应中都是显著正向的，说明在不同年份间、不同行业间、不同目的国和地区间企业的出口量都会受到均值的正面影响。对于第二个中心矩阵——目的国和地区进口量的标准差来说，对我国出口量的影响则是显著为负的，即当目的国和地区 j 三分位行业 K 的进口量的波动性变大时，会使得我国的出口到相应目的国和地区和行业的出口量减少，并且在三种固定效应中，这种负向影响都很显著，说明在不同年份间、不同行业间、不同目的国和地区间企业的出口量都会受到波动的负面影响。对于第三个矩阵——目的国和地区进口量的偏度来说，总体对我国出口量呈现负面影响。因为当偏度变大时，目的国和地区 j 行业 K 的进口量连续六年的增长率分布更加右偏，说明增长率的小值增多，相当于我国受到了进口国需求的负向冲击，那么企业出口到国家 j 四分位行业 K 的值变小是符合预期的。但是我们可以看到在年份和国家—行业固定效应中系数并不显著，说明固定了年份之后，偏度的影响就不明显了。

表 2.2 目的国和地区进口需求波动性对我国行业层面出口量的回归结果

因变量	lnq_jtk		
	(1)	(2)	(3)
ln$e$	0.5378*** (0.000)	0.7438*** (0.000)	0.7524*** (0.000)
ln$v$	−0.0220* (0.078)	−0.0610*** (0.000)	−0.0893*** (0.000)
ln$S$	0.0088 (0.165)	−0.0222*** (0.002)	−0.0180*** (0.009)
Country_industry	是		
Year	是		
Country_year		是	
industry		是	
Industry_year			是
country			是
N	127911	129969	129962
adj. R^2	0.813	0.663	0.676

注:因变量是变量 q_{jt}^k 的自然对数,ln$e$ 是 $E(R_{jt}^K)$ 的自然对数,ln$v$ 是 $V(R_{jt}^K)$ 的自然对数,样本集中包含目的国和地区 245 个,四分位行业 142 个,三分位行业 76 个。*p<0.10、**p<0.05、***p<0.01。

(二) 不确定性对企业进入和退出出口市场的影响

首先,本章考察了出口目的国和地区进口需求的不确定性对出口市场外延边际的影响,即对企业进入或退出出口市场的影响。对于进入出口市场这一行为,本章因变量是 $t-1$ 期没有出口的企业在 t 期进入出口市场的概率。本章的变量设置按照以下模型进行:

$$\Pr(y_{fjt}^k \mid y_{fj,t-1}^k = 0) = \begin{cases} 1 & if \quad y_{fjt}^{-k} > 0 \\ 0 & if \quad y_{fjt}^{-k} \leq 0 \end{cases}$$

和 $y_{fjt}^{*k} = \gamma_1 \ln E(R_{jt}^K) + \gamma_2 \ln V(R_{jt}^K) + \gamma_3 S(R_{jt}^K) + FE + \varepsilon_{fjt}^k$ (2.19)

其中,$E(R_{jt}^K)$,$V(R_{jt}^K)$,$S(R_{jt}^K)$ 分别代表目的国和地区进口需求波动性的三个矩阵:均值、标准差、偏度。FE 指的是一系列固定效应,ε_{fjt}^k 表示误差项。企业退出出口市场的决策模型与此类似。更高的不确定性可能会增加企业退出出口市场的概率，这种情况下，我们的因变量选取是在 $t-1$ 时期出口的企业在 t 期退出出口市场的概率。自变量的选取与进入出口市场相同。

对于这个二值选择模型，我们选择用线性概率模型来估计，因为 Probit 模型在加入固定效应时会产生冗余参数问题，而线性概率模型可以很好地避免这个问题，我们将 $t-1$ 期没有进入出口市场，而 t 期进入出口市场作为实验组，将 $t-1$ 期没有进入出口市场而 t 期进入出口市场的企业作为对照组。结果显示在表 2.3 中，我们选用了多种固定效应来检测这部分的结果，如表 2.3 所示，前两列表示以进入出口市场的概率作为因变量，第一列使用了行业—企业—年份和目的国和地区双向固定效应，意味着对于进入市场的概率，我们还比较了特定年份和行业进入某个目的国和地区市场 j 的企业和没有进入该目的国和地区市场的企业；第二列使用了国家—企业—年份和行业双向固定效应，意味着我们比较了在特定年份特定目的国和地区市场中进入某行业 K 的企业与没有进入该行业的企业。第三、四列是退出出口市场概率的回归结果，使用了与进入市场相同的固定效应系列。

如表 2.3 所示，对于目的国和地区进口量均值的对数 lne 这一指标来说，它对企业进入或者退出出口市场的影响都是显著的，当进口量均值上升时，企业面临着正向的需求冲击，企业进入出口市场的概率显著提高，而退出市场的概率则显著降低，这与预期是相符的。对于波动性主要指标——目的国和地区进口量的标准差的对数 lnv 来说，结果多是显著的，从表中可以看出，当进口量增长率的标准差即波动性变大时，企业进入出口市场的概率降低，而退出出口市场的概率则升高了，在两种固定效应中表现一致。但是值得提出的在行业—企业—年份和国家的双向固定效应中，标准差的系数并不显著。对于目的国和地区进口量增长率的偏度 S 来说，当偏度增加时，意味着近五年的增长率的分布更加右偏，则增长率的小值增加，意味着企业面临着负向的需求冲击，则企业进入出口市场的概率会减小，而退出市场的概率会增加。不过在以退出出口市场的概率为因变量回归时，偏度 S 的系数并不显著，原因可能在于企业在做出退出市场决策的时候更看重近五年的目的国和地区目的行业的进口量均值以及增长率波动性。

表 2.3 企业进入或退出出口市场的概率回归结果

	进入出口市场的概率 prob1		退出出口市场的概率 prob2	
	(1)	(2)	(3)	(4)
$\ln e$	0.00039***	0.0005***	−0.0007**	−0.0011***
	(0.000)	(0.003)	(0.017)	(0.000)
$\ln v$	−0.00003	−0.0004**	0.0003**	0.0007**
	(0.712)	(0.014)	(0.010)	(0.017)
$\ln S$	−0.00007*	−0.0002*	0.0000	5.07e−06
	(0.083)	(0.087)	(0.741)	(0.971)
industry_firm_year	是		是	
country	是		是	
Country_firm_year		是		是
industry		是		是
N	2444885	2981330	1923430	988118
adj. R^2	0.417	0.013	0.641	0.180

注：因变量是变量 q_{jt}^k 的自然对数，$\ln e$ 是 $E(R_{jt}^K)$ 的自然对数，$\ln v$ 是 $V(R_{jt}^K)$ 的自然对数，样本集中包含目的国和地区 245 个，四分位行业 142 个，三分位行业 76 个。$*p<0.10$、$**p<0.05$、$***p<0.01$。

(三) 不确定性对企业出口规模的影响

在得到行业层面的实证结果时，我们使用的模型如下：

$$\ln q_{fjt}^k = \beta_1 \ln E(R_{jt}^K) + \beta_2 \ln V(R_{jt}^K) + \beta_3 \ln S(R_{jt}^K) + tfp_{ft} + fe + \varepsilon_{jt}^k \quad (2.20)$$

其中 q_{jt}^k 代表的是中国企业 t 年出口到目的国和地区 j 四分位 ISIC 行业 K 的出口量；$E(R_{jt}^K)$ 代表的是目的国和地区 j 的三分位 ISIC 行业的连续六年进口总量的平均值；$V(R_{jt}^K)$ 代表的是目的国和地区 j 的三分位 ISIC 行业的连续六年进口总量增长率的标准差；$S(R_{jt}^K)$ 代表的是目的国和地区 j 的三分位 ISIC 行业的连续六年进口总量增长率的偏度。fe 表示的是固定效应，这一部分也采用跟上文相同的三种固定效应来检测结果。目的国和地区三分位行业的进口量波动性对企业层面的影响与对行业层面的影响差别不大，只是结果更加显著，具体结果如表 2.4 所示。

表 2.4　目的国和地区进口需求波动性对企业出口规模的回归结果

	lnq		
lne	0.3901*** (0.000)	0.3239*** (0.000)	0.2056*** (0.005)
lnv	-0.0313*** (0.000)	-0.0084*** (0.000)	-0.1827** (0.014)
lnS	0.0035 (0.210)	-0.0093*** (0.000)	-0.0715** (0.031)
tfp	0.1518*** (0.000)	—	—
Country_firm_industry	是		
year	是		
industry_firm_year		是	
country		是	
Country_firm_year			是
industry			是
N	3980725	4783066	218405
adj. R^2	0.792	0.612	0.511

注：因变量是变量 q_{jt}^k 的自然对数，lne 是 $E(R_{jt}^K)$ 的自然对数，lnv 是 $V(R_{jt}^K)$ 的自然对数，样本集中包含目的国和地区 245 个，四分位行业 142 个，三分位行业 76 个。*p<0.10、**p<0.05、***p<0.01。

首先对于第一个中心矩阵——目的国和地区进口量的均值来说，对我国行业层面的出口量的影响是显著正向的，即当目的国和地区 j 的三分位行业 K 进口需求均值上升时，我国出口到国家 j 四分位行业 K 的出口量会上升，这是符合预期的，并且在三种固定效应中都是显著正向的，说明在不同年份间、不同行业间、不同目的国和地区间企业的出口量都会受到均值的正面影响。

对于第二个中心矩阵——目的国和地区进口量的标准差来说，对我国出口量的影响则是显著为负的，即当目的国和地区 j 三分位行业 K 的进口量的波动性变大时，会使得我国的出口到相应目的国和地区和行业的出口量减少，并且在三种固定效应中，这种负向影响都很显著，说明在不同年份间、不同行业间、不同目的国和地区间企业的出口量都会受到波动的负面影响。并且在对比三种固定效应情况下的系数，可以发现最后一组的系数绝对值更大，这说明了在面对不确定性的情况下，企业调整出口目的国和地区可能比调整生产和出口的产品所属行业更加容易。

对于第三个矩阵——目的国和地区进口量的偏度来说，总体对我国出口量呈现负面影响。因为当偏度变大时，目的国和地区 j 行业 K 的进口量连续六年的增长率分布更加右偏，那么相当于我国受到了进口国需求的负向冲击，企业出口到国家 j 四分位行业 K 的值变小是符合预期的。但是我们可以看到在年份和国家—行业固定效应中系数并不显著，说明固定了年份之后，偏度的影响就不明显了，原因可能在于偏度更倾向于随着时间的变化对企业的出口决策产生影响，而当单独固定了年份之后这一影响就难以体现出来。

另外我们还加入了企业的生产率作为控制变量，但是因为后两列的固定效应都已经包含了企业随时间变化的各种因素，所以若加入全要素生产率就会在回归的过程中被省略掉。而在第一列，回归过程控制了所有目的国和地区—企业—行业层面的样本之间的差异，但是没有直接控制企业随时间变化的特质，比如生产率，因此生产率在这一组中作为控制变量参与了回归过程。显然，生产率对企业出口量的影响是正向的，即生产效率越高的企业出口量会越大。

（四）企业生产率不相同条件下的不确定性的边际效应

在考察了目的国和地区进口需求波动对企业出口量的影响之后，我们在这一部分试图考察异质性企业对市场需求不确定性的反应是否不同。具体来说，本章主要运用了生产率这一变量来区分生产效率更高的企业和生产效率更低的企业，并讨论生产效率不同的企业面对不确定性时出口量的变化是否不同，因此我们在原有的模型上加了一个能够体现这一异质性反应的变量，即波动性变量 lnv 与生产率的交互项，为了去除量纲的影响而得到可靠的结果，我们将这两个变量进行了中心化。如表 2.5 所示。

对于前两列来说，系数比较一致，交互项和波动性的系数都为负，说明当生产率增加时，会增加不确定性对企业出口量的负面影响，也就是说生产率更高的企业对于不确定性的市场环境反应更敏感。对于第三列的固定效应，结果并不显著，就失去讨论意义了。

表 2.5 目的国和地区进口需求波动导致企业间资源分配的回归结果

	lnq		
	(1)	(2)	(3)
ln$e$	0.3938*** (0.000)	0.3241*** (0.000)	0.2108*** (0.004)
c_lnv	−0.0317*** (0.000)	−0.0085*** (0.000)	−0.2654*** (0.004)
c_lnv_tfp	−0.0745*** (0.000)	−0.0456*** (0.000)	0.0856 (0.142)
S	0.0036 (0.200)	−0.0092*** (0.000)	−0.0859** (0.012)
c_lntfp	0.5412*** (0.000)	—	
Country_firm_industry	是		
year	是		
industry_firm_year		是	
country		是	
Country_firm_year			是
industry			是
N	3980083	4777816	318367
adj. R^2	0.792	0.612	0.512

注:因变量是变量 q_{jt}^k 的自然对数,ln$e$ 是 $E(R_{jt}^K)$ 的自然对数,ln$v$ 是 $V(R_{jt}^K)$ 的自然对数,样本集中包含目的国和地区 245 个,四分位行业 142 个,三分位行业 76 个。*p<0.10、**p<0.05、***p<0.01。

(五)稳健性检验——以出口国 GDP 增长率波动代表需求波动

我们在稳健性检验中使用了目的国和地区 GDP 增长率的波动代表需求波动,以此来衡量目的国和地区收入不确定性。指标有:

(1)GDP 增长率的方差,本章以目的国和地区每一年的 GDP 增长率与前五年的 GDP 增长率为基础计算了方差作为 GDP 增长率的主要波动性指标。

(2)GDP 增长率的均值,计算方法与方差的计算类似,以目的国和地区每一年的 GDP 增长率与前五年的 GDP 增长率为基础计算出均值,作为 GDP 增长率的波动性指标之一。

结合理论模型和以上实证结果，稳健性检验的模型如下：

$$\ln q_{fjt}^k = \beta_1 \ln E(GDP_{jt}^K) + \beta_2 \ln V(GDP_{jt}^K) + fe + \varepsilon_{jt}^k \tag{2.21}$$

其中，q_{jt}^k 代表的是中国企业 t 年出口到目的国和地区 j 四分位 ISIC 行业 K 的出口量；$E(R_{jt}^K)$ 代表的是目的国和地区 j 的 GDP 增长率的平均值；$V(R_{jt}^K)$ 代表的是目的国和地区 j 的 GDP 增长率的连续六年进口总量增长率的标准差。fe 表示不同的固定效应，这一部分也采用跟上文相同的三种固定效应来检测结果。具体结果如表 2.6 所示。

表 2.6　　目的国和地区进口需求波动性（GDP）对企业出口规模的回归结果

	lnq		
	（1）	（2）	（3）
ln$e$	0.63 (0.532)	0.1260*** (0.001)	0.0032*** (0.002)
ln$v$	0.0001 (0.61)	-0.0369*** (0.000)	0.0001* (0.01)
ln$S$	0.0035 (0.995)	-0.0063*** (0.000)	-0.0005 (0.351)
Country_firm_industry	是		
year	是		
industry_firm_year		是	
country		是	
Country_firm_year			是
industry			是
N	3980725	4783066	218405
adj. R^2	0.794	0.595	0.511

注：因变量是变量 q_{jt}^k 的自然对数，ln$e$ 是 $E(GDP_{jt}^K)$ 的自然对数，ln$v$ 是 $V(GDP_{jt}^K)$ 的自然对数，样本集中包含目的国和地区 245 个，四分位行业 142 个，三分位行业 76 个。*$p<0.10$、**$p<0.05$、***$p<0.01$。

由表 2.6 可见，在控制了国家—企业—年份和行业双向固定效应的条件下得出了与理论模型相一致的结论。

第五节 结论

本章使用工业企业库、中国海关库以及 BACI 数据库考察了宏观经济波动，尤其是国际贸易市场中目的国和地区需求不确定性对中国出口企业的出口决策的影响。以往的研究可以得到市场需求的不确定性确实会影响到商业周期，以及企业投资等行为，但是对于其如何影响出口企业研究甚少。我们参照 De Sousa 等（2020）的理论建立了一个事前决策的贸易模型，来探究企业在需求不确定性的出口决策，这个模型的两个前提假设是：①假设企业决策者都是风险厌恶的；②企业进入或者退出决策以及产量和定价决策是在市场需求不确定性因素解决之前做出的。在这两个前提下我们得出更高的需求不确定性会减少高生产率或者低贸易成本在贸易中的正面影响。这就意味着当市场需求不确定性升高时，原有的企业之间的市场分配格局会被影响，使得企业资源从更高生产率的企业向更低生产率的企业流动，那么销售量最少的那一部分低效率企业的数量会增加。这些结果可以适应很多类型的消费者效用方程。

我们的研究在此基础上发现，企业在面对目的国和地区需求的不确定性时会调整自己的出口决策来减少风险暴露。中国出口企业的实证经验表明，其不仅会调整出口的广延边际，即是否进入或者退出出口市场，并且会调整企业的集约边际，即改变出口到某个目的国和地区或者某个行业的出口量。我们进一步将研究的深度深入到产品层面，并发现，企业在面临需求不确定性时会调整产品的生产边际，包括调整产品数目，以及增加绩优产品的产量。结果具体总结如下：

第一，中国出口企业的数据证明了出口企业的出口量受到目的国和地区特定行业的需求波动的负面影响，表现在当目的国和地区进口量的标准差增大时，即波动性增加，企业出口量显著减少；另外当目的国和地区进口量的均值减少，偏度增加时，企业的出口量也会随之减少。

第二，在考察了不同生产率的企业的表现之后，我们发现生产率更高的企业在面临需求不确定性的增加时，反应更加敏感，即当出口目的国和地区的进口量标准差增加时，由标准差与生产率的交互项可以看出，生产率越高，企业出口量减少得越多。

这些结果表明了不确定性对出口贸易的影响是重大的，为企业带来了更大的风险敞口，即使更大更高效的企业可能会有更好的风险应对措施，但是也只能分散风险中的一部分。

第三章 出口学习、风险规避与多产品出口企业产品组合

第一节 引言

随着对多产品企业研究的不断深入，企业内产品的异质性与异质性产品间的资源配置受到了越来越多的关注。现有的研究发现，多产品出口企业通过调整产品组合，不仅促进了企业内部资源的再配置，提高了企业及相关行业的全要素生产率（Bernard et al.，2010；Iacovone 和 Javorcik，2010；Mayer et al.，2021），而且推进了企业对产品进出口种类的改良与更新，增加了贸易利得（Eckel 和 Neary，2010）。Mayer 等（2014）将企业内部资源再配置作用分为选择效应，即哪些产品进入或者退出出口市场以及哪些企业进入或者退出出口市场，和偏度效应即产品在企业产品组合中比重的调整，这两种资源重置效应内生性产生了独立于技术变化（基于产品层面的生产函数）的生产率变化。Mayer 等（2021）认为，市场环境的变化会引起企业资源再配置，出口目的地市场需求的增加会带来更激烈的竞争，从而让企业提高绩优产品（best performing product）在产品组合中的比重。

近年来有学者开始关注出口经验对企业出口行为的影响，他们认为出口企业存在"学习效应"：企业可以在出口过程中积累经验，进而改善自己在出口市场的表现。Liu（2017）发现出口企业的生产率与非出口企业生产率的差距会随着其存续时间的增长而拉大，这是因为出口企业能从出口行为中进行学习。Timoshenko（2015）发现，出口经验对企业产品转换行为有着显著的影响，缺乏出口经验的企业进行产品转换的频率明显高于出口经验丰富的企业。Arkolakis 等（2014）和 Ruhl、Willis

(2008)发现企业的出口增长率与企业年龄存在明显的负向关系，这说明企业的学习效应存在边际递减的趋势，企业出口时间越长在出口市场学习到的新知识就越少。

现有的研究更多地把出口经验跟企业的生产率联系起来，认为企业能从出口行为中获益是因为出口经验的积累促进了企业改进工艺提升管理进而促进自身生产率的提升（Ruhl 和 Willis，2008；Liu，2017），而很少有文献将出口经验与出口的不确定性联系起来。市场的不确定性对企业的出口行为会产生显著的影响（Handley 和 Limao，2014；Hericourt et al.，2015），汇率和宏观经济不确定性的增加会使企业减少出口甚至退出该国市场（Olabisi，2016；Sousa et al.，2020）。企业在市场上要面临各种各样的不确定性，其中最突出的是产品需求的不确定性：企业不知道自己的产品能否为消费者所接受。参考 Markowitz（1952）和 Sharpe（1964）的资产组合理论，我们提出了一个新的观点，多产品企业的出现是企业对产品需求不确定性做出的回应，企业通过调整产品组合可以回避产品需求不确定性带来的风险。

我们认为，出口经验与产品需求的不确定性有着密切的关系：企业的出口经验越丰富，对于出口市场就越熟悉，产品面临的不确定性也就越小。随着企业出口年龄的增长，企业会调整其产品组合来使自身的效用最大化。这篇文献的主要贡献是从理论和实证两个方面验证了多产品企业的决策与出口经验之间的关系。在文章的第一部分，我们在 Melitz 和 Ottaviano（2008）以及 Mayer 等（2014）的基本理论框架下构建了一个存在需求不确定的异质性多产品企业模型，通过引入带随机变量的消费者需求函数，我们能够模拟一个在风险厌恶的企业如何在风险存在条件下如何调整自己的产品组合。本章接下来的结构安排如下：第二部分是本章改进的理论模型设定部分；第三部分分析了出口经验对中国多产品出口企业产品组合变迁的影响；第四部分为本章的结论部分。

第二节　理论模型设定

Sousa 等（2020）构建了一个消费者需求存在波动的异质性企业模型。本章的多产品模型立足于 Mayer 等（2014）模型的基础上，参考了

Sousa 等（2020）关于企业风险厌恶的设定。

一 "市场学习"与代表性消费者偏好

代表性消费者的效用函数仍然基于 Melitz 和 Ottaviano（2008），消费者的效用由消费品的数量决定。但是与 Ottaviano（2008）的 VES 效用函数不同，我们认为代表性消费者的效用函数与企业面对的效用函数是不一样的：由于无法预料消费者的偏好，企业生产的产品很可能不受消费者欢迎，因此消费商品 i 的效用会受到不确定的外生冲击 ε_i 影响。冲击 ε_i 服从均值为 0 方差为 δ_d^2 的正态分布（$\varepsilon_i \sim N(0, \delta_d^2)$）。企业可以通过销售商品不断了解市场上消费者的偏好，因此对于该企业生产的商品 i，不确定的外生冲击 ε_i 的方差会随着企业销售持续时间 d 的增加而减小 $\left(\frac{\partial \delta_d^2}{\partial d} < 0\right)$。我们把这一机制称为"市场学习"。考虑了"市场学习"机制的代表性消费者的效用函数可以写成：

$$U = q_0^c + \alpha \int_{i \in \Omega} q_i^c + \varepsilon_i \mathrm{d}i - \frac{1}{2}\gamma \int_{i \in \Omega} (q_i^c + \varepsilon_i)^2 \mathrm{d}i - \frac{1}{2}\eta \left(\int_{i \in \Omega} (q_i^c + \varepsilon_i) \mathrm{d}i\right)^2 \tag{3.1}$$

其中，q_0^c 是基准产品的消费量（基准产品的价格为 1），$q_i^c > 0$ 代表差异性产品的消费量，差异性产品 i 的集合为 Ω。效用函数的参数 α、γ 和 η 都为正数，代表性消费者的效用函数 U 满足 $\frac{\sigma^2 U}{\sigma q_i^{c2}} < 0$。通过约束条件下最大化效用函数，我们可以得到代表性消费者对商品 i 的需求函数[①]：

$$q_i^c = \frac{\alpha}{\gamma} - \frac{1}{\gamma}(p_i + \gamma \varepsilon_i) - \frac{\eta}{\gamma}(Q^c + M) \tag{3.2}$$

其中，$Q^c = \int_{i \in \Omega} q_i^c \mathrm{d}i$ 是代表性消费者消费的差异性产品的总量，M 为 Ω 的基数（产品的总数），平均价格水平为 $\bar{p} = \frac{1}{M}\int_{i \in \Omega} p_i^c \mathrm{d}i$，$\bar{\varepsilon}$ 为平均的外生冲击水平。从需求函数我们可以发现，产品 i 的消费量 q_i^c 将受到外生冲击 $\bar{\varepsilon}$ 的影响，在其他条件不变的情况下，外生冲击 $\bar{\varepsilon}$ 将导致产品需求量的下

[①] 最大化效用函数得到的产品 i 的需求函数为 $q_i^c = \frac{\alpha}{\gamma} - \frac{1}{\gamma}(p_i + \gamma \varepsilon_i) - \frac{\eta}{\gamma}(Q^c + M\bar{\varepsilon})$，但是这里我们假设，产品 i 的生产者无法观测其他产品的受需求冲击的影响情况。

降。假设封闭市场内消费者的总数为 L,我们可以得到差异性产品 i 的市场总需求为①:

$$q_i = Lq_i^c = \frac{\alpha L}{\gamma + \eta M} - \frac{L}{\gamma}(p_i + \varepsilon) - \frac{\eta M}{\gamma + \eta M}\frac{L}{\gamma}\bar{p} \tag{3.3}$$

产品 i 的需求必须大于 0,否则它就会退出市场,即满足 $q_i \geq 0$:

$$p_i \leq \frac{1}{\gamma + \eta M}(\alpha\gamma + \eta \bar{M}p) - \gamma\varepsilon_i = p_{\max} \tag{3.4}$$

一旦产品的价格超出阈值 $p_{\max}$,产品 i 就没有销量。我们可以看到,阈值水平 $p_{\max}$ 的下降与产品种类 M 和市场平均价格水平的下降都会导致阈值水平 $p_{\max}$ 的下降。把阈值水平 $p_{\max}$ 代入式(3.3)中,我们可以把市场需求函数改写成:

$$q_i = \frac{L}{\gamma}(p_{\max} - p_i) \tag{3.5}$$

二 风险条件下的企业行为

接下来我们讨论企业的行为。我们假设劳动是唯一的生产要素且劳动力市场是完全竞争的,因此劳动的供给没有弹性。我们在技术上假定生产函数满足规模经济(return to scale),因此产品的边际成本一定且只和企业的生产率水平有关。

遵循 Mayer 等(2014)的多产品企业设定,企业将生产不少于 1 种产品。我们把企业生产的边际成本最低的产品称为"核心产品",其成本为 c。企业生产的其他产品的边际成本都高于核心产品,其成本满足函数 $v(m, c) = \omega^{-m}c(\omega \in (0, 1))$。我们把企业生产的所有不同种类的产品看作一个产品组合,m 是企业产品的序数,$v(m, c)$ 是第 m 种产品的边际成本。可以看到 m 越高则该产品的边际成本越高,我们把那些边际成本较低的产品称为"绩优产品"(better performing product),把那些边际成本较高的产品称为"绩劣产品","核心产品"的序数 m 为 0。我们假设核心产品的边际成本满足已知的分布 $G(c)$,其范围满足 $[0, c_m]$。我们还假设,企业只要进入市场就需要投入固定成本 f_E,所有企业的固定成

---

① 由 $p_i = \alpha - \gamma(q_i^c + \varepsilon) - \eta(Q^c + M)$,得 $\bar{p}M = \sum_{i \in \Omega} p_i = \alpha M - \gamma(Q^c + M) - \eta(Q^c + M)$,进而得到 $Q^c + M = \frac{\alpha M - \bar{p}M}{\gamma + \eta M}$,将其代入(2)式可得(3)式。

本都是相同的。

在产品的需求量存在不确定性的情况下，企业要同时考虑预期收益和潜在风险。参考 Sousa 等（2020）的做法，我们引入马科维茨效用函数 $U_E(E(\pi), V(\pi))$，其中 $E(\pi)$ 是利润的期望，$V(\pi)$ 是利润的方差，A 是风险厌恶系数。企业的效用跟利润的期望 $E(\pi)$ 是正相关的，跟利润的方差 $V(\pi)$ 是负相关的，企业的风险厌恶系数越大企业的效用越低：

$$U_E(E(\pi), V(\pi)) = E(\pi) - \frac{1}{2}AV(\pi) \tag{3.6}$$

根据需求函数（3.5），我们知道成本高于阈值水平 p_{max} 的产品将没有市场，但是企业无法事前预知冲击，因此只能以期望的阈值水平来决定企业的"截断成本"v_D，即 $E(p_{max}) = v_D$。因此需求函数（3.5）可以被写为 $q_i = \frac{L}{\gamma}(v_D - p_i - \varepsilon_i)$。

我们把利润函数写成式（3.7）的形式。可以看到，在不确定的冲击 ε_i 存在的情况下，负的利润是有可能出现的。

$$\pi = q_i \left[v_D - v - \frac{\gamma}{L}(q_i + \varepsilon_i) \right] \tag{3.7}$$

其中，v 是产品 i 的生产成本。根据式（3.7）和式（3.6），我们可以把企业的效用函数记为：

$$U_E = q_i(v_D - v - \frac{\gamma}{L}q_i) - \frac{1}{2}\left(\frac{\gamma}{L}\right)^2 A\delta^2 q_i^2 \tag{3.8}$$

我们假设企业可以通过某种定价策略，使得其最大化 U_E，即令 $\frac{\sigma U_E}{\sigma q_i} = 0$，可以得到产品的实际产量为：

$$q_i = \frac{L}{\gamma}\frac{1}{T_d}(v_D - v) \tag{3.9}$$

企业的期望价格可以写为：

$$p_i^e = \frac{T_d - 1}{T_d}v_D + \frac{1}{T}v \tag{3.10}$$

生产该产品带来的期望利润为：

$$\pi_i^e = \frac{L}{\gamma}\frac{T_d - 1}{T_d^2}(v_D - v)^2 \tag{3.11}$$

其中，参数 $T_d = \frac{A\delta_d^2 \gamma}{L} + 2$，我们把 T_d 称为"风险系数"，可以看到风险系数 T 与风险厌恶系数 A 和冲击的方差 δ_d^2 正相关。由于"出口学习"机制的存在，冲击的方差 δ_d^2 会随着企业销售持续时间 d 的增加而减小，所以风险系数 T 也会随着销售持续时间 d 的增加而减小。

产品 i 的实际产量由式（3.9）表示，我们发现产品的实际产量受到风险系数 T_d 和截断成本 v_D 的共同影响：如果截断成本 v_D 保持不变，企业销售持续时间越长，则企业倾向于增加其产品的产量。

我们知道，一旦 $v_D < v$ 则该产品无法带来正的期望利润，因此该产品只能退出市场。根据截断成本条件，产品的成本必须低于截断成本，即满足 $v(m, c) \leqslant v_D \Leftrightarrow c \leqslant \omega^m c_D$，其中 c_D 代表着核心产品的截断成本。因为 $\omega \in (0, 1)$，m 越高则该产品的边际成本越高，所以必然存在 $M(c) > c_D$，而企业生产产品种类数为 $M(c)$：

$$M(c) = \begin{cases} 0 & c > c_D \\ \max\{m \mid c \leqslant \omega^m c_D\} + 1 & c \leqslant c_D \end{cases} \quad (3.12)$$

我们给定"进入市场企业"的数量为 N_E，而成本的分布由企业生产的产品的种类 $M(c)$ 和企业生产率的分布 $G(c)$（核心产品边际成本的分布）共同决定。令 $M_v(v)$ 代表所有进入市场企业生产产品种类的测度函数，而每家进入市场企业生产产品的种类的测度函数为 $H(v) = M_v(v)/N_E$。每家进入市场企业生产产品的种类的测度函数也可以用均值来表示成 $H(v) = \sum_{m=0}^{\infty} G(\omega^m v)$。

三 销售持续时间与企业产品组合

企业将根据期望利润 π_i^e 和企业生产率的分布 $G(c)$ 来决定进入或者退出市场，我们遵循 Melitz（2003）、Ottaviano（2008）和 Mayer 等（2014）年的设定市场是垄断竞争的，因此期望利润的期望必须等于固定成本 $f_E \left(\int_{D0}^{C} \prod(c) \mathrm{d}G(c) = f_E \right)$。其中，$\prod(c)$ 为企业所有种类产品利润之和：

$$\prod(c) = \sum_{m=0}^{M(c)-1} \pi_i^e(v(m, c)) \quad (3.13)$$

把"自由进出条件" $\int_0^{C_D} \prod(c) \mathrm{d}G(c) = f_E$ 写成更一般的形式，则为下式：

第三章 出口学习、风险规避与多产品出口企业产品组合 / 39

$$\int_0^{C_D} \prod(c)dG(c) = \int_0^{C_D} \sum_{m=0}^{M(c)-1} \pi_i^e(v(m, c))dG(c)$$

$$= \sum_{m=0}^{\infty} \left[\int_0^{\omega^m C_D} \pi_i^e(\omega^{-m} c)dG(c) \right] = f_E \quad (3.14)$$

前面我们已经假设核心产品边际成本的分布为 $G(c)$。为了便于讨论，我们参照了 Ottaviano（2008）的做法，假设核心产品边际成本的分布 $G(c)$ 为帕累托分布，形式如下：

$$G(c) = \left(\frac{c}{c_M}\right)^k, \quad c \in [0, c_M] \quad (3.15)$$

其中，参数 k 决定了分布的集中程度，当 k 接近于 0 时成本为 0 的概率为 1，当 k 接近于 1 时，分布趋于 $[0, c_M]$ 上的均匀分布。根据式（3.11）、式（3.14）与式（3.15），我们可以得到核心产品的截断成本 c_D：

$$c_D = \left[\frac{\varphi\gamma\Theta}{L\Omega}\right]^{\frac{1}{k+2}} \quad (3.16)$$

其中，系数 $\Theta = \frac{T_d^2}{T_d - 1}$ 用来衡量风险系数 T_d 对截断成本的影响，$\Omega = \frac{H(c)}{G(c)}$ 则衡量了存活企业平均拥有的产品种类[①]。而"技术参数" $\varphi = \frac{1}{2}(k+1)(k+2)(c_M)^k f_E$ 则同时考虑了生产率的分布（核心产品边际成本的分布 $G(c)$）和进入成本 f_E。

可以证明 $0 < \frac{\partial c_D/c_D}{\partial T_d/T_d} < 1$[②]，这说明企业销售持续时间越长，核心产品的截断成本 c_D 会下降。由于产量 q_i 和销售额 r_i 与风险系数是负相关的 $\left(\frac{\sigma q_i}{\sigma T} < 0\right)$[③]，每种产品的产量和销售额都会提高。

---

① 已知每家进入市场企业生产产品的种类的测度函数为 $H(v) = \sum_{m=0}^{\infty} G(\omega^m v) = \sum_{m=0}^{\infty} \omega^m G(v) = \Omega G(v)$，$\Omega$ 为一个固定的常数只和参数 k 相关（$\Omega = (1-\omega^k)^{-1}$）。而存活企业平均拥有的产品种类 $\frac{M}{N} = \frac{H(v_D)N_E}{G(C_D)N_E} = \Omega$。

② $\frac{\sigma c_D/c_D}{\sigma T/T} = \frac{1}{k+2} \frac{\sigma\Theta/\Theta}{\sigma T/T}$，$\frac{\sigma\Theta/\Theta}{\sigma T/T} = \frac{T-2}{T^2(T-1)}$，因为 $T = \frac{A\delta^2 L}{\gamma} + 2 > 2$，所以 $0 < \frac{\sigma c_D/c_D}{\sigma T/T} < 1$。

③ $\frac{\sigma q_i}{\sigma T} = \left(\frac{\sigma c_D/c_D}{\sigma T/T} - 1\right)/T^2 < 0$。

命题 1：企业销售持续时间会对企业的产品产量和销售额产生影响。企业销售持续时间越长，其生产产品产量会提高，产品的销售额也会提高。

随着企业销售持续时间的增长，企业面对的市场不确定性越小，企业的产品组合也将发生变化。参考 Mayer 等（2014）的定义，产品组合偏度是绩优产品产量与绩劣产品产量之比。设 m 与 m' 为某企业生产的两种产品，其中 m 相较 m' 拥有更低的边际成本（$m<m'$），在市场中表现更好。根据式（3.9）我们可以得到两者的产量分别为 $q(v(c,m))=\frac{L}{\gamma}\frac{1}{T+2}(c_D-\omega^{-m}c)$ 和 $q(v(c,m'))=\frac{L}{\gamma}\frac{1}{T+2}(c_D-\omega^{-m'}c)$，因此其产量之比为：

$$\frac{q(v(c,m))}{q(v(c,m'))}=\frac{c_D-\omega^{-m}c}{c_D-\omega^{-m'}c} \tag{3.17}$$

我们发现产品组合偏度与风险系数 T 存在负相关关系 $\left(\frac{\sigma c_D}{\sigma T}>0，d\frac{q(v(c,m))}{q(v(c,m'))}/dT<0\right)$，企业销售持续时间越长，产品组合中绩优产品对绩劣产品的相对产量会上升，产品组合偏度越高。

命题 2：企业销售持续时间会对企业产品组合偏度产生影响。企业销售持续时间越长，产品组合中绩优产品对于绩劣产品的相对产量会上升，产品组合偏度也随之上升。

四 开放经济与"出口学习"

下面我们将讨论引申到开放经济，研究在存在国内外两个市场的情况下，销售持续时间对企业产品组合的影响。为了简化讨论我们假设世界上只有 l 和 h 两个国家，两国拥有相同偏好的代表性消费者和相同的市场规模（$L_l=L_h=L$）。由于进入的时间点不同，企业在两个国家销售持续时间是不同的（$d_H\neq d_F$），在销售持续时间越长的国家，企业面临的市场不确定性越小，我们把这一机制称之为"出口学习"。国家 l 在向国家 h 出口产品时将产生贸易成本 τ_{lh}，国家 h 在向国家 l 出口产品时将产生贸易成本 τ_{hl}，因此在 h 国销售的 l 国产品的成本为 $\tau_{lh}\omega^{-m}c$，在 h 国销售的 l 国产品的成本为 $\tau_{hl}\omega^{-m}c$。

令 l 国的价格阈值水平为 $p_l^{\max}$，截断成本为 v_l。根据式（3.4）我们可以得到：

$$p_l^{\max} = \frac{1}{\gamma + \eta M_l}(\alpha\gamma + \eta M_l \bar{p}_l) - \varepsilon \quad (3.18)$$

其中，M_l 为在国家 l 在开放经济条件下市场上产品的总数（包含国产的和进口的），$\bar{p}_l$ 为国家 l 产品的平均价格。令 π_{ll}^e 和 π_{lh}^e 代表 l 国企业在国内销售商品和在出口商品到 h 国获得的期望利润。因此企业的截断成本必须满足：

$$v_{ll} = \sup\{c: \pi_{ll}^e(v) > 0\} = E(p_l^{\max})$$
$$v_{lh} = \sup\{c: \pi_{lh}^e(v) > 0\} = \frac{E(p_h^{\max})}{\tau_{lh}} \quad (3.19)$$

我们发现，$v_{lh} = \frac{v_h h}{\tau_{lh}}$，即由 l 国出口到 h 国产品的截断成本等于 h 国国内销售产品的截断成本比上关税。企业的利润用截断成本表示，可以写为：

$$\pi_{ll}^e(v) = \frac{L}{\gamma}\frac{(v_{ll}-v)^2}{\Theta_l}$$
$$\pi_{lh}^e(v) = \frac{L}{\gamma}\frac{(v_{hh}-\tau_{lh}v)^2}{\Theta_h} \quad (3.20)$$

其中，$\Theta_l = \frac{(T_l+2)^2}{T_l+1}$，$\Theta_h = \frac{(T_h+2)^2}{T_h+1}$，由于两国风险系数不同，$\Theta_l \neq \Theta_h$。

令 c_{ll} 代表国家 l 在本国销售产品的核心产品截断成本，c_{lh} 代表国家 l 出口到国家 h 的核心产品截断成本。为了使 $\pi_{ll}^e(v) > 0$ 和 $\pi_{lh}^e(v) > 0$ 成立，必须满足以下条件：

$$v(m, c) \leq v_{ll} \Leftrightarrow c \leq \omega^m c_{ll}$$
$$v(m, c) \leq v_{lh} \Leftrightarrow c \leq \omega^m c_{lh} \quad (3.21)$$

产品的成本不能超过截断成本，如果第 $M(c)$ 种产品的成本等于截断成本，企业生产产品种类数为 $M(c)$。国家 l 在本国销售产品的种类数 $M_{ll}(c)$ 和出口产品种类数 $M_{lh}(c)$ 分别为：

$$M_{ll}(c) = \begin{cases} 0 & c > c_{ll} \\ \max\{m \mid c \leq \omega^m c_{ll}\} + 1 & c \leq c_{ll} \end{cases}$$
$$M_{lh}(c) = \begin{cases} 0 & c > c_{lh} \\ \max\{m \mid c \leq \omega^m c_{lh}\} + 1 & c \leq c_{lh} \end{cases} \quad (3.22)$$

国家 l 企业在国内销售产品和出口产品的预期总利润分别为：

$$\prod_{ll}(c) = \sum_{m=0}^{M_{ll}(c)-1} \pi_{ll}^e(v(m,c))$$

$$\prod_{lh}(c) = \sum_{m=0}^{M_{lh}(c)-1} \pi_{lh}^e(v(m,c)) \tag{3.23}$$

封闭经济中我们假设企业的期望利润必须等于其进入成本，在开放经济中也要遵循这一点。但不同的是，开放经济中企业在国内和海外两个市场，因此固定成本 f_E 等于国内和海外两个市场期望利润之和 $\left(\int_0^{C_{ll}} \prod_{ll}(c) dG(c) + \int_0^{C_{lh}} \prod_{lh}(c) dG(c) = f_E\right)$：

$$\int_0^{C_{ll}} \sum_{m=0}^{M_{ll}(c)-1} \pi_{ll}^e dG(v) + \int_0^{C_{lh}} \sum_{m=0}^{M_{lh}(c)-1} \pi_{lh}^e dG(v) = f_E \tag{3.24}$$

我们可以得到国家 l 和国家 h 在国内销售产品的截断成本：

$$C_{ll} = \left(\frac{1-\rho_{lh}}{1-\rho_{hl}\rho_{lh}} \frac{\gamma\varphi\Theta_l}{L\Omega}\right)^{\frac{1}{k+2}}$$

$$C_{hh} = \left(\frac{1-\rho_{hl}}{1-\rho_{hl}\rho_{lh}} \frac{\gamma\varphi\Theta_h}{L\Omega}\right)^{\frac{1}{k+2}} \tag{3.25}$$

其中 $\rho_{lh} = \tau_{lh}^{-k}$。我们发现，企业在该国的销售持续时间与企业在该国的截断成本呈负相关关系 $\left(0 < \frac{\partial_D/c_D}{\partial\Theta_d/\Theta_d} < 1\right)$。企业在该国的销售持续时间越长，其在该国市场上销售的产品种类越少，每种产品的产量则越高，产品组合的偏度也越高。

命题 3：开放经济条件下，企业出口经验会对企业出口产品"二元边际"和出口产品组合偏度产生影响。企业在该国的出口经验越丰富，其在该国市场上销售的产品种类越少，每种产品的产量越高，产品组合的偏度也越高。

第三节 出口经验与多产品出口企业产品组合实证研究

一 数据说明

本章企业层面和贸易层面数据来源于中国工业企业数据库（1998—

2013年）和中国海关库（2000—2013年）。中国工业企业数据库统计有全部国有和"规模以上"的非国有工业企业，我们借鉴余淼杰（2011）的方法将中国工业企业数据库的月度数据汇总成年度数据，同时剔除工业企业数据库中错误统计的样本。

为了保留尽可能多的样本，我们对中国工业企业数据库和中国海关库进行了三轮匹配：（1）使用企业名称信息进行匹配；（2）使用企业电话加邮编进行匹配；（3）使用企业法人代表加邮编进行匹配。由于商品名称和编码协调制度（简称为HS）在2002年、2007年分别进行了调整，故我们将产品代码HS统一转换成HS1996，以保证样本中企业—国家—产品样本的连续性。目的国和地区包括235个国家和地区，以及8176种HS6位数产品代码。将海关数据按照人民币对美元汇率换成人民币计价的出口额。进口国的GDP数据来源于世界银行，以2005年的不变价美元计算。其他控制变量皆来自于中国工业企业数据库。

参考模型设定，文章的自变量及控制变量如下所示：

（1）出口经验。我们认为，企业的出口经验与企业在市场上的存续时间是直接相关的，企业在市场上存续时间越长，企业的出口经验越丰富。企业在本章使用"出口持续时间"（Ex_duration）与"出口年龄"（Ex_age）两个指标对企业的出口经验进行衡量。参照蒋灵多等（2015）中的定义，企业的出口持续时间定义为某企业从进入某出口市场到统计年份所经历的连续年数。第 t 年的企业出口持续时间由截至当年该出口企业在 j 国的出口年数加总得到。对于部分企业而言，由于出口不一定是年年都有，其出口行为是时断时续的，使用出口持续时间不能很好地衡量这些企业的出口经验，所以我们使用出口年龄即企业首次出口到统计年份的时间作为出口经验的代理变量。

（2）市场规模（lngdp）。本章使用出口目的国和地区的GDP作为其经济规模的代理变量。

（3）企业规模（lntotalasset）。本章使用企业总资产作为其规模的代理变量。

（4）出口参与程度（exportratio）。本章使用出口交货值占工业销售额的比重作为衡量企业出口参与程度的代理变量。

（5）成立年限（age）。age表示企业的成立年限。本章删除了值为负值或者大于51的企业。

文章的主要变量的描述性统计如表 3.1 所示。

表 3.1　　主要变量的描述性统计

变量	中文	观测值	均值	标准差	最小值	最大值
T_{idt}-HS6	D 国 Theil 指数（6 位）	5546165	0.2065	0.3745	0	4.7857
T_{idt}-HS8	D 国 Theil 指数（8 位）	5837675	0.2189	0.3768	0	5.6166
N_{idt}-HS6	企业出口产品种类数（6 位）	5546165	2.3008	4.4083	1	803
N_{idt}-HS8	企业出口产品种类数（8 位）	5837675	2.9558	8.5638	1	4520
$Export_{idt}$	企业出口额	5837675	1035867	3.49e07	1	2.44e+10
$Export_{idt}$-HS6	企业产品平均出口额（6 位）	5546165	430232.7	1.68e07	1	1.99e10
$Export_{idt}$-HS8	企业产品平均出口额（8 位）	5837675	288292.5	4697240	1	2.61e09
Ex_duration	出口经验	5546165	2.622947	2.4051	1	13
Ex_age	出口年龄	5546165	2.622947	2.4051	1	13
GDP	市场规模	9542	1.06e+12	4.26e+12	1.60e+07	5.46e+13
totalasset	企业规模	3534221	0.1245	0.1513	0.0003	10.1024
exportratio	出口参与程度	3249701	0.1321	0.1440	0.0030	9.2660
Age	成立年限	2902510	0.1375	0.1404	0.0072	8.3874

资料来源：作者计算。

二　出口经验对企业产品组合"二元边际"的影响

在新贸易理论中，把一个国家的出口贸易增长分别划分为"广延边际""集约边际"，前者指的是企业的进入和退出，后者指的是企业出口额的增减。在企业产品组合层次，我们用企业出口产品种类数衡量企业的"广延边际"，用企业产品平均出口额衡量企业的"集约边际"。根据命题 1 的结论，出口经验会对企业产品组合的"集约边际"产生影响：出口经验越丰富，企业倾向于增加每种产品的产量。随着每种产品的产量提高，企业的总出口额也会随之提高。

企业出口产品种类数和企业出口额由海关库（2000—2013年）产品数据按照进口国国别加总得到（分HS6位和HS8位），企业产品平均出口额则由企业在该国的总出口额比上企业出口产品种类数得到。出口经验对产品"广延边际"的回归结果在表3.2中表示，出口经验对产品"集约边际"的回归结果在表3.3.1和表3.3.2中表示。

表3.2　　　　　　　　出口经验与企业出口产品种类数

	HS8		HS6		HS4	
	（1）	（2）	（3）	（4）	（5）	（6）
Ex_duration	0.4735*** (153.21)		0.2403*** (162.05)		0.1535*** (150.94)	
Ex_age		0.2258*** (104.56)		0.1087*** (104.89)		0.0681*** (95.86)
GDP	0.3078*** (5.02)	0.0321 (0.52)	0.4046*** (13.76)	0.2556*** (8.69)	0.2183*** (10.83)	0.1210*** (6.00)
ln_totalasset	0.3258*** (118.57)	0.3474*** (126.40)	0.1642*** (124.60)	0.1763*** (133.63)	0.1117*** (123.60)	0.1196*** (132.28)
exportratio	0.1113*** (14.59)	0.1586*** (20.77)	0.0792*** (21.65)	0.1058*** (28.86)	0.0221*** (8.84)	0.0397*** (15.80)
Coutry FE	-0.0209*** (34.29)	-0.0178*** (28.89)	-0.0133*** (45.46)	-0.0114*** (38.59)	-0.0094*** (46.69)	-0.0080*** (39.91)
Coutry FE	是	是	是	是	是	是
Year FE	是	是	是	是	是	是
N	4274461	4274461	4274461	4274461	4274461	4274461

注："*"、"**"、"***"分别表示在10%、5%、1%的水平下显著，括号内的数值报告的是z值。

表3.3.1　　　　出口经验与企业出口额（出口和 **HS8**）

	Export		HS8	
	（1）	（2）	（3）	（4）
Ex_duration	0.0877*** (159.56)		0.0616*** (85.09)	

续表

	Export		HS8	
	(1)	(2)	(3)	(4)
Ex_age		0.1565*** (198.91)		0.0377*** (74.73)
GDP	-0.4178*** (26.77)	-0.3470*** (22.25)	-0.3961*** (27.59)	-0.4190*** (29.20)
ln_totalasset	0.2605*** (372.19)	0.2556*** (365.43)	0.2084*** (323.64)	0.2097*** (326.04)
exportratio	0.2479*** (127.53)	0.2380*** (122.57)	0.1917*** (20.77)	0.1942*** (108.68)
Age	-0.0120*** (76.81)	-0.0123*** (79.48)	-0.0087*** (60.77)	-0.0087*** (60.77)
Coutry FE	是	是	是	是
Year FE	是	是	是	是
N	4274461	4274461	4274461	4274461

注:"*"、"**"、"***"分别表示在10%、5%、1%的水平下显著,括号内的数值报告的是 z 值。

表3.3.2　　　　出口经验与企业出口额(HS6 和 HS4)

	HS6		HS4	
	(1)	(2)	(3)	(4)
Ex_duration	0.0835*** (112.06)		0.0999*** (132.11)	
Ex_age		0.0514*** (98.85)		0.0601*** (113.93)
GDP	0.4429*** (29.95)	-0.4736*** (32.04)	-0.4195*** (27.98)	-0.4583*** (30.57)
ln_totalasset	0.2195*** (330.95)	0.2213*** (333.92)	0.2266*** (337.03)	0.2290*** (340.77)
exportratio	0.1961*** (106.54)	0.1994*** (108.34)	0.2103*** (112.69)	0.2149*** (115.11)

续表

	HS6		HS4	
	（1）	（2）	（3）	（4）
Age	−0.0087*** (59.35)	−0.0088*** (59.53)	−0.0093*** (62.39)	−0.0093*** (62.13)
Coutry FE	是	是	是	是
Year FE	是	是	是	是
N	4274461	4274461	4274461	4274461

注："*"、"**"、"***"分别表示在10%、5%、1%的水平下显著，括号内的数值报告的是 z 值。

从表 3.2、表 3.3.1 和表 3.3.2 的结果中我们发现：第一，企业出口经验对产品组合"广延边际"有着非常显著的影响，当企业出口经验越丰富时，企业会增加在该行业的产品种类数；第二，企业出口经验越丰富对产品组合"集约边际"产生了明显的影响，企业出口经验越丰富，企业在该行业的产品平均出口额有明显上升；第三，企业出口经验越丰富时同企业总出口额都存在着正相关关系。

三　出口经验对产品组合偏度的影响

按照命题 2 的假设，出口经验企业会对产品组合偏度产生影响，出口经验越大或企业的风险厌恶程度越高时，企业会缩小产品组合中绩优产品的比重，更均匀地分配产能来分散市场冲击可能带来的风险。

一般认为，如果企业将资源集中在生产绩优产品上，一定会对其产品组合偏度产生正向影响。在 Mayer 等（2014）的文章中，作者考察了跨行业跨国家的出口偏度现象。在 Mayer 等（2021）的文章中，作者使用 Theil 指数对在同一出口目的地不同行业的出口偏度进行衡量。在这里我们使用 Mayer 等（2021）的办法将 Theil 指数作为衡量出口偏度的指标。Theil 指数又被称为泰尔熵标准，常常被用来衡量总体的差异水平。在本章中 Theil 指数用来衡量产品组合的差异水平，Theil 指数越高则说明产品组合中绩优产品的占比越高，企业产能的分配更加集中；反之，Theil 指数越小则说明产品组合中绩优产品的占比越低，企业产能的分配更加分散。

行业层面的 Theil 指数被用来衡量企业在某国的产品组合偏度，其公式为：

$$T_{idt} \equiv \frac{1}{N_{idt}} \sum_{s \in I} \frac{x^s_{idt}}{x^I_{idt}} \log\left(\frac{x^s_{idt}}{x^I_{idt}}\right) \tag{3.26}$$

我们使用 HS6 位码作为产品种类的区分标准（同时我们用 HS8 位码作为产品种类的区分标准对结论进行了稳健性检验），确定企业出口到 d 国的产品的种类数 N^I_{idt} 和企业出口到 d 国的某一种产品的数量 x^s_{idt}。企业在 d 国的平均出口量为 x^I_{idt} $\left(x^I_{idt} = \frac{\sum_{s \in I} x^s_{idt}}{N^I_{idt}}\right)$。可以看到，如果企业出口 d 国的某产品销量 x^s_{idt} 大于行业平均出口量 x_{idt}，则 $\log\left(\frac{x^s_{idt}}{x^I_{idt}}\right)$ 为正。因此产品销量 x^s_{idt} 大于行业平均出口量 x_{idt} 的产品品种越多，Theil 指数也将越高，出口偏度也就越发明显。

考虑到 Theil 指数存在的断尾现象，我们分别采用了断尾回归模型与 Tobit 模型（Tobit），模型控制了进口国和时间双向固定效应。断尾回归模型与 Tobit 模型（Tobit）的结果分别在表 3.4 与表 3.5 中予以呈现。

从表 3.4 和表 3.5 的结果中我们发现，不管是使用断尾回归模型还是 Tobit 模型，出口经验对 Theil 指数（T^I_{idt}）都产生了明显的正向影响。这说明，企业销售持续时间越长，产品组合中绩优产品对于绩劣产品的相对产量会上升，产品组合偏度也随之上升。

表 3.4　出口经验与企业出口产品组合偏度（断尾回归模型）

	HS8		HS6		HS4	
	(1)	(2)	(3)	(4)	(5)	(6)
Ex_duration	0.0650 *** (105.35)		0.0549 *** (92.57)		0.0286 *** (59.43)	
Ex_age		0.0378 *** (78.96)		0.0315 *** (68.65)		0.0286 *** (59.43)
GDP	0.3897 *** (22.49)	0.3306 *** (18.86)	0.2500 *** (15.56)	0.1990 *** (12.30)	0.2015 *** (11.71)	0.2015 *** (11.71)
ln_totalasset	0.1725 *** (228.70)	0.1775 *** (230.15)	0.1585 *** (222.02)	0.1624 *** (224.59)	0.1641 *** (217.21)	0.1641 *** (217.21)

续表

	HS8		HS6		HS4	
	(1)	(2)	(3)	(4)	(5)	(6)
exportratio	0.1197*** (68.44)	0.1282*** (72.29)	0.1067*** (60.41)	0.1134*** (63.92)	0.0881*** (47.31)	0.0881*** (47.31)
Age	-0.0106*** (63.51)	-0.0101*** (59.29)	-0.0096*** (59.96)	-0.0092*** (56.62)	-0.0081*** (48.01)	-0.0081*** (48.01)
Coutry FE	是	是	是	是	是	是
Year FE	是	是	是	是	是	是
N	1824721	1824721	1623084	1623084	1323837	1323837

注："*"、"**"、"***"分别表示在10%、5%、1%的水平下显著，括号内的数值报告的是z值。

表3.5　　出口经验与企业出口产品组合偏度（Tobit模型）

	HS8		HS6		HS4	
	(1)	(2)	(3)	(4)	(5)	(6)
Ex_duration	0.0774*** (303.18)		0.0796*** (287.95)		0.0686*** (59.43)	
Ex_age		0.0430*** (235.36)		0.0432*** (218.39)		0.0436*** (195.18)
GDP	0.0789*** (14.61)	0.0356*** (6.56)	0.0916*** (15.76)	0.0444*** (7.60)	0.2015*** (11.71)	0.0552*** (8.27)
ln_totalasset	0.0630*** (264.47)	0.0661*** (274.92)	0.0606*** (234.02)	0.0639*** (245.56)	0.1641*** (217.21)	0.0648*** (220.31)
exportratio	0.0689*** (103.99)	0.0754*** (112.92)	0.0672*** (92.62)	0.0741*** (101.80)	0.0881*** (47.31)	0.0696*** (84.88)
Age	-0.0050*** (93.68)	-0.0047*** (86.97)	-0.0051*** (56.62)	-0.0047*** (80.08)	-0.0081*** (48.01)	-0.0049*** (73.35)
Coutry FE	是	是	是	是	是	是
Year FE	是	是	是	是	是	是
N	1812618	1812618	1623084	1623084	1323837	1323837

注："*"、"**"、"***"分别表示在10%、5%、1%的水平下显著，括号内的数值报告的是z值。

为了检验结论的稳健性，本章参照 Mayer 等（2014）的做法来构建衡量"偏度效应"的指标。将出口企业的产品种类按照出口额大小排序，企业在该市场上表现最优即出口额数值最大的产品的序列数为1，出口额数量值第二大的产品序数为2。根据产品对应的序列数，计算出产品序数为2的产品与产品序数为1的产品的出口额比对数值，记为序列比。当产品序数为2的产品的出口额相对产品序数为1的出口额越高时，序列比的值越小。考虑到序列比存在的断尾现象，回归的结果如表3.6所示。

表 3.6　　　　出口经验与企业出口产品组合偏度（序列比模型）

	HS8		HS6		HS4	
	（1）	（2）	（3）	（4）	（5）	（6）
Ex_duration	0.0001 (1.23)		-0.0043*** (28.59)		-0.0064*** (40.10)	
Ex_age		-0.0018*** (18.20)		-0.0049*** (45.63)		-0.0063*** (53.79)
GDP	0.0001 (0.91)	0.0005*** (3.92)	-0.0045*** (30.97)	-0.0043*** (29.71)	-0.0045*** (28.04)	-0.0044*** (27.74)
ln_totalasset	-0.0047*** (30.98)	-0.0043*** (28.04)	-0.0110*** (67.53)	-0.0105*** (64.66)	-0.0148*** (84.20)	-0.0144*** (81.75)
exportratio	-0.0052*** (12.35)	-0.0044*** (10.46)	-0.0085*** (18.69)	-0.0078*** (17.18)	-0.0104*** (21.39)	-0.0098*** (20.25)
Age	0.0000 (0.72)	0.0001*** (5.32)	0.0005*** (14.24)	0.0007*** (19.01)	0.0004*** (10.76)	0.0006*** (14.99)
Coutry FE	是	是	是	是	是	是
Year FE	是	是	是	是	是	是
N	1825896	1825896	1623086	1623086	1323839	1323839

注："*"、"**"、"***"分别表示在10%、5%、1%的水平下显著，括号内的数值报告的是z值。

从表3.6的结果中我们发现，对于加总到HS6位和HS4位的商品，出口经验的增长会导致序列比的下降，即出口排名第二位的产品的出口额相对于出口排名第一位的产品的出口额下降了。这说明，企业销售持续时间越长，产品组合中绩优产品对于绩劣产品的相对产量会上升，这种变化只对大分类的商品是适用的。

第四节 结论

本章对 2000—2013 年出口经验与中国制造业多产品出口企业的产品配置进行了理论上和实证上的讨论。我们的理论模型证明，在企业是风险厌恶的情况下，对进口国的出口经验会使得企业对该国的出口量和出口产品组合产生影响。对进口国出口经验越大或企业的风险厌恶程度越高时，企业倾向于减少到该国的出口量；当出口经验增大或企业的风险厌恶程度提高时，产品组合中绩优产品对于绩劣产品的相对产量会下降，产品组合偏度也随之降低。同时我们还证明了在开放经济条件下，贸易成本对出口经验对产品组合偏度的影响存在的缓冲作用：贸易成本的上升会削弱出口经验对产品组合偏度的影响。

使用中国 2000—2013 年海关库和工企库数据，实证结果有力地支持了我们的模型结论，当进口国某行业不确定性越大时，企业会减少在该行业的出口，同时减少在行业中产品组合中绩优产品的比重，更均匀地分配产能来分散市场冲击可能带来的风险。我们使用进口国 GDP 方差作为出口经验的代理变量进行稳健性检验，实证结果依旧支持我们的模型结论。

第四章 需求冲击、产品组合与多产品企业生产率

第一节 引言

异质性企业模型假设企业的生产率不同,贸易竞争加剧,引起企业的进入和退出,从而导致企业的资源重新配置(Melitz,2003)。出口企业相对于非出口企业规模更大,生产效率和利润更高。异质性企业模型奠定了国际贸易理论的新框架,但是其假定一个企业只生产一种产品与现实并不相符。事实上,多产品出口企业是国际贸易的主体,相比单一产品出口企业多产品出口企业往往具有更大的规模和更高的效率。多产品企业的核心产品相对于非核心产品更具有竞争力,在所有的出口目的地都表现得更好。2000年中国有多产品出口企业29894家,占全部出口企业的79.29%;到2007年,多产品出口企业数量上升到52091家,占全部出口企业的73.38%。[①]

Bernard等(2009,2010)经过实证研究发现,相比单一产品出口企业,多产品出口企业往往具有更大的规模和更高的效率;而在多产品企业内部,生产成本低的核心产品相对于生产成本高的非核心产品更具有竞争力,在出口目的地表现得更好。Mayer等(2014)将企业内部资源再配置作用分为选择效应(哪些产品进入或者退出出口市场/哪些企业进入或者退出出口市场)和倾斜效应(产品在企业产品组合中比重的调整)这两种资源重置效应内生性产生了独立于技术变化(基于产品层面的生

---

① 根据2000—2007年中国工业数据库和中国海关数据库的合并数据计算,以HS6位码作为产品区分标准。

产函数）的生产率变化。Mayer 等（2021）认为，市场环境的变化会引起企业资源再配置，出口目的地市场需求的增加会带来更激烈的竞争，从而让企业提高绩优产品在产品组合中的比重。

多产品出口企业通过内部的资源再配置，即调整其产品组合实现其效用最大化。Mayer 等（2014）从理论上讨论了不同出口市场间多产品企业资源重新配置的机理，并且用法国企业层面的年度出口数据进行了实证研究。研究发现法国的多产品出口企业拥有一个包含多种出口产品的组合，在组合中产品相对市场份额比较稳定，"核心产品"始终占据着出口市场销售额的大部分。文章使用"产品组合偏度"代表企业内产品组合的集中程度，产品偏度越高产品组合的集中程度越高。实证结果显示出口国的 GDP 和地理位置会对产品偏度产生影响。Baldwin 和 Gu（2009）、Bernard 等（2010）、Iacovone 和 Javorcik（2010）通过研究美加自由贸易协定和北美自由贸易区得出，在推进贸易自由化的过程中，加拿大、美国、墨西哥的多元化产品公司均减少了产品生产种类。

由以上文献可以看出，多产品出口企业资源重新配置与出口市场需求有着直接的关系。Mayer 等（2021）将出口市场需求与企业资源再配置联系了起来，使用一个多产品企业模型解释了出口市场需求与企业资源重新配置之间的关系。文章假设出口市场需求的提高加剧了出口企业的竞争进而导致了更强的产品组合偏度，产品组合的偏度上升优化了多产品出口企业的资源再配置，提高了企业的生产率。并且使用法国的企业数据进行了实证验证。

本章沿着上述文章的思路，将需求冲击纳入多产品企业模型框架中，从理论上初步分析了需求冲击对出口企业资源再配置以及企业生产率的影响，然后利用中国工业企业数据库（1998—2007 年）和中国海关库（2000—2007 年）配对数据对理论假设进行了检验。我们发现，需求冲击提高了多产品出口企业产品组合偏度，提高了绩优产品在产品组合中的比重；通过优化资源配置，中国多产品出口企业的生产率得到提高。

与已有文献相比，我们的边际贡献主要体现在三个方面：第一，将需求冲击纳入多产品企业模型框架中（Mayer et al.，2014），讨论了需求冲击对企业产品组合偏度的影响；第二，利用微观企业数据揭示了出口市场需求冲击对中国多产品出口企业产品组合的产品组合偏度的影响，并进行了多层次的稳健性验证，丰富了多产品企业研究相关的文献；第三，讨论了出口市场需求冲击对中国多产品出口企业生产率的影响，并通过与单一产品出口企业对比进行了伪证检验。

第二节 理论模型

为了说明需求冲击是如何影响企业资源再配置的，Mayer 等（2021）构建了一个用消费者数量代表需求的模型以解释进口国需求冲击对出口商产品组合配置的影响。我们借鉴了 Mayer 等（2021）对于需求冲击的设定，在 Mayer 等（2014）模型基础上构建我们的理论模型。

一　代表性消费者偏好及需求函数

与 Mayer 等（2021）的做法类似，在本章中我们假设每个消费者的收入是不变的，需求冲击使用消费者数量的变化来衡量。本章依旧假设劳动为唯一的生产要素，但是放松了完全就业的假设。模型假设进口国市场中消费者的数量为 L_c，进口国正向的需求冲击代表着消费者数量 L_c 的增加。

我们假设进口国的代表性消费者具有相同的偏好，其效用都是在一个连续商品集上离散可加的。我们假设非完全替代的商品 $i \in M$，其中 M 是全体商品的集合，x 国的代表性消费者的行为等价于下面的最优化问题：

$$U = q_0^c + \alpha \int_{i \in \Omega} q_i^c di - \frac{1}{2}\gamma \int_{i \in \Omega} (q_i^c)^2 di - \frac{1}{2}\eta \left(\int_{i \in \Omega} q_i^c di \right)^2 \quad (4.1)$$

其中，q_0^c 是基准产品的消费量（基准产品的价格为1），$q_i^c > 0$ 代表差异性产品的消费量，差异性产品 i 的集合为 Ω。效用函数的参数 α、γ 和 η 都为正数，代表性消费者的效用函数 U 满足 $\frac{\sigma^2 U}{\sigma q_i^{c^2}} \leq 0$。通过约束条件下最大化效用函数，我们可以得到代表性消费者的需求函数：

$$q_i^c = \frac{\alpha}{\gamma} - \frac{1}{\gamma}p_i - \frac{\eta}{\gamma}Q^c \quad (4.2)$$

其中，$Q^c = \int_{i \in \Omega} q_i^c di$ 是代表性消费者消费的差异性产品的总量，M 为 Ω 的基数（产品的总数）。从需求函数我们可以发现，产品 i 的消费量 q_i^c 上升或者市场上所有产品的消费量 Q^c 上升都会使得该产品的价格下降。我们同时发现，这种冲击对市场上的所有产品都会产生影响，消费者的需求弹性越大，则其受冲击的影响越大；同时这种冲击不受收入变化等外生因素的影响。本章模型继续沿用 Mayer 等（2014）论文中的产品组合设定。生产每种产品都要付出固定成本 f 和可变成本 v（可变成本 v 是 RTS 的），每个企业的固定成本 f 都是相同的，但是可变成本 v 却随着企业和产品种类的不同而变化。

进口国市场中消费者的数量为 L_c，因此可以得到差异性产品 i 的市场需求为①：

$$q_i = L_c q_i^c = \frac{\alpha L_c}{\gamma + \eta M} - \frac{L_c}{\gamma} p_i + \frac{\eta M}{\gamma + \eta M} \frac{L_c}{\gamma} \bar{p} \tag{4.3}$$

平均价格水平为 $\bar{p} = \frac{1}{M} \int_{i \in \Omega} p_i^c di$，在这里我们把它看作反映市场竞争程度的要素，市场竞争程度越高，平均价格水平越低。我们认为某种产品的需求必须大于 0，否则它就会退出市场，即满足 $q_i \geq 0$，得到：

$$p_i \leq \frac{1}{\gamma + \eta M}(\alpha\gamma + \eta \bar{M} p) = p_{\max} \tag{4.4}$$

一旦产品的价格超出阈值 $p_{\max}$，产品 i 就会滞销。我们可以看到，产品种类 M 数量的增多和平均价格水平的下降都会导致阈值水平 $p_{\max}$ 的下降。把阈值水平 $p_{\max}$ 代入式（4.3）中，我们可以把市场需求函数改写成：

$$q_i = \frac{L}{\gamma}(p_{\max} - p_i) \tag{4.5}$$

二 生产函数及企业行为

接下来我们讨论企业的行为。我们假设劳动是唯一的生产要素且劳动的供给没有弹性，在技术上假定生产函数满足规模经济（return to scale），因此产品的边际成本一定且只和企业的生产率水平有关。由于产品的成本不能高于价格阈值水平 $p_{\max}$，所以产品的截断成本为 $v_D = p_{\max}$。结合需求函数（4.5）企业生产产品 i 获得的利润可以写成：

$$\pi_i = q_i\left(v_D - v - \frac{\gamma}{L} q_i\right) \tag{4.6}$$

---

① 由 $p_i = \alpha - \gamma(q_i^c + \varepsilon) - \eta(Q^c + M\varepsilon)$，得 $\bar{p}M = \Sigma_{i \in \Omega} p_i = \alpha M - \gamma(Q^c + M\varepsilon) - \eta(Q^c + M\varepsilon)$，进而得到 $Q^c + M\varepsilon = \frac{\alpha M - \bar{p}M}{\gamma + \eta M}$，将其代入式（4.2）可得式（4.3）。

最大化企业利润，即令 $\frac{\sigma\pi}{\sigma q_i}=0$，可以得到产品的产量、价格和利润分别为：

$$q_i=\frac{L_c}{2\gamma}(v_D-v) \tag{4.7}$$

$$p_i=\frac{1}{2}(v_D+v) \tag{4.8}$$

$$r_i=\frac{L_c}{4\gamma}(v_D^2-v^2) \tag{4.9}$$

$$\pi_i=\frac{L_c}{4\gamma}(v_D-v)^2 \tag{4.10}$$

遵循 Mayer 等（2014）的多产品企业设定，企业将生产不少于 1 种的产品。我们把企业生产的边际成本最低的产品称为"核心产品"，其成本为 c。企业生产的其他产品的边际成本都高于核心产品，其成本满足函数 $v(m,c)=\omega^{-m}c(\omega\in(0,1))$。我们把企业生产的所有产品看作一个产品组合，$m$ 是企业产品的序数，$v(m,c)$ 用来衡量产品在产品组合中的成本，可以看到 m 越高则该产品的边际成本越高，$m=0$ 代表着企业的"核心产品"，其成本为 c。边际成本满足已知的分布 $G(c)$，其范围满足 $[0, c_m]$，一旦 $v_D<v$ 则该产品无法带来正的期望利润，因此该产品只能退出市场。根据截断成本条件，产品的成本必须低于截断成本，即满足 $v(m,c)\leq v_D\Leftrightarrow c\leq\omega^m c_D$，其中 c_D 代表着核心产品的截断成本。因为 $\omega\in(0,1)$，m 越高则该产品的边际成本越高，所以必然存在 $M(c)>c_D$，而企业生产产品种类数为 $M(c)$：

$$M(c)=\begin{cases} 0 & c>c_D \\ \max\{m\mid c\leq\omega^m c_D\}+1 & c\leq c_D \end{cases} \tag{4.11}$$

我们给定"进入市场企业"的数量为 N_E，而成本的分布由企业生产的产品的种类 $M(c)$ 和企业生产率的分布 $G(c)$（核心产品边际成本的分布）共同决定。令 $M_v(v)$ 代表所有进入市场企业生产产品种类的测度函数，而每家进入市场企业生产产品的种类的测度函数为 $H(v)=M_v(v)/N_E$。每家进入市场企业生产产品的种类的测度函数也可以用均值来表示成 $H(v)=\sum_{m=0}^{\infty}G(\omega^m v)$。

三 均衡与产品组合偏度

企业将根据利润 π_i^e 和企业生产率的分布 $G(c)$ 来决定进入或者退出市场，我们遵循 Melitz（2003）和 Mayer 等（2014）年的设定市场是垄断竞争的，因此期望利润的期望必须等于固定成本 $f_E\left(\int_0^{C_D}\prod(c)\mathrm{d}G(c)=f_E\right)$。其中，$\prod(c)$ 为企业所有种类产品利润之和：

$$\prod(c) = \sum_{m=0}^{M(c)-1}\pi_i(v(m,c)) \tag{4.12}$$

把"自由进出条件" $\int_0^{C_D}\prod(c)\mathrm{d}G(c)=f_E$ 写成更一般的形式，则为下式：

$$\int_0^{C_D}\prod(c)\mathrm{d}G(c) = \int_0^{C_D}\sum_{m=0}^{Mc-1}\pi_i(v(m,c))\mathrm{d}G(c)$$

$$= \sum_{m=0}^{\infty}\left[\int_0^{\omega^m C_D}\pi_i(\omega^{-m}c)\mathrm{d}G(c)\right] = f_E \tag{4.13}$$

前面我们已经假设核心产品边际成本的分布为 $G(c)$。为了便于讨论，我们假设核心产品边际成本的分布 $G(c)$ 为帕累托分布，形式如下：

$$G(c) = \left(\frac{c}{c_M}\right)^k, c\in[0,c_M] \tag{4.14}$$

其中，参数 K 决定了分布的集中程度，当 K 接近于 0 时成本为 0 的概率为 1，当 K 接近于 1 时，分布趋于 $[0,c_M]$ 上的均匀分布。随着 k 的增加，相对成本高的企业所占的比重会增加。根据式（4.13）和式（4.14），我们可以得到核心产品的截断成本 c_D 为：

$$c_D = \left[\frac{\varphi\gamma}{L_c\Omega}\right]^{\frac{1}{k+2}} \tag{4.15}$$

其中，$\Omega = \dfrac{H(c)}{G(c)}$ 衡量了存活企业平均拥有的产品种类[①]。而"技术参数" $\varphi = \dfrac{1}{2}(k+1)(k+2)(c_M)^k f_E$ 则同时考虑了生产率的分布（核心产品边际成

[①] 已知每家进入市场企业生产产品的种类的测度函数为 $H(v)=\sum_{m=0}^{\infty}G(\omega^m v)=\sum_{m=0}^{\infty}\omega^m G(v)=\Omega G(v)$，$\Omega$ 为一个固定的常数只和参数 k 相关（$\Omega=(1-\omega^k)^{-1}$）。而存活企业平均拥有的产品种类 $\dfrac{M}{N}=\dfrac{H(v_D)N_E}{G(C_D)N_E}=\Omega$。

本的分布 $G(c)$ 和进入成本 f_E。显而易见，L_c 的增加会导致核心产品的截断成本 c_D 下降。

为了衡量不确定冲击对"产品组合偏度"的影响，我们参考了 Mayer 等（2014）的做法。考虑 m 与 m' 为某企业生产的两种产品，其中 m 相较 m' 更接近"核心产品"（$m<m'$），拥有更低的边际成本。根据式(4.7)我们可以得到两者的产量分别为 $q(v(c,m))=\frac{L}{2\gamma}(c_D-\omega^{-m}c)$ 和 $q(v(c,m'))=\frac{L}{\gamma}\frac{1}{T+2}(c_D-\omega^{-m'}c)$，因此其产量之比为：

$$\frac{q(v(c,m))}{q(v(c,m'))}=\frac{c_D-\omega^{-m}c}{c_D-\omega^{-m'}c} \tag{4.16}$$

同样的方法我们可以得到，产品的销售收入之比为：

$$\frac{r(v(c,m))}{r(v(c,m'))}=\frac{c_D^2-(\omega^{-m}c)^2}{c_D^2-(\omega^{-m'}c)^2} \tag{4.17}$$

因为 $\frac{\sigma c_D}{\sigma L_c}<0$，$\mathrm{d}\frac{q(v(c,m))}{q(v(c,m'))}/\mathrm{d}L_c<0$，$\mathrm{d}\frac{r(v(c,m))}{r(v(c,m'))}/\mathrm{d}L_c<0$。所以一旦发生正向的需求冲击，不管是在产量还是在收入水平上，越接近"核心产品"的产品在产品组合中的比例越高。

命题1：需求冲击会引发产品组合偏度。一旦进口国发生正向的需求冲击（L_c 增加），企业的绩优产品（better performed products）在该国出口量占其总出口量的比例将会提高，出口额占其总出口额的比例也会提高。

四 企业内部产品组合的调整对企业生产率的影响

我们接下来讨论需求冲击对企业层面生产率的影响。Mayer 等（2014）的模型已经证明，企业的"产品组合偏度"使得企业将其资源集中到表现更好的产品之上，从而能够提升生产率。

企业生产产品的总产量由其生产的产品种类和每种产品的产量共同决定，总成本则由企业生产的产品种类、每种产品的产量和成本决定。我们把企业的平均生产率定为[①]：

[①] $C(c)=\sum_{m=0}^{M(c)}v(m,c)q(v(m,c))$、$Q(c)=\sum_{m=0}^{M(c)}q(v(m,c))$。

$$\overline{\Phi} = \frac{\int_0^{C_D} Q(c) \mathrm{d}G(c)}{\int_0^{C_D} C(c) \mathrm{d}G(c)} \tag{4.18}$$

计算可得企业的平均生产率为：

$$\overline{\Phi} = \frac{k+2}{k} \frac{1}{C_D} \tag{4.19}$$

我们发现企业的平均生产率 $\overline{\Phi}$ 与截断成本 C_D 有着负相关的关系，又因为 $\frac{\sigma c_D}{\sigma L_c}<0$，所以正向的需求冲击会导致企业生产率的提高。

命题2：正向需求冲击对企业的生产率水平有着正面的影响。L_c 提高时企业的平均生产率水平是上升的。

第三节 需求冲击对多产品企业产品组合的影响

一 数据说明

本章企业层面和贸易层面数据来源于中国工业企业数据库（1998—2007年）和中国海关库（2000—2007年）。中国工业企业数据库统计有全部国有和"规模以上"的非国有工业企业，我们借鉴余淼杰（2011）的方法将中国工业企业数据库的月度数据汇总成年度数据，然后和中国海关数据库进行了匹配。然后将其与汇总成年度数据的中国海关数据库利用企业名称字段进行匹配，为了保留尽可能多的样本，我们分别使用企业名称、电话号码加邮政编码、法人代表加邮政编码为标准进行了三轮匹配。由于商品名称和编码协调制度（简称为HS）在2002年、2007年分别进行了调整，故我们将产品代码HS统一转换成HS 1996，以保证样本中企业—国家—产品样本的连续性。目的国包括235个国家和地区，以及8176种HS6位数产品代码。将海关数据按照人民币对美元汇率换成人民币计价的出口额。

在计算生产率的过程中，为了去除价格因素的影响，我们使用各省的工业品出厂价格指数（PPi）、固定资产投资价格指数（PPIFA）和工业品原料购进价格指数对企业的工业增加值、固定资产投资和中间投入进行了平减。数据来源于国家统计局。根据聂辉华等（2012）和 Brand 等（2012）的做法，2004 年工业企业库缺失工业增加值，根据会计准则进行估算：工业增加值＝工业总产值－工业中间投入＋应缴增值税。中国在 2002 年颁布了新的《国民经济行业分类》并于 2003 年开始正式实施，依照新的行业标准对 2000—2002 年企业的行业代码进行了重新调整。对数据进行以下筛选：删除出口额存在缺漏值或负值的企业样本；删除工业增加值、中间投入额、从业人员年平均人数、固定资产净值年平均余额中存在缺漏值、零值或负值的企业样本；删除 1949 年之前成立的企业样本，同时删除企业年龄小于 0 的企业样本。海关库中去掉有进出口名称的单纯进行贸易的公司。采用 Olley 和 Pakes（1996）方法测算企业生产率时，首先需要估算企业的投资。我们采用永续盘存法进行估算：$I_{it} = K_{it} - (1-\rho) K_{it-1}$，其中 I_{it} 和 K_{it} 分别表示企业 i 在 t 年的投资和资本存量，ρ 表示企业在 2000—2007 年的折旧率。与余淼杰（2011）等类似，本章也采用 15% 的折旧率来进行估算。

商品出口目的地的 GDP 数据来源于世界银行，以 2010 年的不变价美元计算。商品出口目的地分行业进口数据来源于 CEPII–BACI 数据库（1995—2014 年），我们以产品代码 HS2 位编码对作为行业分类的标志。

二 实证分析需求冲击对企业资源再配置的影响

依照 Mayer 等（2021），多产品企业的资源配置将在两个不同的层次上进行，在较低级的层次，企业对出口到某一国家的产品组合进行调整；在更高级的层次，企业调整整个企业内部的产品组合。本部分分为"出口目的地—行业""企业"两个层面进行考察。在"出口目的地—行业"层面，产品组合偏度在企业出口的某一市场中的某一具体行业中衡量，需求冲击是分行业分国家的。在"企业"层面，产品组合偏度在整个出口企业中讨论，而需求冲击也是跨行业跨国家的。

（一）需求冲击对企业资源再配置的影响——"出口目的地—行业"层面

一般认为，如果企业将资源集中在生产绩优产品上，一定会对其产品组合偏度产生正向影响。在 Mayer 等（2014）的文章中，作者考察了跨行业跨国家的出口偏度现象。在 Mayer 等（2021）的文章中，作者使用 Theil 指数对在同一出口目的地不同行业的出口偏度进行衡量。在这里我们使用 Mayer 等（2021）的办法将 Theil 指数作为衡量出口偏度的指标。Theil 指数又被称为泰尔熵标准，常常被用来衡量总体的差异水平。在本章中 Theil 指数用来衡量产品组合的差异水平，Theil 指数越高则说明产品组合中绩优产品的占比越高，企业产能的分配更加集中；反之，Theil 指数越小则说明产品组合中绩优产品的占比越低，企业产能的分配更加分散。

在本部分 Theil 指数被用来衡量企业在某一市场中的某一具体行业的产品组合偏度，其公式为：

$$T^I_{idt} \equiv \frac{1}{N^I_{idt}} \sum_{s \in I} \frac{x^s_{idt}}{x^I_{idt}} \log\left(\frac{x^s_{idt}}{x^I_{idt}}\right) \tag{4.20}$$

我们使用 HS6 位码作为产品种类的区分标准（同时我们用 HS8 位码作为产品种类的区分标准对结论进行了稳健性检验），确定企业出口到 d 国的 I 行业产品的种类数 N^I_{idt} 和企业出口到 d 国的某一种产品的数量 x^s_{idt}。企业在 d 国 I 行业产品的平均出口量为 $x^I_{idt}\left(x^I_{idt} = \frac{\sum_{s \in I} x^s_{idt}}{N^I_{idt}}\right)$。

可以看到，如果企业出口 d 国的某产品销量 x^s_{idt} 大于行业平均出口量 x^I_{idt}，则 $\log\left(\frac{x^s_{idt}}{x^I_{idt}}\right)$ 为正。因此产品销量 x^s_{idt} 大于行业平均出口量 x^I_{idt} 的产品品种越多，Theil 指数也将越高，出口偏度也就越发明显。

在需求冲击的衡量上，我们将冲击分为进口冲击和宏观经济冲击两个维度，前者体现在某行业总进口的变化，后者体现在 GDP 的变化。考虑企业 i 在 t 年都会出口一定数量的属于行业 I 的产品到出口目的地 d：在行业层面，我们使用 HS2 位编码对行业进行区分，计算出口目的地 d 对行业 I 产品的总进口，然后使用其对数差分和对数作为需求冲击的衡量；而在宏观层面，我们使用出口目的地 d 的实际 GDP 的对数差分和对数来衡量需求冲击[①]。为了防止可能出现的内生性问题，我们对出口目的地 d 对行业 I 产品的总进口中中国的出口部分进行了剔除。

t 期的宏观经济冲击的表示为：

$$\widetilde{\Delta} GDPshock_{i,d,t} \equiv \log GDP_{d,t} - \log GDP_{d,t-1}$$
$$\log GDPshock_{i,d,t} \equiv \log GDP_{d,t} \tag{4.21}$$

---

① Mayer 等（2016）使用 D-H 增长率来代表冲击 $\left(D-H = \frac{X_{d,t} - X_{d,t-1}}{0.5\,(X_{d,t} + X_{d,t-1})}\right)$，同时表示使用对数差分不会影响回归结果。在本书中经过验证，两种方法得到的增长率回归结果是一致的。

其中 $GDP_{d,t}$ 表示我们出口目的地 d 在 t 时间的 GDP（使用不变价美元计价）。

t 期的进口冲击的表示为：

$$\widetilde{\Delta}tradeshock_{d,t}^I \equiv \log M_{d,t} - \log M_{d,t-1}$$
$$\log tradeshock_{d,t}^I \equiv \log M_{d,t}^I \tag{4.22}$$

其中 $M_{d,t}^I$ 是出口目的地 d 属于行业 I 的产品的进口总量。在变化率不大的情况下，$\Delta tradeshock_{i,d,t}$ 和 $\Delta tradeshock_{d,t}^I$ 可以被看成是 $GDP_{d,t}$ 增长率和 $M_{d,t}^I$ 增长率的近似结果。

我们计算了"出口目的地-行业"层面 Theil 指数与需求冲击描述性统计结果，见表 4.1。

表 4.1 "出口目的地-行业"层面 Theil 指数与需求冲击描述性统计

变量	中文	观测值	均值	标准差	最小值	最大值
T_{idt}^I-HS6	D 国 I 行业 Theil 指数（6 位）	3919257	0.098	0.111	0	3.441
T_{idt}^I-HS8	D 国 I 行业 Theil 指数（8 位）	4065457	0.111	0.245	0	3.701
$\widetilde{\Delta}GDPshock_{i,d,t}$	t 期宏观经济冲击	2474	0.405	0.057	-0.402	0.916
$\Delta tradeshock_{d,t}^I$	t 期进口冲击	143601	0.109	0.967	-15.667	12.662
$\log tradeshock_{d,t}^I$	t 期宏观经济冲击	2654	23.746	2.411	16.969	30.343
$\log GDPshock_{i,d,t}$	t 期进口冲击	168198	8.512	3.501	-6.907	19.676

资料来源：作者计算。

模型的回归结果在表 4.2 中。其中左两列是 HS6 位码作为产品种类的区分标准的回归结果，右两列是 HS8 位码区分标准的参照结果。考虑到面板数据可能存在的个体性差异，我们在每一列的第一栏采用对数差分模型（FD），在第二栏采用企业—国家—行业固定效应模型（FE）。所有的结果都支持我们的假设，不管是进口冲击（$tradeshock_{d,t}^I$）还是宏观经济冲击（$GDPshock_{i,d,t}$）都对产品组合偏度产生了正向影响。图 4.1 上图是宏观经济冲击对 Theil 指数的散点图，下图是进口冲击对 Theil 指数的散点，也支持了我们的假说。

第四章　需求冲击、产品组合与多产品企业生产率 / 63

表 4.2　　　　需求冲击对 Theil 指数（"出口目的地—行业"）

	HS6		HS8	
	Theil-FD	Theil-FE	Theil-FD	Theil-FE
ΔGDP shock$_{i,d,t}$	0.026*** (0.001)		0.066*** (0.000)	
Δtrade shock$^I_{i,d,t}$	0.004*** (0.003)		0.008*** (0.000)	
logGDP shock$_{i,d,t}$		0.190*** (0.000)		0.318*** (0.000)
logtrade shock$^I_{d,t}$		0.054*** (0.000)		0.087*** (0.000)
Observations	1315428　1321044	3870159　3919257	1315428　1467244	3870159　4065457
R^2	0.001　0.001	0.005　0.003	0.011　0.0011	0.018　0.0237

注："***"、"**"、"*"分别表示在 1%、5%、10% 水平上显著；括号中为 p 值。FE 模型采用的是企业国家行业固定效应回归。FD 和 FE 模型都添加了年份作为虚拟变量。

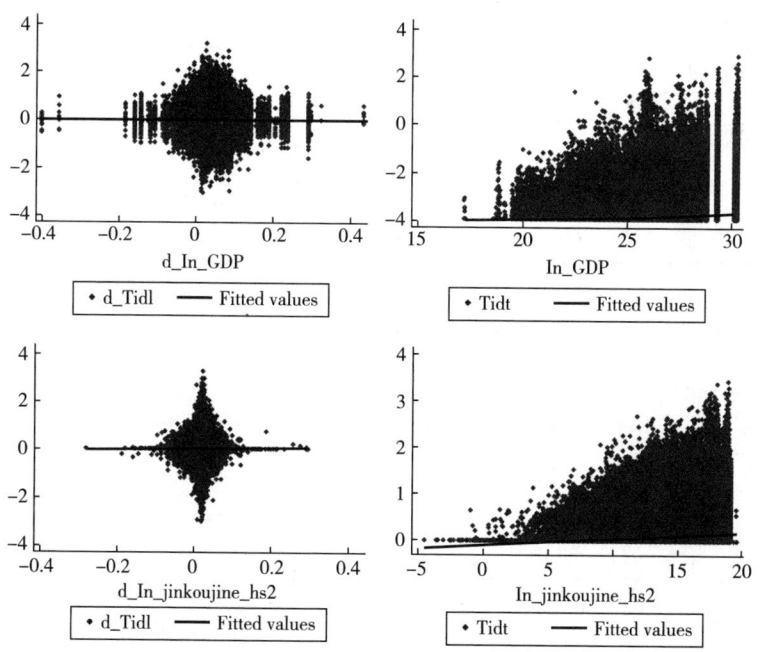

图 4.1　需求冲击对 Theil 指数（"出口目的地—行业"HS6 位）

注：左图是宏观经济冲击对 Theil 指数的散点图，右图是进口冲击对 Theil 指数的散点图。

资料来源：作者计算。

为了更有力地佐证我们的结论,我们使用 Atkinson 指数替代 Theil 指数进行回归作为稳健性检验。通过赋予不同的弹性 η,Atkinson 指数允许总体分布具有更大的灵活性。Atkinson 指数的计算方法为:

$$A_{i,d,t}^{I,\eta} \equiv \begin{cases} 1 - \frac{1}{x_{idt}^I}\left[\frac{1}{N_{idt}^I}\sum_{s\in I}(x_{idt}^s)^{1-\eta}\right]^{\frac{1}{1-\eta}} & \eta \geq 0, \eta \neq 1 \\ 1 - \frac{1}{x_{idt}^I}\left[\prod_{s\in I}x_{idt}^s\right]^{\frac{1}{N_{idt}^I}} & \eta = 1 \end{cases} \quad (4.23)$$

系数 η 被称为不平等厌恶系数。在本章中,如果 η 越接近于 0,绩优产品在指数中所占的比重越大;当 η 逐渐增大时,更多的比重将会被分配给绩劣产品。当 $\eta = 1$ 时,Atkinson 指数为样本的几何平均数。在这里我们分别取 η 等于 0.25、0.5、1 与 2 的 Atkinson 指数。在此处产品种类全部以 HS6 位进行划分。

表 4.3　　　　　　　需求冲击对 Atkinson 指数 (FD)

变量名称	$\Delta A_{i,d,t}^{I,0.25}$	$\Delta A_{i,d,t}^{I,0.5}$	$\Delta A_{i,d,t}^{I,1}$	$\Delta A_{i,d,t}^{I,2}$
$\Delta\text{GDPshock}_{d,t}^I$	0.006*** (0.001)	0.012*** (0.002)	0.019** (0.013)	0.048*** (0.000)
$\Delta\text{tradeshock}_{d,t}^I$	0.001*** (0.004)	0.002*** (0.006)	0.003** (0.013)	0.005*** (0.003)

注:"***"、"**"、"*"分别表示在 1%、5%、10%水平上显著。括号中为 p 值。采用回归采用差分模型 (FD)。回归添加了年份虚拟变量。

表 4.4　　需求冲击对企业资源再配置的影响——Atkinson 指数 (FE)

变量名称	$A_{i,d,t}^{I,0.25}$	$A_{i,d,t}^{I,0.5}$	$A_{i,d,t}^{I,1}$	$A_{i,d,t}^{I,2}$
$\log\text{GDPshock}_{d,t}^I$	0.050*** (0.000)	0.102*** (0.000)	0.178*** (0.000)	0.216*** (0.000)
$\log\text{tradeshock}_{d,t}^I$	0.014*** (0.000)	0.029*** (0.000)	0.051*** (0.000)	0.063*** (0.000)

注:"***"、"**"、"*"分别表示在 1%、5%、10%水平上显著。括号中为 p 值。采用企业国家行业固定效应模型 (FE)。回归添加了年份虚拟变量。

可以看到，不管是 FD 模型还是 FE 模型，需求冲击都对 Atkinson 指数产生了正向的影响。而且随着 η 的增加，行业层面的需求冲击对产品组合偏度的影响幅度会加大，这说明当指数中更多的比重被分配给绩劣产品时，需求冲击的影响将被放大。

（二）需求冲击对企业产品组合的影响——"企业"层面

下面我们讨论需求冲击对"企业"层面企业资源再配置的影响。在企业层面，企业作为一个整体面对全球市场的需求冲击，而企业也将在整个企业的层面调整其产品组合。

根据模型的设定，不同出口目的地市场的代表性消费者都有着相同的消费偏好，因此不存在不同市场存在不同产品偏好的问题，在某一市场中表现良好的产品在其他市场也将拥有良好的表现，用加权平均方法获得的指标能代表企业的产品配置情况。但是在实际情况下不同的国家可能存在着偏好的差异，在某国销售表现良好的产品，在另一国可能表现欠佳，因此在实证研究中必须要消除这种差异。Bernard 等（2011）提出了"目的地间 Theil 指数"（Between-destination Theils）来解决这一问题，参考 Mayer 等（2021），我们构造了企业层面的 Theil 指数（Fr_Theil）以代表企业整体的产品配置情况，其表达式可以写成：

$$T_{i,t} = T^W_{i,t} - T^B_{i,t} \tag{4.24}$$

$T^W_{i,t} = \sum_d \frac{x_{i,d,t}}{x_{i,t}} T_{i,d,t}$ 和 $T^B_{i,d,t} = \sum_d \frac{x_{i,d,t}}{x_{i,t}} T^B_{i,d,t}$ 为"目的地组内 Theil 指数"（Within-destination Theils）和"目的地组间 Theil 指数"的加权平均。其中 $x_{i,d,t} \equiv \sum_s x^s_{i,d,t}$ 代表公司 i 对市场 d 的出口，$x_{i,t} \equiv \sum_d x_{i,d,t}$ 则代表 t 时期公司 i 的全部总出口。在这里我们使用 HS6 位码作为产品种类的区分标准，确定企业出口到 d 国的 I 行业产品的种类数 N^I_{idt} 和企业出口到 d 国的某一种产品的数量 x^s_{idt}。"目的地组内 Theil 指数"和"目的地组间 Theil 指数"的形式为：

$$T_{i,d,t} = \frac{1}{N_{i,d,t}} \sum_s \frac{x^s_{i,d,t}}{x_{i,d,t}} \log\left(\frac{x^s_{i,d,t}}{x_{i,d,t}}\right)$$

$$T^B_{i,d,t} = \sum_s \frac{x^s_{i,d,t}}{x_{i,d,t}} \log\left(\frac{x^s_{i,d,t}/x_{i,d,t}}{x^s_{i,t}/x_{i,t}}\right) \tag{4.25}$$

"目的地组内 Theil 指数"衡量了企业内部产品偏度的差异，"目的地组间 Theil 指数"则衡量了不同目的地的产品偏度的差异，可以发现如果企业 d 的产品 s 在不同的国家都有着相同的销售表现，则"目的地组间 Theil 指数"等于 0。企业层面的 Theil 指数是两者加权平均值之差，这样做相当于剔除了因为目的地间的差异造成的影响。

在企业层面，企业将作为一个整体面对全球市场的需求冲击。参照 Mayer 等（2021）的做法，在这里我们将企业的出口密集度（$intense_{i,t}$）乘上按目的地加权平均的出口冲击（$logshock_{i,t}$）作为企业层面需求冲击的衡量。企业层面的进口冲击为：

$$\log(intense \times tradeshock) = intense_{i,t} \times \log tradeshock_{i,t}$$

$$= \frac{x_{i,t-1}}{x_{i,t-1}+x^D_{i,t-1}} \times \sum_{d,I} \frac{x^I_{i,d,t-1}}{x_{i,t-1}} \times \log shock^I_{i,d,t}$$

$$\widetilde{\Delta}(intense \times tradeshock) = intense_{i,t} \times \widetilde{\Delta} tradeshock_{i,t}$$

$$= \frac{x_{i,t-1}}{x_{i,t-1}+x^D_{i,t-1}} \times \sum_{d,I} \frac{x^I_{i,d,t-1}}{x_{i,t-1}} \times \Delta shock^I_{i,d,t}$$

(4.26)

其中 $\frac{x_{i,t-1}}{x_{i,t-1}+x^D_{i,t-1}}$ 是 i 企业的出口密集度，$\frac{x^I_{i,d,t-1}}{x_{i,t-1}}$ 是 i 企业在 d 国出口 I 行业产品占总出口的比重。为了避免可能出现的内生性问题，我们使用了 t-1 年的行业权重 $\frac{x^I_{i,d,t-1}}{x_{i,t-1}}$ 和 t-1 年的出口密集度 $\frac{x_{i,t-1}}{x_{i,t-1}+x^D_{i,t-1}}$。运用类似的方法，我们可以算出企业层面的宏观经济冲击：

$$\log(intense \times GDPshock) = intense_{i,t} \times \log GDPshock_{i,t}$$

$$= \frac{x_{i,t-1}}{x_{i,t-1}+x^D_{i,t-1}} \times \sum_{d} \frac{x_{i,d,t-1}}{x_{i,t-1}} \times \log shock^I_{i,d,t}$$

$$\widetilde{\Delta}(intense \times GDPshock) = intense_{i,t} \times \widetilde{\Delta} tradeshock_{i,t}$$

$$= \frac{x_{i,t-1}}{x_{i,t-1}+x^D_{i,t-1}} \times \sum_{d} \frac{x_{i,d,,t-1}}{x_{i,t-1}} \times \Delta shock^I_{i,d,t}$$

(4.27)

其中 $\frac{x_{i,t-1}}{x_{i,t-1}+x^D_{i,t-1}}$ 是 i 企业的出口密集度，$\frac{x_{i,d,-1}}{x_{i,t-1}}$ 是 i 企业在 d 国出口产品占总出口的比重。表 4.5 是"企业"层面的 Theil 指数与需求冲击描述性统计。

第四章 需求冲击、产品组合与多产品企业生产率

表 4.5　"企业"层面的 Theil 指数与需求冲击描述性统计

变量	中文	n	均值	标准差	最小值	最大值
$T_{i,t}$	t 期 Theil 指数	207179	-0.033	0.509	-2.758	4.774
$Intense_{i,t}$	t 期出口密集度	269129	0.527	0.414	0	1
$\hat{\Delta}GDPshock_{i,t}$	t 期宏观经济冲击	265232	0.018	0.019	-0.258	0.268
$\hat{\Delta}tradeshock_{i,t}$	t 期进口冲击	265215	0.033	0.078	-3.247	4.016
$logGDPshock_{i,t}$	t 期宏观经济冲击	265232	14.008	11.286	0	30.342
$logtradeshock_{i,t}$	t 期进口冲击	265215	7.363	5.991	0	19.190

资料来源：作者计算。

模型的回归结果在表 4.6 中。其中第（1）列为"企业"层面 Theil 指数的差分模型（FD），第（2）列为"企业"层面 Theil 指数的固定效应模型（FE）。所有的系数都是显著为正的。我们有理由相信，在企业层面进口冲击（$tradeshock_{i,t}$）和宏观经济冲击（$GDPshock_{i,t}$）都对出口偏度（skewness of export sales）产生正向影响。

表 4.6　需求冲击对企业资源再配置的影响——产品组合偏度（企业层面数据）

	Fr_Theil-FD		Fr_Theil-FE	
	(1)	(2)	(3)	(4)
$\hat{\Delta}$（intense×GDPshock）	0.066*** (0.00)			
$\hat{\Delta}$（intense×tradeshock）		0.214*** (0.000)		
log（intense×GDPshock）			0.001*** (0.000)	
log（intense×tradeshock）				0.001*** (0.000)
Observations	103188	134375	206875	206869
R^2	0.0084	0.001	0.026	0.029

注：***、**、* 分别表示在 1%、5%、10% 水平上显著。括号中为 p 值。回归采用的都是年份国家行业三向固定效应模型。

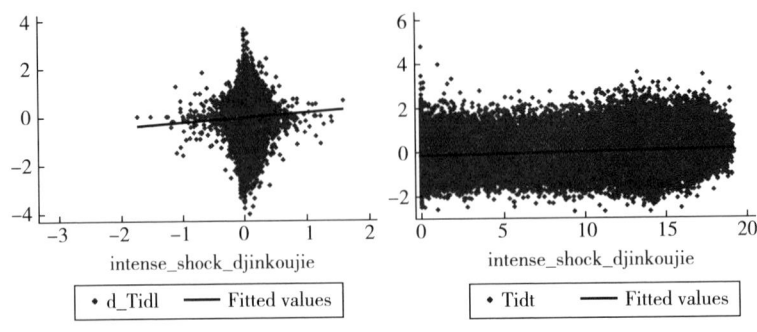

图 4.2　需求冲击和 Theil 指数（"企业"层面）

注：左图是宏观经济冲击（$\Delta GDPshock_{i,d,t}$）对企业层面 Theil 指数的散点图，右图是进口冲击（$\Delta tradeshock^I_{d,t}$）对企业层面 Theil 指数的散点图。

资料来源：作者计算。

可见无论是在"出口目的地—行业"层面还是在"企业"层面，结果都印证了我们之前的理论假设：需求冲击对企业资源再配置的影响确实存在，进口冲击（表现在该行业进口额的变化）和宏观经济冲击（表现在 GDP 增长率的变化）都提高了产品组合的偏度，当需求增加时时，企业将提高绩优产品在产品组合中的比重。

由于我国的出口贸易方式中存在免税的加工贸易，有可能会影响整体表现，因此有必要将其单独列出观察。我们依据企业主要的贸易方式将企业分为加工贸易企业、一般贸易企业和其他贸易企业，以此来分析需求冲击对不同贸易方式企业出口产品组合的影响差异。我们同时采用了加入年份虚拟变量对数差分模型（FD）和企业固定效应模型（FE）。表 4.7 给出的是最终的回归结果，可见 FD 模型的结果要优于 FE 模型。无论是面对进口冲击还是宏观经济冲击，一般贸易对需求冲击的反应都比其他两种贸易方式灵敏。其他贸易对需求冲击的反应不灵敏。

表 4.7　需求冲击对企业资源再配置的影响——分贸易方式

	一般贸易		加工贸易		其他贸易	
	(1) FD	(2) FE	(3) FD	(4) FE	(5) FD	(6) FE
$\hat{\Delta}$（intense× tradeshock）	0.323*** (0.000)			0.278*** (0.000)		0.278 (0.289)

续表

	一般贸易		加工贸易		其他贸易	
	(1) FD	(2) FE	(3) FD	(4) FE	(5) FD	(6) FE
log(intense× tradeshock)	0.003*** (0.001)		0.000 (0.712)		0.016*** (0.000)	
N	88980	139968	43523	64761	992	1398
R^2	0.017	0.010	0.024	0.011	0.002	0.580
$\hat{\Delta}$(intense× GDPshock)	0.322*** (0.000)		0.219** (0.054)		0.632 (0.392)	
$\hat{\Delta}$(intense× GDPshock)	0.001*** (0.001)		0.000 (0.217)		−0.005 (0.374)	
N	112053	139916	66372	64499	2416	1371
R^2	0.016	0.023	0.022	0.047	0.001	0.003

注：***、**、*分别表示在1%、5%、10%水平上显著。括号中为p值。FD模型是差分模型，FE模型采用的都是企业固定效应模型；FD模型和FE模型都采用了年份作为虚拟变量。

根据中国出口企业的特性，不同企业性质所能享受到的政策优惠及所拥有的市场敏感度不尽相同，因此有必要按照企业的所有权将企业进行分类回归。我们同时采用了加入年份虚拟变量对数差分模型（FD）和企业固定效应模型（FE）。表4.8给出的是最终的回归结果，可见FD模型的结果要优于FE模型。由结果可见，不管是面对进口冲击还是宏观经济冲击，民营企业产品组合偏度对需求冲击的反应都比其他两种企业明显，国有企业对需求冲击的反应最差。

表4.8　　　需求冲击对企业资源再配置的影响——分企业性质

	国有企业		民营企业		三资企业	
	(1) FD	(2) FE	(3) FD	(4) FE	(5) FD	(6) FE
$\hat{\Delta}$(intense× tradeshock)	0.086** (0.076)		0.359*** (0.000)		0.316*** (0.000)	

续表

	国有企业		民营企业		三资企业	
	(1) FD	(2) FE	(3) FD	(4) FE	(5) FD	(6) FE
log（intense× tradeshock）		0.003 (0.118)		0.004*** (0.030)		0.004*** (0.000)
N	19624	29047	20634	37377	94115	138136
R^2	0.000	0.003	0.008	0.002	0.028	0.041
$\widetilde{\Delta}$（intense× GDPshock）		0.005*** (0.030)		0.990*** (0.000)		0.033 (0.292)
$\widetilde{\Delta}$（intense× GDPshock）		0.000 (0.864)		0.001** (0.079)		0.000 (0.326)
N	24244	28991	24173	37342	134418	137935
R^2	0.000	0.000	0.006	0.006	0.027	0.047

注："***"、"**"、"*"分别表示在1%、5%、10%水平上显著。括号中为p值。FD模型是差分模型，FE模型采用的都是企业固定效应模型；FD模型和FE模型都采用了年份作为虚拟变量。

第四节 需求冲击、产品组合调整对多产品企业生产率的影响

根据本章理论部分的推论，当企业把更多的资源再配置在其更具竞争优势的产品组合上时，企业的生产率也会得到提高。本章接下来将检验产品组合偏度对出口企业的生产率的影响。我们使用人均工业增加值和OP、LP估算方法计算的全要素生产率作为被解释变量。依照我们的假设，需求冲击导致企业产品组合调整，产品组合偏度提高进而导致企业生产率的提高。为了验证倾斜效应是需求冲击影响生产率效应的中间环节，我们针对单一产品企业进行相关的伪证检验，在这里我们使用HS6位代码作为产品的分类标准，并以此分类标准区分多产品企业和单一产品企业。

一 需求冲击和多产品出口企业生产率

我们使用人均工业增加值和OP、LP估算方法计算的全要素生产率代

表企业的生产率水平。人均工业增加值采用不变价工业增加值比上企业平均劳动力数量得到。在使用 LP 方法计算全要素生产率的过程中，我们采用工业增加值（Va）的对数作为产出变量，企业平均劳动力数量（p）作为代理变量，资本则由固定资产净值（Ca）表示。在使用 Op 方法计算全要素生产率的过程中，我们使用行业（GB）、企业性质和地域（省级行政划分）作为虚拟变量。

变量的统计性描述如表4.9所示：

表4.9　　　　　　　　　多产品出口企业描述性统计

变量	中文	n	均值	标准差	最小值	最大值
Va	工业增加值	340415	44604.3	503646	−2544741	1.02e+08
$TFP\text{-}LP$	用 LP 方法计算的生产率	172051	752.7	1784.1	0.021	171923
$TFP\text{-}OP$	用 OP 方法计算的生产率	167038	167038	0.921	−7.224	10.418
p	劳动力数量	340821	490.9	1731	0	188151
Ca	固定资产净值	340821	48078.8	516704	0	1.27e+08
m	中间投入	340415	113756	775697	−16764	1.40e+08

注：(1) 工业增加值、固定资产净值和中间投入的单位是人民币元，劳动力的单位是人。
(2) 工业增加值、固定资产投资和中间投入已经使用各省的工业品出厂价格指数（PPi）、固定资产投资价格指数（PPIFA）和工业品原料购进价格指数进行了平减。

资料来源：作者计算。

我们以企业层面的需求冲击作为解释变量。经过实证检验进口冲击对产品组合偏度的影响更加明显，因此我们选用企业层面的进口冲击代表企业需求冲击。回归的结果如表4.10所示：

表4.10　　　　多产品出口企业生产率对进口冲击的回归结果

	FD				FE			
	$\Delta\log Va/p$	$\Delta\log TFPLP$	$\Delta\log TFPOP$		$\log Va/p$		$\log TFPLP$	$\log TFP$
	(1)	(2)	(3)	(4)	(5)	(6)	(7)	(8)
$\hat{\gamma}$（intense× tradeshock）	0.074*** (0.003)	0.061** (0.010)	0.067** (0.021)	0.099*** (0.003)				

续表

	FD				FE			
	$\Delta\log Va/p$		$\Delta\log TFPLP$	$\Delta\log TFPOP$	$\log Va/p$		$\log TFPLP$	$\log TFP$
	(1)	(2)	(3)	(4)	(5)	(6)	(7)	(8)
$\Delta\log ca/p$		0.271*** (0.000)						
$\Delta\log m$		0.110*** (0.000)						
log(intense× tradeshock)					−0.001 (0.133)	−0.001* (0.053)	0.000 (0.699)	−0.001 (0.127)
$\log ca/p$						0.236*** (0.000)		
$\log m$						0.162*** (0.000)		
Observations	199511	198546	103195	99566	203044	202477	171155	154652
R	0.006	0.704	0.004	0.002	0.022	0.322	0.020	0.002

注:"***"、"**"、"*"分别表示在1%、5%、10%水平上显著。括号中为p值。FD模型是差分模型,FE模型采用的都是企业固定效应模型;FD模型和FE模型都采用了年份作为虚拟变量。

表4.10的左边部分是对数差分模型,右边采用的都是企业固定效应模型。两个模型都是用年份作为虚拟变量。在人均工业增加值的回归中,从结果上看,对数差分模型的结果更加显著和明显:正向的需求冲击都导致了多产品企业生产率的提高。

二 需求冲击和单产品出口企业生产率

依照我们的假设,需求冲击导致企业产品组合调整,产品组合偏度提高进而导致企业生产率的提高。为了验证倾斜效应是需求冲击影响生产率效应的中间环节,我们针对单一产品企业进行相关的伪证检验。我们使用HS6位代码作为产品的分类标准,并以此分类标准区分多产品企业和单一产品企业。

表4.11的左边部分是对数差分模型,右边采用的都是企业固定效应模型。两个模型都是用年份作为虚拟变量。从结果上看,单一产品企业的结果显著性欠佳,我们有理由相信正向的需求冲击没有导致单一产品

企业生产率的提高。根据理论部分的推论，当企业把更多的资源再配置在其更具竞争优势的产品组合上时，企业的生产率也会得到提高。单一产品企业缺乏这种反应机制，其对需求冲击的反应将更差。实证结果证实了我们的推论。

表4.11　生产率对宏观经济冲击的回归结果及其说明（单一产品企业）

	FD				FE			
	ΔlogVa/p	ΔlogTFPLP	ΔlogTFPOP		logVa/p		logTFPLP	logTFP
	(1)	(2)	(3)	(4)	(5)	(6)	(7)	(8)
$\tilde{\chi}$ (intense× tradeshock)	0.094* (0.098)	0.071 (0.198)	-0.007** (0.047)	0.192** (0.029)				
Δlogca/p		0.272*** (0.000)						
Δlogm		0.155*** (0.000)						
log (intense× tradeshock)					-0.002 (0.207)	-0.002 (0.259)	-0.580 (0.734)	-0.001 (0.756)
logca/p					0.235*** (0.000)			
logm					0.204*** (0.000)			
Observations	37641	37419	14305	11615	38414	38291	37442	30988
R	0.005	0.075	0.003	0.005	0.026	0.311	0.004	0.000

注："***"、"**"、"*"分别表示在1%，5%，10%水平上显著。括号中为p值。FD模型是差分模型，FE模型采用的都是企业固定效应模型；FD模型和FE模型都采用了年份作为虚拟变量。

第五节　结论和政策建议

本书对2000—2007年需求冲击与中国制造业多产品出口企业的产品配置进行了理论上和实证上的讨论。借助Mayer等（2014）模型我们证明，需求冲击增加了企业之间的竞争，使企业提高产品偏度，扩大了绩优产品在企业产品组合中的比重。实证上我们发现，无论是在宏观经济冲击（体现在 GDP 的增加）还是进口冲击（以进口国该行业产品的进口额衡量）都对中国多产品出口企业的产品配置产生了影响，这种影响在进口冲击上体现得更加明显。

我们依据企业主要的贸易方式将企业分为加工贸易企业、一般贸易企业和其他贸易企业，发现无论是面对进口冲击还是宏观经济冲击，一般贸易对需求冲击的反应都比其他两种贸易方式灵敏。依据企业的所有权将企业进行分类回归，我们发现不管是面对进口冲击还是宏观经济冲击，民营企业产品组合偏度对需求冲击的反应都比其他两种企业明显，国有企业产品组合偏度对需求冲击的反应最差。

进一步我们分析了产品组合偏度与企业生产率的关系。需求冲击通过促使中国多产品出口企业更多地出口绩优产品，而绩优产品在产品组合中的比重增加导致中国多产品出口企业的生产率显著提高。经过实证研究也证实，多产品出口企业产品组合偏度对需求冲击的反应要强于单产品出口企业。这说明产品组合偏度对企业生产率的影响是切实存在的。

结论的政策含义是：

（1）需求冲击体现在国外市场的增长和扩大，这种扩大加剧了企业间的竞争水平迫使企业提高生产率，优化其产品组合结构。政府要以市场为导向，减少行政干预，积极提升企业调整产品组合的灵活性和积极性，使得企业内生产率得到充分的提升，竞争力得到加强。

（2）民营企业产品组合偏度对需求冲击的反应最明显，国有企业对需求冲击的反应最差。因此政府有必要进一步加快国有企业改革，让国有企业更加灵活地管理生产和出口计划，使得国有企业产品组合得到充分优化。进一步地完善出口市场环境建设，提高民营企业在出口企业中的地位。

第五章 贸易政策不确定性、汇率波动与出口附加值研究

第一节 引言

全球价值链（GVC）理论产生于20世纪末，Krugman（1995）最早提出"全球价值"的概念。过去几年，由于存在巨大的市场、廉价的劳动力以及开放的政策等经济比较优势，中国等新兴国家逐渐成为推动GVC重构的主体。虽然中国早已成为世界上货物贸易规模最大的国家，但是中国在GVC中的参与程度与贸易规模并不匹配，由于生产力发展水平的非均衡性，而且受到资本积累能力和技术创新能力的限制，又缺乏具有竞争力的自主品牌，所以中国在国际贸易中贸易利得远远低于发达国家，一直处于价值链的低端。2008年席卷全球的金融危机导致了世界范围的经济衰退，我国依靠外贸拉动的外向型经济受到严重影响，出口严重萎缩，大量外贸企业倒闭或者撤离。这些事实让我们不得不思考，在全球价值链分工日益深化，趋势不可逆转的当前情况下，中国如何提升自己在GVC中的地位，缩小与发达国家之间的差距，并降低外来冲击对中国进出口贸易的影响，使中国的经济能够持续稳定地发展。基于这些思考，我们认为研究企业出口附加值的影响因素具有较大政策指导意义。

我们研究的第一个冲击是汇率波动，汇率作为调节对外市场货币工具，是影响出口贸易的关键因素，汇率的剧烈波动非常不利于出口贸易的稳定发展。图5.1①展现了1995—2015年人民币实际有效汇率变化趋

---

① 数据来源于Wind数据库，2010年为基期，取值为100。

势，可以发现，在2005年以前，人民币实际有效汇率总体呈现下降趋势，而2005年以后，人民币实际有效汇率上升幅度很大，除了2010年有一个小的下降外，其他年份人民币一直处于升值状态。近年来美联储加息，人民币汇率改革加深，国内供给侧结构性改革，人民币国际化程度的日益加深，预期人民币仍将持续升值。出口企业是人民币汇率变化的主要受影响者，其出口竞争力和出口活动直接受到汇率变化影响，而出口企业的发展又直接关系到中国在GVC中的贸易利得和地位。所以研究汇率波动对企业出口附加值的影响意义非凡。

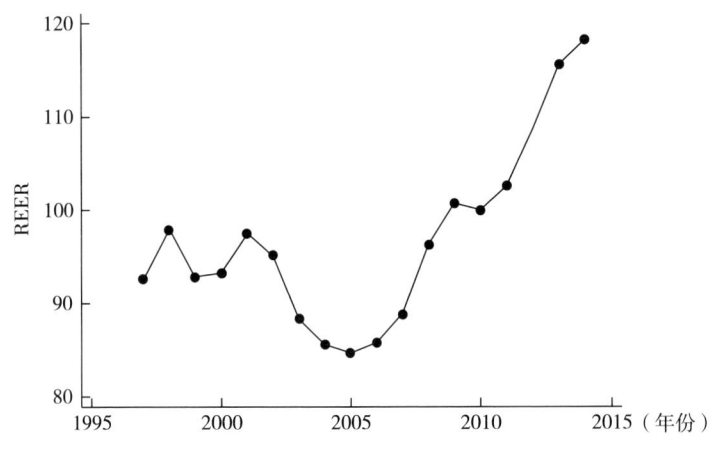

图 5.1　人民币实际有效汇率变化趋势

资料来源：Wind 数据库。

第二个因素是贸易政策不确定性，全球贸易体系中一直存在贸易政策的不确定性，2008年金融危机爆发后全球贸易保护主义出现抬头趋势，部分WTO成员方为了维护本国利益对贸易伙伴设置了更高的关税水平却没有补偿措施；另一部分国家则在不违反WTO规则的前提下实施反倾销、反补贴以及其他非关税壁垒达到贸易保护的作用。上述贸易保护措施无疑增加了贸易政策不确定性，而贸易政策不确定性是影响企业出口贸易的关键因素，企业会在可能取得的收益和不确定性产生的风险之间做出权衡，当面临较高的政策不确定性时，企业可能进入"迟疑观望"状态，等到风险降低时再进入市场。我国自加入WTO以后，出口贸易扩张速度举世瞩目，刺激我国经济飞速发展，同时出口扩张也大大提高了我国对出口贸易的依赖程度，对国外贸易政策的敏感性增强，更容易受到贸易政策变化的影响。因此，从贸易政策不确定性角度研究出口企业附加值意义重大。

第二节 文献综述

对贸易政策不确定性的定义，根据计算方法的不同大致可以分为两种，Handley 和 Limão（2015）从异质性企业模型出发推导出的贸易政策不确定性度量公式，衡量的是优惠关税逆转为最惠国关税的可能性，该模型在研究不同国家贸易不确定性时可以根据本国情况对公式加以调整；Handley 和 Limão（2015）在研究葡萄牙加入欧共体这一事件中，发现葡萄牙面临的贸易政策不确定性存在很大程度的降低，带动了葡萄牙出口企业数量和出口规模的持续增长。随后，他们又把中国加入世界贸易组织（WTO）这一事件作为葡萄牙加入欧共体的对比试验，发现中国加入WTO后，对美国的出口贸易增长中的近30%可以通过美国对中国的贸易政策不确定性下降来解释。Handley（2014）对比澳大利亚实施WTO成员方的关税约束承诺前后的进口贸易数据，结果发现在实施WTO成立后的关税约束承诺后，出口到澳大利亚的企业数量和产品种类的增长量明显高于实施关税约束承诺前。

另一些学者则从微观层面分析贸易政策不确定性对贸易的影响。Greenaway 和 Kneller（2007）的研究表明贸易政策不确定性下降有利于企业出口活动，因为贸易政策不确定性下降可以增加企业投资信心，投资增加会促进企业生产创新，从而生产出质量更高的产品，增强企业在国际市场的竞争力。Loecker 等（2016）从"竞争激励效应""出口学习效应"解释了贸易政策对出口企业的影响机制。国家之间的贸易规模会随着贸易政策不确定性的下降而扩大，规模扩大会导致贸易成本的下降，成本下降使得企业间的竞争加剧，促使企业提高产品质量，即"竞争激励效应"。"出口学习效应"则是说贸易政策不确定性下降后，企业会扩大对外投资，通过向国外供应商和消费者学习新知识和新技术，可以提高企业的生产率和产品质量。佟家栋和李胜旗（2015）研究发现，中国加入WTO后贸易政策不确定性的降低促进了中国出口企业的产品创新，在贸易自由化的基础上贸易政策不确定性促进创新的影响效果更加明显。钱学锋和龚联梅（2017）结合 2005 年和 2010 年的关税和贸易数据，从微观产品层面模拟分析了加入这两组区域贸易协定对中国制造业出口的影响。研究发现在中国与两组区域贸易协定成员国之间的签订贸易协议后中国面临的贸易政策不确定性降低，中国制造业的出口增加；而且他们发现贸易政策不确定性对中国制造业出口的影响主要是通过集约边际来实现。

与之相关的另一支文献是汇率如何影响出口贸易。Thorbecke 和 Smith（2010）利用中国对其 33 个贸易伙伴的出口面板数据，研究了人民币实际有效汇率对中国出口贸易的影响，其研究结果表明人民币实际有效汇率升值 10%，加工贸易的出口会下降 3.1%，一般贸易的出口会下降 12%。国内学者卢向前和戴国强（2005）最早使用人民币对世界主要货币汇率的数据计算了人民币实际有效汇率，进一步使用协整的计量方法研究了中国进出口贸易与人民币实际有效汇率之间的弹性，结果表明人民币实际有效汇率对中国进出口贸易存在显著影响，J 曲线效应成立，马歇尔-勒纳条件也成立。

Nishimura 和 Hirayama（2013）基于 ARCH 模型和常用的标准差估计研究发现日本对中国的出口不受汇率波动的影响，但人民币汇改对中国出口日本有负面影响。毛日昇等（2017）研究发现在控制了实际汇率的直接影响和通过进口中间产品渠道对出口的影响后，实际汇率变化总体上对出口扩张率和转换率具有显著影响作用，但对出口收缩率和净出口增长率的影响不显著。他们还发现实际汇率总体变化对出口影响存在显著的不对称性，贬值相对于升值对出口变化和转换影响更为显著。这种不对称性还体现在，实际汇率的长期变化对低利润部门的出口变化和转换影响显著高于高利润部门。

另一些学者则从企业层面研究了汇率波动对企业成本的影响，毛日昇等（2017）研究发现实际汇率变化会对企业成本加成离散度产生显著影响。人民币实际有效汇率升值（贬值）会显著提升（降低）资源配置效率。而且他们发现实际汇率变动的影响具有不对称性，人民币贬值相对升值对资源配置效率的影响作用更大。盛丹和刘竹青（2017）的研究也表明人民币实际有效汇率与企业的成本加成率之间存在显著负面影响，这种影响在加工贸易企业表现得最为明显。同时，他们发现人民币汇率波动对中国企业成本加成率的影响存在异质性，这些异质性包括企业规模、企业所在行业的平均盈利能、企业技术水平以及企业的所有制等特点。

在有关汇率影响贸易的研究中，一个常用的指标是有效汇率。但是随着汇率影响研究对象从宏观深入微观的过程中，对汇率衡量的衡量方法却鲜有改进。以往的研究对汇率往往采用加总层面的有效汇率，但是这一指标在研究企业层面时存在严重缺陷，因为它无法反映出有效汇率变动在企业间的差异性。李宏彬等（2011）利用2000—2006年的海关数据测算了中国进出口企业的企业层面出口加权与进口加权有效汇率，在此基础上研究汇率对中国企业出口的影响。戴觅和施炳展（2013）在李宏彬等（2011）的基础上测算了贸易加权的有效汇率，并测算了企业层面汇率风险的衡量指标。

有关出口附加值的研究在早期主要体现在测算方面。根据所使用数据类型的不同，测算方法可以分为两种。第一种是以投入—产出表为基础的宏观估算法。Hummls等（2001）首次提出使用出口产品中进口中间品占比来反映一国VS①的测算方法，但是因为这种方法认为进口中间品在出口产品中的投入占比对加工贸易和一般贸易而言并无差异，而实际情况并非如此，所以计算结果是不够准确的。Koopman等（2012）在考虑了加工贸易的特殊性后，把标准的投入—产出表分解为一般贸易和加工贸易两种，将出口增加值分解为国外增加值、被外国吸收的增加值、返回国内的增加值和纯重复计算的中间贸易品价值，并一一设定了投入—产出系数矩阵。Dean等（2011）在Koopman等（2012）的基础上，利用中国海关数据和联合国BEC产品分类标准细致地区分了中间品和最终品。樊秀峰和程文先（2015）基于Koopman等（2012）的测算方法构建GAMS模型来测算附加值，这种方法的优点在于可以利用传统的I/O矩阵以及直接投入系数矩阵。

第二种是以中国海关贸易数据库和中国工业企业数据库为基础的微观测算法。Upward等（2013）利用2000—2007年的中国海关数据计算了中国企业出口的国内附加值，他们在测算中区分了加工贸易和一般贸易，发现加工贸易企业的DVAR比非加工贸易企业低50%。张杰等（2013）

---

① Hummls等（2001）对VS的定义是：VS=（进口中间投入品×出口）/总产出。

在 Upward 等（2013）的基础上区分了间接进口和资本品进口，他们的测算结果表明出中国出口的 DVAR 从 2000 年的 0.49 上升为 2006 年的 0.57，他们还发现加工贸易企业出口的 DVAR 低于一般贸易，推动中国出口 DVAR 增长的主要动力是民营企业和从事加工贸易的外资企业，其中可能的原因是外国直接投资（FDI）的进入。这种方法的计算优势在于计算结果一目了然，方便结合企业异质性特征进行分析。程文先和樊秀峰（2017）基于微观企业数据，通过对 C-D 生产函数进行研究和分析证明在完全竞争条件下或者在 CES 函数的垄断竞争模型下，企业异质性不会对 DVAR 的估算产生影响。

与此同时，经济学家也开始探索影响出口附加值的因素。樊秀峰和程文先（2015）则发现中国向发展中国家出口的产品中包含的 DVA 比向 OECD 国家出口的多，说明相比向发达国家出口，向发展中国家出口更有利于 DVA 的提高。其次他们还发现加工贸易和混合贸易的 DVA 极易受到国际资本流入的影响。Manova 和 Yu（2015）的研究表明当企业面临融资约束较大时，企业难以从事利润更高的活动。企业面临融资约束较小则能够促进产业在全球价值链中地位的提升。刘海云和毛海鸥（2016）发现中国制造业的水平 OFDI 和垂直 OFDI 都会影响出口增加值，对于发展中国家而言，水平 OFDI 对出口增加值的提升作用更加持久；对于发达国家而言，垂直 OFDI 对出口增加值的提升作用更加持久。Kee 和 Tang（2016）的研究结果表明外国直接投资（FDI）增长和进口投入品关税下降是企业 DVAR 增加的关键性因素，因为 FDI 的增长和进口投入品关税的下降使得国内的中间产品的价格变低并且种类增多，由于国内中间品和进口中间品之间存在替代性，导致国内中间投入品的使用增加，进而提高了企业出口的 DVAR。

通过梳理文献我们发现汇率影响国际贸易的主要途径是汇率的价格传递效应。汇率主要是通过影响进口原材料以及进口中间投入品与国内替代品的相对价格影响进口投入品与本国投入品的占比，进而影响附加值。而关税也是进口中间品的敏感因素，而贸易政策不确定性度量的是关税的不确定性，两国之间的关税发生变化会影响其贸易政策不确定性，以往研究中国贸易政策不确定性的文献鲜少有关注贸易政策不确定性对附加值的影响。但是基于理论的分析我们觉得汇率，贸易政策不确定性与附加值之间存在相关关系。这也是本章想要解决的重点问题。

因此，利用2000—2007年的中国海关数据和工业企业数据匹配后的数据，构建TOBIT计量模型研究汇率对中国企业出口附加值率的影响，并在此基础上研究贸易政策不确定性对这种影响是否有削弱作用。从理论和实证方面对结果进行了说明，这对于补充现有文献具有重要意义。对于如何在错综复杂的国际国内形势中增加中国的企业附加值，提升中国在GVC中的贸易地位也具有现实意义。

第三节 理论模型

汇率、贸易政策不确定性和DVAR关系的模型

本节分析贸易政策不确定性、汇率对DVAR的影响机制。为了解释汇率和不确定性对出口附加值的影响，我们构建了一个简要的多要素模型。我们假设最终产品的生产依赖于国内外的中间产品，企业将根据中间产品价格决定其要素组合。

因为我们只讨论出口企业，企业所有最终产品都在世界市场上销售。为了简化讨论，我们认为世界市场是完全竞争的，价格为独立的P。在这种条件下我们只需要考虑汇率对中间产品的作用。

我们假设企业企业生产需要投入劳动和中间品，生产函数采用C-D函数的形式，因此企业i的生产函数为：

$$q(i) = l(i)^\alpha m(i)^{1-\alpha} \quad (5.1)$$

其中，$l(i)$指企业i的劳动投入，$m(i)$指企业的中间品投入，α指劳动投入份额。

企业将从国内和国外进口中间品，两国的中间品可以相互替代，替代弹性为ε。我们把中间品投入m表示为：

$$m(i) = \left[x_D^{\frac{\varepsilon-1}{\varepsilon}} + x_M^{\frac{\varepsilon-1}{\varepsilon}} \right]^{\frac{\varepsilon}{\varepsilon-1}} \quad (5.2)$$

我们假设劳动市场和中间品市场都是完全竞争的，工资为w，国内中间品的价格为P_D，国内中间品的价格为P_M，考虑冰山成本国内进口中间品的实际成本为$(1+\tau)P_M$。通过最小化成本，我们可以得到企业i对国内中间品和进口中间品的需求分别为：

$$x_D(i) = \left[\frac{\alpha}{1-\alpha}\frac{m(i)^{\frac{\varepsilon-1}{\varepsilon}}}{wl(i)}P_D\right]^{-\varepsilon}$$

$$x_M(i) = \left[\frac{\alpha}{1-\alpha}\frac{m(i)^{\frac{\varepsilon-1}{\varepsilon}}}{wl(i)}(1+\tau)P_M\right]^{-\varepsilon} \tag{5.3}$$

因而，企业 i 的出口 DVAR 可以表示如下：

$$DVAR(i) = \frac{x_D(i)}{x_D(i)+x_M(i)} = \frac{P_D^{-\varepsilon}}{P_D^{-\varepsilon}+((1+\tau)P_M)^{-\varepsilon}} \tag{5.4}$$

由式（5.4）可知，当企业进口中间品的价格上升或者冰川成本上升时，企业的出口国内附加值上升。

因为两个市场都是完全竞争市场，所以中间产品的价格比即为该国的实际汇率，满足 $e = \frac{P_M}{P_D}$。因此 DVAR（i）也可以被改写成：

$$DVAR(i) = \frac{1}{1+((1+\tau)e)^{-\varepsilon}} \tag{5.5}$$

我们发现，实际汇率 e 与 DVAR（i）存在正向关系，如果外币相对于本币价格上升，本国的出口国内附加值会上升。

对 DVAR 求全微分，可以得到：

$$\partial DVAR(i) = \varepsilon[1+(1+\tau)^{-\varepsilon}e^{-\varepsilon}]^{-2}(1+\tau)^{-\varepsilon}e^{-(\varepsilon+1)}\partial e + \varepsilon[1+(1+\tau)^{-\varepsilon}e^{-\varepsilon}]^{-2}(1+\tau)^{-(\varepsilon+1)}e^{-\varepsilon}\partial\tau \tag{5.6}$$

在实际汇率与冰川成本无关的情况下 $\frac{\partial\tau}{\partial e}=0$，$\frac{\partial DVAR(i)^0}{\partial e}=\varepsilon[1+(1+\tau)^{-\varepsilon}e^{-\varepsilon}]^{-2}(1+\tau)^{-\varepsilon}e^{-(\varepsilon+1)}$。但是我们知道，贸易政策不确定性与实际汇率往往具有负相关关系，当贸易不确定性上升时，实际汇率往往会下降。我们认为贸易政策不确定性的提升会增加冰川成本，因此实际汇率与冰川成本的关系满足 $\frac{\partial\tau}{\partial e}<0$。

所以我们发现：

$$\frac{\partial DVAR(i)}{\partial e} < \frac{\partial DVAR(i)^0}{\partial e} \tag{5.7}$$

即贸易不确定性削弱了实际汇率对出口国内附加值的影响。

综上所述，贸易政策不确定性增加会带来汇率贬值的风险，第一节我们分析得出本币升值对出口企业的国内附加值有负向作用，而贸易政策不确定性会在一定程度上减弱汇率发生升值,那么就会减弱汇率波动对出口企业国内附加值的影响。由此提出第二个命题。

命题一:贸易政策不确定性下降可以缓解汇率升值压力,从而减轻汇率升值对企业出口的国内附加值率的不利影响。

第四节 贸易政策不确定性、汇率与企业出口附加值实证分析

一 模型设定

我们构建如下计量方程进行回归分析,由于企业出口的DVAR取值在0—1,且有一部分取值为0,故本章选择适用于删失数据的Tobit模型来进行实证分析。本章的计量模型表示如下:

$$DVAR_{it}=\beta_0+\beta_1 FREER_{it}+\gamma Z_{it}+\mu_i+\varepsilon_{it} \quad (5.8)$$

$$DVAR_{it}=\beta_0+\beta_1 FREER_{it}+\beta_2 TPU_{it}+\gamma Z_{it}+\mu_i+\varepsilon_{it} \quad (5.9)$$

其中,i,t表示企业和年份,被解释变量DVAR越大,说明企业出口获得的实际贸易利得越大;FREER和TPU是关键解释变量,Z代表控制变量集,包括:

(1)全要素生产率(TFP):本章使用LP方法来计算企业生产率。本章预期全要素生产率越高的出口企业的DVAR越大,因为企业生产率高代表其创新能力强,产品的质量也相对较高,出口规模也更大。

(2)资本密集度(C/L):计算公式为固定资产净额年平均余额除以从业人员。本章预期资本密集度越大,企业出口的DVAR越大。

(3)市场集中度(HHI):参考邵昱琛等(2017),本章使用赫芬达尔-赫希曼指数表示市场集中度,计算公式为企业的销售收入除以行业总销售收入,再求平方,本章预期该指数越大,出口企业DVAR越小。因为该指数越大表明行业内的垄断势力越强,不利于行业内企业的竞争。

(4)融资约束(FC):计算公式为企业利息支出除以企业固定资产净值,然后取对数。我们预期企业面临的融资约束越大,企业DVAR越小。

(5)贸易方式的虚拟变量:把贸易方式区分为一般贸易、加工贸易以及混合贸易。

(6)企业所有制的虚拟变量:参考Kee和Tang(2016)、张杰等

(2013) 的做法, 本章把企业按照所有制属性的不同划分为集体制企业、国有制企业、私人企业、港澳台企业和非港澳台外资企业（以下简称外资企业）。

（7）出口目的地国变量。

（8）企业成立年限变量。

此外, 考虑到减少内生性问题的影响, 我们在 Tobit 模型中还控制了年份、省份以及行业特征的固定效应。

二 变量说明

（一）企业出口的国内附加值率的计算

本章的被解释变量是企业出口的国内附加值率（DVAR）, 在计算 DVAR 时我们参考了张杰（2013）和邵昱琛等（2017）的方法。首先, 由于不同贸易方式的企业进出口特征差别很大, 我们在计算 DVAR 时应当区分不同的贸易方式企业的 DVAR。其次, 考虑到不同贸易方式企业对进口产品用途不同, 为了提高计算的精准度, 我们在计算不同贸易方式企业出口的 DVAR 时应当区分中间投入品、消费品和资本品。最后, 考虑到进出口经营权限制使得中国的进出口很多是通过贸易代理商来实现, 所以我们在计算 DVAR 时应当考虑贸易代理, 否则就会低估进口的中间投入品额, 使计算的企业出口的 DVAR 偏大。综上所述, 企业出口的 DVAR 具体计算公式如下：

$$DVAR_1 = 1 - \frac{N_A^P}{Y^P} \tag{5.10}$$

$$DVAR_2 = 1 - \frac{N_A^O}{Y^O + B} \tag{5.11}$$

$$DVAR_3 = \gamma_1 DVAR_1 + \gamma_2 DVAR_2 \tag{5.12}$$

其中, $DVAR_1$ 代表加工贸易企业的国内附加值率, $DVAR_2$ 代表一般贸易企业的国内附加值率, $DVAR_3$ 代表混合贸易企业出口的国内附加值率; N_A^P 指的是加工贸易企业的实际进口金额; N_A^O 代表一般贸易企业的实际进口金额; Y^P 是加工贸易企业的出口金额; Y^O 是一般贸易企业的出口金额; B 是一般贸易企业的国内销售收入; γ_1 表示加工贸易企业实际进出口金额占总进出口金额的比重, γ_2 表示一般贸易企业实际进出口金额占总进出口金额的比重。由于计算 DVAR 需要使用中国海关数据库和中国工业企业数据库, 两个数据库的货币单位不统一, 我们在计算过程中都转换成人民币数额。

(二) 企业层面汇率的计算

参照李宏彬等 (2011) 和戴觅等 (2013) 的做法，本章采用以下公式计算企业层面的有效汇率：

$$FNEER_{it} = 100 \times \prod_{k=1}^{n} \left(\frac{e_{kt}}{e_{k0}}\right)^{w_{ikt}} \tag{5.13}$$

$$FREER_{it} = 100 \times \prod_{k=1}^{n} \left(\frac{e_{kt}}{e_{k0}} \frac{P_{CHt}}{P_{kt}}\right)^{w_{ikt}} \tag{5.14}$$

其中，$FNEER_{it}$ 表示企业 i 在 t 时的名义有效汇率，$FREER_{it}$ 表示企业 i 在 t 时的实际有效汇率，e_{kt} 指的是 k 国在 t 时的名义汇率。需要指出的是，本章衡量汇率使用间接标价法。e_{k0} 是基期汇率，需要说明的是，本章选取起始年份 2000 年作为基期。P_{kt} 与 P_{CHt} 分别表示 k 国和中国的居民消费价格指数[①]。w_{ikt}[②] 代表企业 i 在 k 国的销售份额。

(三) 贸易政策不确定性的计算

现有文献在计算贸易政策不确定性时主要用到两种方法：一是 Handley 和 Limão (2015) 推导出的 TPU 度量方式，$TPU = \frac{1-(T/MFN)^{\sigma}}{\sigma-1}$，其中，T 代表优惠关税，MFN 代表最惠国关税，σ 指的是进口替代弹性。随后 Handley 推导出不确定性度量公式 $TPU = 1 - \frac{\tau_{MFN}^{\sigma}}{\tau_B^{\sigma}}$，其中，$\tau_{MFN}$ 代表最惠国关税，τ_B 代表 WTO 约束关税。二是直接差分法，Groppo 和 Piermartini (2014) 对 TPU 的度量方式是：$TPU = \tau_B - \tau_{MFN}$，其中，$\tau_B$ 表示 WTO 约束关税，τ_{MFN} 表示最惠国关税。

从数量级角度看，Handley 和 Limão (2015) 的 TPU 度量公式会低估或者高估贸易政策的不确定性，比如，在 $\tau_{MFN}=2$、$\tau_B=4$ 和 $\tau_{MFN}=3$、$\tau_B=6$ 两种情况下 $TPU = 1 - \frac{\tau_{MFN}^{\sigma}}{\tau_B^{\sigma}}$ 是相同的。相比之下，Groppo 和 Piermartini (2014) 的直接差分法则完全不存在这个问题。因此本章使用第二种算法做基础实证研究，而把第一种算法作为稳健性检验使用。

[①] 我们在数据处理过程中假定 2000 年为 100。
[②] w_{ikt} 的具体计算方法是企业对 k 国的贸易额除以企业贸易总额。

三 数据来源

本章计算 DVAR 使用的数据来源于中国海关数据库和中国工业企业数据库。时间跨度为 2000—2007 年。计算贸易政策不确定性的数据来源于 WTO 的 Tariff Download Facility 数据库和世界银行的 WITS 数据库。计算企业层面的有效汇率使用了海关数据库，计算所需的价格指数数据来源于 Penn World Table 9.0，名义汇率数据来源于 IMF 的 International Financial Statistics 数据库。本章的控制变量用到的数据均来源于中国海关数据库和中国工业企业数据库。

四 实证结果与分析

（一）描述性统计

图 5.2 显示了不同贸易方式的企业出口 DVAR 在 2000—2007 年的变化趋势，从图中可以看出，一般贸易企业的出口 DVAR 高于加工贸易企业和混合贸易企业。图 5.3 显示的是不同所有制企业的出口 VAR 在 2000—2007 年的变化趋势，可以看出，有些企业随着时间变化出现负增长，比如国有企业的出口 DVAR 在 2001—2003 年下滑，集体企业的出口 DVAR 在 2002—2004 年下滑。从图 5.3 中可以发现私人企业的出口 DVAR 一直处于正增长状态。而外资企业和港澳台资企业的出口 DVAR 则相对较低，这也是因为外资企业主要是利用中国相对廉价的劳动力从事加工贸易造成的。

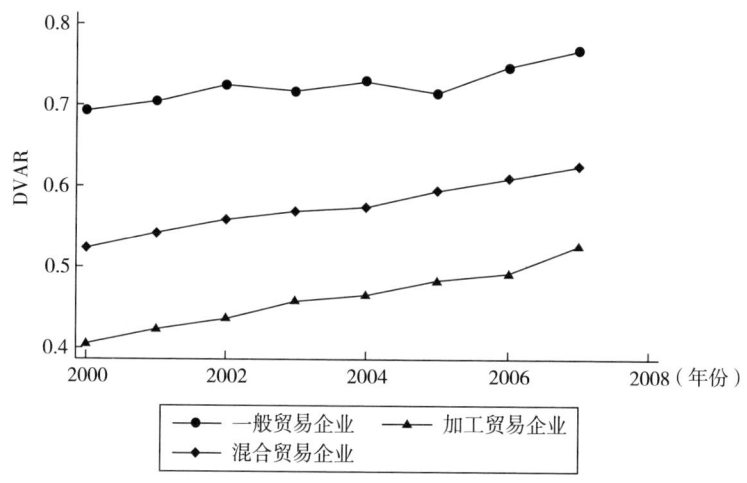

图 5.2 不同贸易方式的企业出口 DVAR 变化趋势

资料来源：作者计算。

第五章 贸易政策不确定性、汇率波动与出口附加值研究 / 87

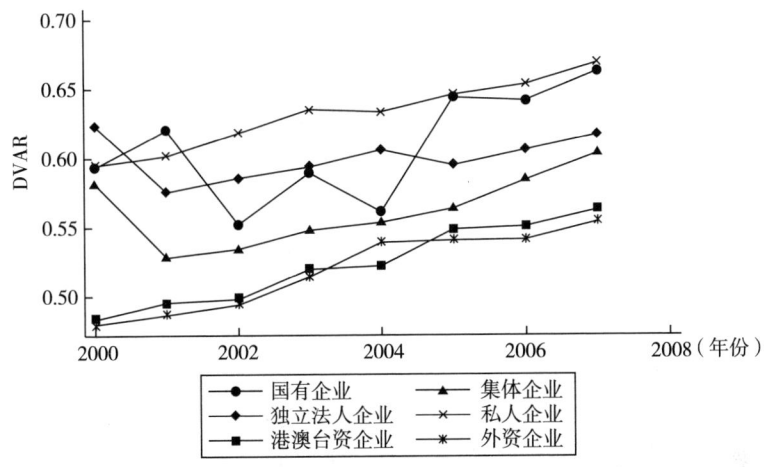

图 5.3 不同企业所有制的企业出口 DVAR 变化趋势

资料来源：作者计算。

表 5.1 列示了各变量的描述性统计结果。一般贸易企业的均值 DVAR 在所有样本中最大，加工贸易企业的均值 DVAR 在所有样本中最小。TPU 在不同贸易方式的企业中差别也很大，其中一般贸易企业的均值 TPU 最大，混合贸易企业的均值 TPU 最小。

表 5.1 变量的统计结果

	中文名	全样本	加工贸易	一般贸易	混合贸易
DVAR	企业出口国内附加值率	0.6085 (0.2875)	0.4859 (0.2592)	0.7534 (0.2433)	0.5304 (0.2064)
FREER	企业实际有效汇率	107.1887 (3.1969)	111.4807 (4.1648)	114.4923 (3.1911)	93.4026 (3.1915)
FNEER	企业名义有效汇率	101.0413 (3.091)	100.5863 (3.0757)	100.6086 (3.0950)	102.0164 (3.0757)
TPU	贸易政策不确定性	6.0974 (11.4654)	4.1778 (12.7566)	7.5003 (12.7893)	2.6687 (7.3873)
TFP	全要素生产率	6.4391 (5.1778)	6.4741 (1.2202)	6.4622 (1.1149)	6.1726 (1.1020)
FC	融资约束	1.5864 (0.2452)	1.6834 (0.2019)	1.6745 (0.1054)	1.6392 (0.2954)

续表

	中文名	全样本	加工贸易	一般贸易	混合贸易
HHI	市场集中度	0.0175 (0.0387)	0.0163 (0.0204)	0.0366 (0.0384)	0.0233 (0.3295)
C/L	资本密集度	4.2563 (1.7493)	3.6743 (1.3652)	4.5655 (1.1449)	4.3253 (1.4377)

注：表中数字是统计均值，括号里的数字是标准差。

（二）结果与分析

表5.2的第（1）列报告的是回归方程（5.8）的结果，可以看到企业层面实际有效汇率与企业的出口DVAR之间存在负向关系，也就是说本币升值时，企业的DVAR会下降，这和我们之前的预期相符，其原因可以用前述机制解释，本币升值会导致进口原材料价格下滑，由于进口原材料与本国生产的原材料之间互相替代，因此，当本币升值时，国内市场对进口原材料生产中间产品的需求增加，压缩国内生产要素份额，企业出口的DVAR下降。TFP的回归系数显著为正，说明企业出口DVAR随着企业生产率的提高而上升。融资约束、市场集中度以及资本比的回归系数显著为负，说明这三个因素对企业出口附加值有抑制作用。与我们的预期相符，原因在介绍控制变量时已做说明，在此不再赘述。

表5.2的第（2）、（3）、（4）列报告的是对回归方程（5.8）根据贸易方式进行分组后的结果，可以看出，加工贸易企业的FREER回归系数很小且不显著，这可能是由于加工贸易企业对进口中间投入品的依赖度很大，不论汇率如何变化，加工贸易企业都需要从国外大量进口中间投入，所以加工贸易企业的FREER不会显著影响企业的出口DVAR。第（3）列是一般贸易企业的回归结果，企业FREER的回归系数显著为负，说明一般贸易企业的DVAR对企业FREER是非常敏感的，当人民币升值时，一般贸易企业的出口DVAR会下降，因为一般贸易企业的中间投入品可以在国内国外中间品之间做出选择，选择的决定性因素就是相对价格，而汇率是影响国内外中间品相对价格的直接因素，所以一般贸易企业的FREER会影响企业出口DVAR。第（4）列是混合贸易企业的回归结果，可以发现混合贸易企业的FREER也会显著影响企业出口DVAR。观察控制变量的显著性可以发现，对样本根据贸易方式进行分组后，企

业控制变量的系数依然显著,TFP 的回归系数都显著为正,说明不同贸易方式企业出口 DVAR 随着企业生产率的提高而上升。融资约束、市场集中度以及资本比的回归系数都显著为负,说明这三个因素对不同贸易方式企业出口附加值有抑制作用。

表 5.2　　　全样本和分贸易方式下方程 (5.8) 的回归结果

	(1) 全样本	(2) 加工贸易	(3) 一般贸易	(4) 混合贸易
FREER	-0.0210*** (0.0012)	-0.0311 (0.0026)	-0.0360*** (0.0015)	-0.0273*** (0.0035)
TFP	0.0223*** (0.0032)	0.0149*** (0.0024)	0.0293*** (0.0053)	0.0385*** (0.0056)
FC	-0.1181*** (0.0021)	-0.1833** (0.0034)	-0.1760*** (0.0056)	-0.1162*** (0.0040)
HHI	-0.4374* (0.0051)	-0.1505* (0.0077)	-0.3209*** (0.0368)	-0.8230*** (0.0687)
C/L	-0.2256*** (0.0054)	0.0963** (0.0053)	-0.2277*** (0.0096)	0.1143*** (0.0062)
age	0.0964*** (0.0036)	0.0596*** (0.0035)	0.1145*** (0.0034)	0.0696*** (0.0076)
Industry FE	是	是	是	是
Province FE	是	是	是	是
Year FE	是	是	是	是
Firm FE	是	是	是	YSE
N	2135592	654636	1294145	186811

注:"*"、"**"、"***"分别表示在 10%、5%、1%的水平下显著,括号内的数值是稳健标准误。

表 5.3 报告的是根据企业所有制类型对企业进行分组后回归方程 (5.8) 的结果,从表中可以看出,只有港澳台资企业的 FREER 的回归系数不显著,且数值接近 0,其他所有制类型的企业的 FREER 回归系数都显著为负,说明即使在对企业进行企业性质分组后,不同所有制企业的 FREER 也会对企业出口的 DVAR 产生影响,但不同所有制类型企业的

FREER对企业出口DVAR的影响程度差异很大,从数值上看,集体企业、国有企业和独立法人企业的出口DVAR受企业FREER影响程度更深,其中集体企业FREER对企业出口DVAR影响最大,这主要是因为在中国,国有企业主要从事科技含量相对高,创新力度相对大的一般贸易。私人企业和外资企业的出口DVAR受企业FREER影响程度则较小。外资企业FREER的回归系数只有-0.0228,这可能是由于外资企业更多的是利用中国低廉的劳动力成本进行加工贸易,而对于加工贸易企业,我们前面已经分析过FREER对企业出口DVAR影响相对不显著。观察控制变量的显著性可以发现,即使对样本根据所有制类型进行分组,控制变量的系数依然显著。

表5.3 分企业所有制类型下方程(5.8)的回归结果

	(1)集体企业	(2)国有企业	(3)独立法人企业	(4)私人企业	(5)外资企业	(6)港澳台资企业
FREER	-0.0924*** (0.0087)	-0.0790*** (0.0065)	-0.0873*** (0.0035)	-0.0419*** (0.0023)	-0.0228*** (0.0023)	-0.0040 (0.0022)
TFP	0.6020*** (0.0144)	0.1264*** (0.0094)	0.3751*** (0.0057)	0.0847*** (0.0053)	0.1963*** (0.0040)	0.1970*** (0.0031)
FC	-0.1579*** (0.0066)	-0.1780*** (0.0056)	-0.1824*** (0.0045)	-0.7933*** (0.0061)	-0.3896* (0.0045)	0.6824*** (0.0944)
HHI	-4.7683*** (0.1492)	-1.4884*** (0.5792)	-2.3350*** (0.0575)	-3.3441*** (0.1341)	-1.6977*** (0.0672)	-2.0314 (0.0172)
C/L	-0.1086*** (0.0067)	-0.1344*** (0.0621)	-0.2785*** (0.0899)	-0.1975*** (0.0734)	-0.1345 (0.0674)	-0.7543*** (0.0217)
age	0.0209* (0.0135)	0.0586*** (0.0024)	0.1956** (0.1756)	0.0854*** (0.0058)	0.0334*** (0.0035)	0.0692*** (0.0061)
Industry FE	是	是	是	是	是	是
Province FE	是	是	是	是	是	是
Year FE	是	是	是	是	是	是
Firm FE	是	是	是	是	是	是
N	667774	812025	249531	340155	43441	42666

注:"*"、"**"、"***"分别表示在10%、5%、1%的水平下显著,括号内的数值是稳健标准误。

表5.4的第（2）列报告的是全样本下方程（5.9）的回归结果，可以发现，在回归方程中加入贸易政策不确定性后，FREER的回归系数依然显著，但数值明显变小，由-0.0210变成-0.0098，说明贸易政策不确定性的存在削弱了FREER对企业出口DVAR的影响，为了进一步验证这一结论，我们在方程（5.2）中再加入FREER与TPU的交互项，回归结果见表5.4的第（3）列，可以看出，FREER与TPU的交互项的系数为0.0360，说明贸易政策不确定性每增加一单位，FREER对企业出口DVAR的作用就减少0.0360。观察表5.4中第（2）列和第（3）列里贸易政策不确定性的回归系数为负，说明企业出口DVAR与TPU之间存在显著的负向变动关系。表明贸易政策不确定性降低会降低企业出口DVAR，这可能是因为贸易政策不确定性的下降促进了企业的创新，而创新需要投入高质量的中间品，从而企业从国外进口增加，导致企业出口DVAR变小（Liu和Ma，2016）。

表5.4 全样本下方程（5.9）的回归结果

	（1）	（2）	（3）
FREER	-0.0210*** (0.0012)	-0.0098*** (0.0013)	-0.0062*** (0.0015)
TPU		-0.0904*** (0.0072)	-0.0726*** (0.0045)
FREER×TPU			0.0360*** (0.0067)
TFP	0.2223*** (0.0132)	0.2272*** (0.0135)	0.2267*** (0.0066)
FC	-0.1181*** (0.0321)	-0.1066*** (0.0379)	-0.1084*** (0.0326)
HHI	-0.4374* (0.0151)	-0.3215** (0.0151)	-0.3087** (0.0151)
C/L	-0.2256*** (0.0754)	-0.2047*** (0.0578)	-0.2098*** (0.0384)
age	0.0964*** (0.0036)	0.0922*** (0.0023)	0.0915*** (0.0044)
Industry FE	是	是	是
Province FE	是	是	是

续表

	（1）	（2）	（3）
Year FE	是	是	是
Firm FE	是	是	是
N	2135592	2135592	2135592

注："*"、"**"、"***"分别表示在10%、5%、1%的水平下显著，括号内的数值是稳健标准误。

表 5.5.1 和表 5.5.2 报告了区分贸易方式后方程（5.9）的回归结果，为了方便比较，我们把方程（5.8）的结果也展示在表 5.5 中，可以看出对于加工贸易企业，企业 FREER 对企业出口 DVAR 的影响不显著，即使加入 TPU，回归系数依然不显著，说明加工贸易企业 DVAR 对汇率波动并不敏感。但是第（2）列 TPU 的系数显著为负，说明 TPU 下降会导致企业出口附加值下降；对于一般贸易企业，在加入 TPU 后，FREER 的回归系数在 1% 的显著性水平下显著，并且数值由 -0.0360 变成 -0.0202，说明 TPU 会减弱一般贸易企业的 FREER 对企业出口 DVAR 的影响。加入 FREER 与 TPU 的交互项后，FREER 的系数显著为负，交互项的系数为 0.0661，且在 1% 的水平下显著，说明贸易政策不确定性每增加一单位，FREER 对企业出口 DVAR 的作用就减少 0.0661。从表中可以看出，一般贸易企业的 TPU 与企业出口 DVAR 之间存在显著负向关系。原因在此不再赘述。对于混合贸易企业，在加入 TPU 后，FREER 的回归系数在 1% 的显著性水平下显著，并且数值由 -0.0273 变成 -0.0176，说明 TPU 会减弱一般贸易企业的 FREER 对企业出口 DVAR 的影响。加入 FREER 与 TPU 的交互项后，FREER 的系数显著为负，交互项的系数为 0.0667，且在 1% 的水平下显著，说明贸易政策不确定性每增加一单位，FREER 对企业出口 DVAR 的作用就减少 0.0667。TPU 的系数显著为负，说明 TPU 下降会导致企业出口附加值下降。

表 5.5.1　加工贸易和一般贸易方式下方程（5.9）的回归结果

	加工贸易			一般贸易		
	（1）	（2）	（3）	（4）	（5）	（6）
FREER	-0.0031 (0.0026)	-0.0019 (0.0026)	-0.0023 (0.0030)	-0.0360*** (0.0015)	-0.0202*** (0.0015)	-0.0273*** (0.0029)

续表

	加工贸易			一般贸易		
TPU		-0.0012*** (0.0006)	-0.0019 (0.1178)		-0.0118*** (0.0068)	-0.0149*** (0.0045)
FREER×TPU			0.0060 (0.2189)			0.0661*** (0.0104)
TFP	0.0149*** (0.0224)	0.1509*** (0.0445)	0.1560*** (0.0497)	0.0293*** (0.0453)	0.2955*** (0.0302)	0.2966*** (0.0343)
FC	-0.1833 (0.1534)	-0.1043 (0.1535)	-0.1132 (0.1567)	-0.1760*** (0.0456)	0.1573*** (0.0467)	-0.1594*** (0.0246)
HHI	-0.1505 (0.1177)	-0.1839 (0.1178)	-0.1060 (0.1178)	-0.3209*** (0.0368)	-0.3562*** (0.0367)	-0.3572*** (0.0677)
C/L	-0.0963 (0.7453)	-0.0955 (0.7245)	-0.1076 (0.7567)	-0.2277*** (0.0096)	-0.2387*** (0.0035)	-0.2254*** (0.0054)
age	0.0596*** (0.0035)	0.5736*** (0.0056)	0.5765*** (0.0057)	0.1145*** (0.0034)	0.1187*** (0.0083)	0.1180*** (0.0068)
Industry FE	是	是	是	是	是	是
Province FE	是	是	是	是	是	是
Year FE	是	是	是	是	是	是
Firm FE	是	是	是	是	是	是
N	654636	654636	654636	1294145	1294145	1294145

注："*"、"**"、"***"分别表示在10%、5%、1%的水平下显著，括号内的数值是稳健标准误。

表5.5.2　　混合贸易方式下方程（5.9）的回归结果

	(1)	(2)	(3)
FREER	-0.0273*** (0.0035)	-0.0176*** (0.0036)	-0.0551*** (0.0039)
TPU		-0.0091*** (0.0056)	-0.0406*** (0.0015)
FREER×TPU			0.0667*** (0.0029)

续表

	（1）	（2）	（3）
TFP	0.3385*** (0.0456)	0.3673*** (0.0476)	0.1885** (0.0427)
FC	-0.1162*** (0.0240)	-0.1186*** (0.0203)	-0.1182*** (0.0203)
HHI	-0.8230*** (0.0687)	-0.8302*** (0.0686)	-0.8445*** (0.0684)
C/L	-0.1143*** (0.0062)	-0.1188*** (0.0053)	-0.1109*** (0.0077)
age	0.0696*** (0.0076)	0.0556*** (0.0056)	0.0897*** (0.0068)
Industry FE	是	是	是
Province FE	是	是	是
Year FE	是	是	是
Firm FE	是	是	是
N	186811	186811	186811

注："*"、"**"、"***"分别表示在10%、5%、1%的水平下显著，括号内的数值是稳健标准误。

表5.6.1、表5.6.2和表5.6.3报告的是区分企业所有制类型后方程（5.9）的回归结果，从结果来看，集体企业FREER的回归系数在加入TPU后由-0.0924变成-0.0851，且在1%的水平下显著，说明TPU会削弱集体企业FREER对企业出口DVAR的影响，FREER与TPU交互项的系数显著为正，更进一步说明了这一点。TPU的回归系数显著为负，说明TPU下降会降低集体企业出口DVAR。国有企业FREER的回归系数在加入TPU后由-0.0790变成-0.0500，且在1%的水平下显著，说明TPU会削弱国有企业FREER对企业出口DVAR的影响，FREER与TPU交互项的系数为0.0565，且在1%的水平下显著，说明贸易政策不确定性每增加一单位，FREER对企业出口DVAR的作用就减少0.0565。TPU的回归系数显著为负，说明TPU下降会降低国有企业出口DVAR。

表 5.6.1　集体企业和国有企业所有制类型下方程 (5.9) 的回归结果

	集体企业			国有企业		
	(1)	(2)	(3)	(4)	(5)	(6)
FREER	-0.0924*** (0.0087)	-0.0851*** (0.0091)	-0.1196*** (0.0122)	-0.0790*** (0.0065)	-0.0500*** (0.0067)	-0.1169*** (0.0084)
TPU		-0.0037** (0.0012)	-0.0182*** (0.0036)		-0.0126*** (0.0071)	-0.0419*** (0.0024)
FREER×TPU			0.0245*** (0.0058)			0.0565*** (0.0043)
TFP	0.6020*** (0.0144)	0.595*** (0.0134)	0.0597*** (0.0146)	0.1264*** (0.0094)	0.0094*** (0.0095)	0.0099*** (0.0094)
FC	-0.1579*** (0.0366)	-0.1571*** (0.0386)	-0.1552*** (0.0376)	-0.1780*** (0.0856)	-0.1699*** (0.0847)	-0.1868*** (0.0797)
HHI	-4.7683*** (0.1492)	-4.7488*** (0.1493)	-4.7388*** (0.1493)	-1.4884*** (0.5792)	-2.9910*** (0.5818)	-2.8001*** (0.5830)
C/L	-0.1086*** (0.0067)	-0.1010*** (0.0068)	-0.1013*** (0.0077)	-0.1344*** (0.0021)	-0.1346** (0.0020)	-0.1360** (0.0071)
age	0.0209* (0.0035)	-0.0212* (0.0067)	-0.0199 (0.0056)	0.0586*** (0.0024)	0.0611*** (0.0034)	0.0587*** (0.0032)
Industry FE	是	是	是	是	是	是
Province FE	是	是	是	是	是	是
Year FE	是	是	是	是	是	是
Firm FE	是	是	是	是	是	是
N	667774	667774	667774	812025	812025	812025

注："*"、"**"、"***"分别表示在10%、5%、1%的水平下显著，括号内的数值是稳健标准误。

独立法人企业 FREER 的回归系数在加入 TPU 后由 -0.0873 变成 -0.0769，且在1%的水平下显著，说明 TPU 也会削弱独立法人企业 FREER 对企业出口 DVAR 的影响，FREER 与 TPU 交互项的系数显著为正，更进一步说明了这一点。TPU 的回归系数显著为负，说明 TPU 下降会降低独立法人企业出口 DVAR。私人企业 FREER 的回归系数在加入 TPU 后由 -0.0419 变成 -0.0394，且在1%的水平下显著，说明 TPU 会削弱国有企业 FREER 对企业出口 DVAR 的影响，FREER 与 TPU 交互项的系数为 0.0148，且在 1% 的水平下显著，说明贸易政策不确定性每增加一单位，FREER 对企业出口 DVAR 的作用就减少 0.0148。TPU 的回归系数显著为负，说明 TPU 下降会降低国有企业出口 DVAR。

表 5.6.2　独立法人企业和私人企业所有制类型下方程 (5.9) 的回归结果

	独立法人企业			私人企业		
	(1)	(2)	(3)	(4)	(5)	(6)
FREER	-0.0873*** (0.0035)	-0.0769*** (0.0036)	-0.0769*** (0.0036)	-0.0419*** (0.0023)	-0.0394*** (0.0023)	-0.0407*** (0.0031)
TPU		-0.0065*** (0.0041)	-0.0065*** (0.0042)		-0.0031*** (0.0033)	-0.0107*** (0.0081)
FREER×TPU			0.0347*** (0.0024)			0.0148*** (0.0015)
TFP	0.3751*** (0.0057)	0.0375*** (0.0056)	0.0375*** (0.0054)	0.0847*** (0.0053)	0.0088*** (0.0054)	0.0089*** (0.0058)
FC	-0.1824*** (0.0545)	-0.1758*** (0.0589)	-0.1726*** (0.0345)	-0.7933*** (0.0461)	-0.7533*** (0.0156)	-0.6915** (0.0133)
HHI	-2.3350*** (0.0575)	-2.2583*** (0.0577)	-2.2583*** (0.0577)	-3.3441*** (0.1341)	-3.3463*** (0.1340)	-3.3269*** (0.1340)
C/L	-0.2785*** (0.0099)	-0.2678*** (0.0034)	-0.2567*** (0.0091)	-0.1975*** (0.0034)	-0.1672*** (0.0064)	-0.1634*** (0.0089)
age	0.1956** (0.0056)	0.1865* (0.0012)	0.1776* (0.0018)	0.0854*** (0.0058)	0.0834*** (0.0078)	0.0877*** (0.0011)
Industry FE	是	是	是	是	是	是
Province FE	是	是	是	是	是	是
Year FE	是	是	是	是	是	是
Firm FE	是	是	是	是	是	是
N	249531	249531	249531	340155	340155	340155

注："*"、"**"、"***"分别表示在 10%、5%、1% 的水平下显著，括号内的数值是稳健标准误。

外资企业 FREER 的回归系数在加入 TPU 后，取值由 -0.0228 变成 -0.0314，但是交互项系数接近 0，所以我们认为对于外资企业，可能

TPU 不会影响 FREER 对企业出口 DVAR 的作用。港澳台资企业 FREER 的系数在加入 TPU 后从不显著变得显著，交互项的系数也显著。综上所述，即使对企业进行所有制类型分类后，TPU 仍然存在削弱不同所有制类型的企业 FREER 对企业出口 DVAR 影响的作用。且从 FREER 与 TPU 的回归系数数值上看，TPU 对国有企业 FREE 影响企业出口 DVAR 的削弱作用最强，独立法人企业、集体企业次之，TPU 对港澳台企业 FREE 影响企业出口 DVAR 的削弱作用最小。

表 5.6.3　　外资企业和港澳台资企业所有制类型下方程 (5.9) 的回归结果

	外资企业			港澳台企业		
	(1)	(2)	(3)	(4)	(5)	(6)
FREER	-0.0228*** (0.0023)	-0.0314*** (0.0024)	-0.0237*** (0.0028)	-0.0040 (0.0022)	-0.0122*** (0.0022)	-0.0231*** (0.0026)
TPU		-0.0085*** (0.0013)	-0.0132*** (0.0040)		-0.0122*** (0.0035)	-0.0058*** (0.0020)
FREER×TPU			-0.0093*** (0.0017)			0.0132*** (0.0016)
TFP	0.1963*** (0.0040)	0.1939*** (0.0041)	0.1999*** (0.0042)	0.1970*** (0.0031)	0.1985*** (0.0030)	0.1939*** (0.0031)
FC	-0.3896* (0.3245)	-0.3678* (0.3249)	-0.3734* (0.3451)	0.6824*** (0.0944)	-0.6979*** (0.0916)	-0.6804*** (0.0938)
HHI	-1.6977*** (0.0672)	-1.7168*** (0.0672)	-1.7184*** (0.0672)	-2.0314 (2.0172)	-2.0042 (2.0172)	-2.011 (2.0172)
C/L	-0.1345 (0.4674)	-0.1020 (0.4500)	-0.1027 (0.4056)	-0.7543*** (0.0217)	-0.0022*** (0.0001)	-0.0022*** (0.0005)
age	0.0334*** (0.0035)	0.0303*** (0.0061)	0.0305** (0.0067)	0.0692*** (0.0061)	0.0691*** (0.0081)	0.0691*** (0.0078)
Industry FE	是	是	是	是	是	是
Province FE	是	是	是	是	是	是
Year FE	是	是	是	是	是	是
Firm FE	是	是	是	是	是	是
N	43441	43441	43441	42666	42666	42666

注："*"、"**"、"***"分别表示在 10%、5%、1% 的水平下显著，括号内的数值是稳健标准误。

五 稳健性检验

（一）采用双重差分的结果

基于中国 2005 年的汇率改革，采用双重差分法来考察汇率对企业出口 DVAR 的影响，以及贸易政策不确定性是否会削弱这种影响。双重差分模型构建如下：

$$\Delta DVAR_{it} = \beta_0 + \beta_1 FREER_i \times ER_{i,2005} + \gamma \Delta Z_{it} + \mu_i + \varepsilon_{it} \tag{5.15}$$

其中，$FREER_i$ 表示企业实际有效汇率的差分。ER 指的是 2005 年的人民币汇率改革事件，如果时间是 2005 年以后取值为 1，否则取值为 0。其他变量与方程（5.1）中相同，不再赘述。以 2005 年为界，分别得到被解释变量在 2005—2007 年以及 2003—2005 年的变化。这里选择 2003 年而非 2000 年是出于 2001 年中国加入 WTO。故选择 2003 年以便减小中国"入世"对结果的影响。

$$\Delta DVAR_{i,1} = (DVAR_{i,2007} - DVAR_{i,2005})/(2007-2005) \tag{5.16}$$

$$\Delta DVAR_{i,0} = (DVAR_{i,2005} - DVAR_{i,2003})/(2005-2003) \tag{5.17}$$

代入方程（5.15）得：

$$\Delta DVAR_{i,1} - \Delta DVAR_{i,0} = \beta_0 + \beta_1 (FREER_1 - FREER_0) \times ER_{i,2005} + \gamma(\Delta Z_{i1} - \Delta Z_{i0}) \tag{5.18}$$

图 5.4 和图 5.5 分别刻画了企业出口附加值率和企业层面有效汇率随时间变化的趋势图。从图 5.4 可以看出，企业出口附加值率一直处于增长趋势，但是可以发现在 2003—2005 年增长较 2005—2007 年更缓慢。从图 5.5 可以看出，实际有效汇率在 2003—2005 年呈现贬值，在 2005—2007 年呈现升值，选择 2005 年的汇率改革作为双重差分的时间节点也是出于这一考虑。图 5.6 刻画了企业面临的贸易政策不确定性的频率分布图，从图中可以看出贸易政策不确定性的分布非常不均匀，绝大多数靠近零。

双重差分的结果如表 5.7 所示，第一列显示的是全样本下方程（5.15）的回归结果，我们主要关注 β_1 的系数，该系数为负，说明人民币升值会使企业出口 DVAR 下降，第二列显示的是全样本下在方程（5.15）中加入 TPU 的回归结果，第三列显示的是全样本下在方程（5.15）中加入 TPU 和 FREER 与 TPU 交互项的回归结果。加入 TPU 后 β_1 的系数由 -0.1190 变成 -0.0756，且交互项的系数为正，说明 TPU 会削弱 FREER 对 DVAR 的影响。TFP 的系数显著为正，说明企业出口 DVAR

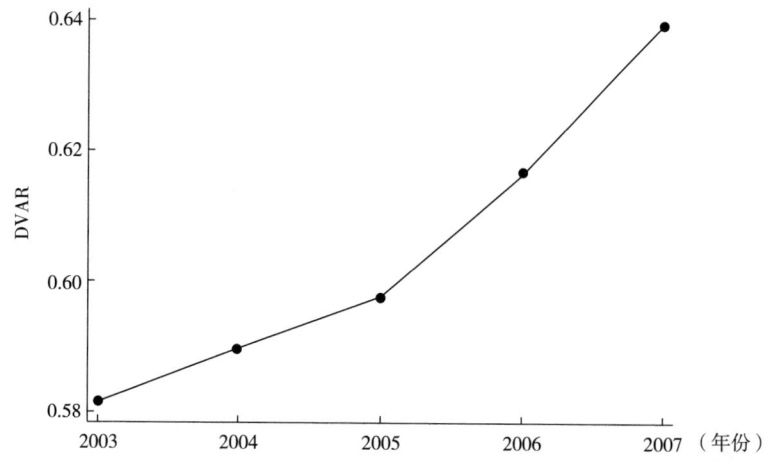

图 5.4　企业出口 DVAR 变化趋势

资料来源：作者计算。

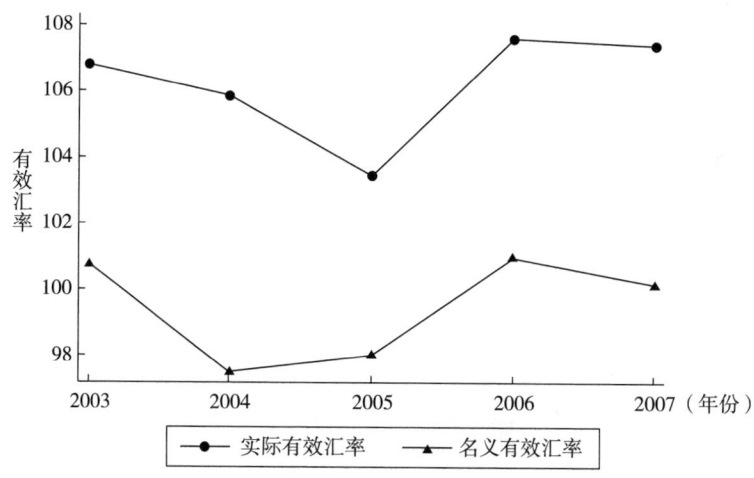

图 5.5　企业有效汇率变化趋势

资料来源：作者计算。

随着企业生产率的提高而上升。融资约束、市场集中度以及资本比的回归系数显著为负，说明这三个因素对企业出口附加值有抑制作用。可以看出使用双重差分方法的结果与前述结论相一致，说明我们的结论是稳健的。

100 / 需求冲击、不确定性与企业的出口和创新

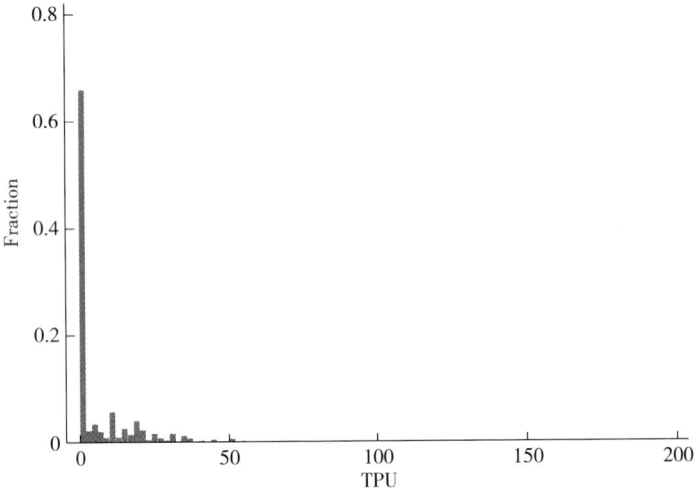

图 5.6 企业面临的 TPU 频率分布

资料来源：作者计算。

表 5.7　使用双重差分方法的结果

	（1）	（2）	（3）
ΔFREER×ER	-0.1190*** (0.0012)	-0.0756*** (0.0015)	-0.0534*** (0.0025)
TPU		-0.0090*** (0.0007)	-0.0050** (0.0017)
FREER×TPU			0.0083** (0.0033)
TFP	0.0223*** (0.0002)	0.0188*** (0.0371)	0.0246*** (0.0378)
FC	-0.0011*** (0.0001)	-0.1670*** (0.1945)	-0.1570*** (0.1981)
HHI	-0.0043 (0.0151)	-0.1345*** (0.1731)	-0.1672*** (0.1662)
C/L	-0.2782*** (0.6349)	-0.2780*** (0.6357)	-0.2771*** (0.6320)

续表

	(1)	(2)	(3)
age	0.0019*** (0.0165)	0.1050*** (0.5772)	0.1091*** (0.5859)
N	11367	11367	11367
R^2	0.0045	0.0127	0.0165

注："*"、"**"、"***"分别表示在10%、5%、1%的水平下显著，括号内的数值是稳健标准误。

（二）用企业名义有效汇率代替实际有效汇率的结果

表5.8的第（1）列是把方程（5.8）中的FREER用FNEER替换后的回归结果，第（2）列是把方程（5.9）中的FREER用FNEER替换后的回归结果，从第（1）列可以看出，FNEER与企业出口DVAR之间存在显著负向关系。在加入TPU之后，FNEER的系数从-0.0864变成-0.0570，且在1%的水平下显著，表明TPU的存在削弱了FNEER对企业出口DVAR的影响。第（3）列中FNEER与TPU的交互项的系数显著为正也进一步证明了这一结论。表中TPU的回归系数为负，且在1%的显著性水平下显著，说明TPU下降会降低企业出口DVAR。

表5.8　　　　　　　　　全样本的回归结果

	(1)	(2)	(3)
FNEER	-0.0864*** (0.0026)	-0.0570*** (0.0032)	-0.0087* （0.0063）
TPU		-0.0037*** (0.0009)	-0.0024*** (0.0010)
FNEER×TPU			0.0048*** (0.0008)
TFP	0.0222*** (0.0054)	0.0268*** (0.0041)	0.0268*** (0.0037)
FC	-0.1187*** (0.0076)	-0.1906*** (0.0044)	-0.1846*** (0.0058)

续表

	（1）	（2）	（3）
HHI	-0.1190*** (0.0041)	-0.1316*** (0.0034)	-0.1569*** (0.0072)
C/L	-0.2262*** (0.0088)	-0.2450*** (0.0056)	-0.2576*** (0.0032)
age	0.0984*** (0.0048)	0.1095*** (0.0056)	0.1041*** (0.0057)
Industry FE	是	是	是
Province FE	是	是	是
Year FE	是	是	是
Firm FE	是	是	是
N	2135592	2135592	2135592

注："*"、"**"、"***"分别表示在10%、5%、1%的水平下显著，括号内的数值是稳健标准误。

（三）更换TPU计算方法后的结果

表5.9报告了使用 $1-\dfrac{\tau_{MFN}^{\sigma}}{\tau_{B}^{\sigma}}$ 计算TPU后回归的结果。借鉴Handley和Limao（2015）以及佟家栋和李胜旗（2015）的经验，本章 σ 的取值是2。观察表5.9可以发现，实际有效汇率波动会显著影响企业出口附加值，而TPU会减弱这种影响。第三列交互项的系数显著为正也能证实这一点。表中TPU的回归系数为负，且在1%的显著性水平下显著，说明TPU下降会降低国有企业出口DVAR。

表5.9　　　　　　　　　全样本回归结果

	（1）	（2）	（3）
FREER	-0.0205*** (0.0012)	-0.0176*** (0.0015)	-0.0128*** (0.0025)
TPU		0.0090*** (0.0007)	0.0050** (0.0017)

续表

	（1）	（2）	（3）
FREER×TPU			0.0057* (0.0026)
TFP	0.0342*** (0.0056)	0.0188*** (0.0071)	0.0246*** (0.0078)
FC	-0.1579*** (0.0076)	-0.1670*** (0.0045)	-0.1570*** (0.0081)
HHI	-0.1469*** (0.0030)	-0.1345*** (0.0031)	-0.1672*** (0.0062)
C/L	-0.2782*** (0.0049)	-0.2780*** (0.0057)	-0.2771*** (0.0020)
age	0.0984*** (0.0012)	0.1050*** (0.0072)	0.1091*** (0.0059)
Industry FE	是	是	是
Province FE	是	是	是
Year FE	是	是	是
Firm FE	是	是	是
N	2135592	2135592	2135592

注："*"、"**"、"***"分别表示在10%、5%、1%的水平下显著，括号内的数值是稳健标准误。

（四）采用 OP 法计算全要素生产率的结果

参考聂辉华（2011）的做法，在用 OP 法计算过程中使用销售额代表产出变量，使用固定资产净值年平均余额代表资本变量，使用工业中间投入代表代理变量，上述变量分别用生产者出厂价格指数、固定资产投资价格指数和生产者购进价格指数进行平减折算。资本存量则参考张军等（2004）的永续盘存法计算，劳动变量使用企业全部职工人数。使用永续盘存法计算投资，$I_{it}=K_{it}-(1-\delta)K_{it-1}$，$\delta$ 是折旧率，本章取15%①。使用 OP 法计算出企业全要素生产率后，对方程（5.8）、方程（5.9）进行回归的结果见表5.10，第（1）列是方程（5.8）的结果，第（2）列

---

① 有些文献使用10%或者其他的折旧率，但这不会改变本书的结果。

是方程（5.9）的结果，第（3）列是在方程（5.9）中加入 FREER 与 TPU 交互项的结果，可以发现，使用 OP 法的结果与使用 LP 法的结果并无太大差异，FREER 的系数显著为负，加入 TPU 后 FREER 的系数由 -0.0213 变成 -0.0162，说明 TPU 会减弱 FREER 对企业出口 DVAR 的影响，交互项系数为正也进一步证明了这一点。

表 5.10　　全样本回归结果

	（1）	（2）	（3）
FREER	-0.0213*** (0.0011)	-0.0162*** (0.0015)	-0.0111*** (0.0024)
TPU		0.0091*** (0.0007)	0.0052** (0.0015)
FREER×TPU			0.0083* (0.0033)
TFP	0.0418*** (0.0029)	0.0206*** (0.0025)	0.0199*** (0.0026)
FC	-0.1568*** (0.0093)	-0.1669*** (0.0023)	-0.1587*** (0.0090)
HHI	-0.1258*** (0.0106)	-0.1328*** (0.0105)	-0.1313*** (0.0190)
C/L	-0.2755*** (0.0034)	-0.2776*** (0.0079)	-0.2783*** (0.0017)
age	0.0982*** (0.0098)	0.1170*** (0.0058)	0.1107*** (0.0073)
Industry FE	是	是	是
Province FE	是	是	是
Year FE	是	是	是
Firm FE	是	是	是
N	1804572	1804572	1804572

注："*"、"**"、"***"分别表示在10%、5%、1%的水平下显著，括号内的数值是稳健标准误。

(五) 采用 TPU 滞后一期的结果

考虑到解释变量和被解释变量之间存在互为因果的可能性，一国出口繁荣更愿意制定稳定的贸易政策。我们借鉴刘志彪和张杰（2009）、徐卫章和李胜旗（2016）的经验，把贸易政策不确定性的滞后一期作为当期变量的工具变量解决可能存在的内生性变量的问题。回归结果如表 5.11 所示。表 5.11 的第（1）列是全样本下方程（5.8）的结果，第（2）列是对方程（5.9）中的贸易政策不确定性使用滞后一期作为工具变量后的结果，第（3）列是在方程（5.9）加入 FREER 与 TPU 交互项的情况下使用上述工具变量的结果。可以发现，使用工具变量后，FREER 的系数由 -0.0210 变成 -0.0165，且在 5% 的显著性水平下显著，FREER 与 TPU 交互项的系数显著为正，说明贸易政策不确定性会减弱 FREER 对 DVAR 的影响。TPU 的系数也显著为负，表明贸易政策不确定性降低会降低企业出口 DVAR。全要素生产率的回归系数显著为正，说明生产率高的企业出口附加值更高。融资约束、市场集中度以及资本比的回归系数显著为负，说明这三个因素对企业出口附加值有抑制作用。这些结果与前述结论相一致。另外，Wald 检验判断工具变量符合要求。综上所述，在考虑了内生性问题后，我们的结果依然稳健。

表 5.11　　全样本下方程（5.9）使用工具变量后的结果

	（1）	（2）	（3）
FREER	-0.0210*** (0.0012)	-0.0165** (0.0055)	-0.0162*** (0.0034)
TPU		-0.0816*** (0.0063)	-0.0672** (0.0098)
FREER×TPU			0.0295** (0.0239)
TFP	0.2223*** (0.0032)	0.2951*** (0.0083)	0.2199*** (0.0046)
FC	-0.1181*** (0.0021)	-0.1543*** (0.0099)	-0.1975*** (0.0031)
HHI	-0.4374* (0.4051)	-0.4246** (0.4209)	-0.5002** (0.3151)

续表

	(1)	(2)	(3)
C/L	-0.2256*** (0.0054)	-0.2033*** (0.0031)	-0.2079*** (0.0029)
age	0.0964*** (0.0036)	0.0714*** (0.0032)	0.0654*** (0.0093)
Industry FE	是	是	是
Province FE	是	是	是
Year FE	是	是	是
Firm FE	是	是	是
Wald 检验 p 值		0.0003	0.0185
N	2135592	1348756	1348756

注:"*"、"**"、"***"分别表示在10%、5%、1%的水平下显著,括号内的数值是稳健标准误。

第五节 结论与政策建议

一 主要结论

本章从异质性企业框架的角度出发,利用2000—2007年中国海关数据库和中国工业企业库的匹配数据,基于Melitz(2003)异质性企业框架,构建了理论模型分析汇率波动,贸易政策不确定性影响出口企业国内附加值的内在机制,并利用中国2000—2007年的企业层面微观数据实证研究了上述问题,结果发现汇率波动确实会影响出口企业国内附加值,而且我们发现不同贸易方式的企业和不同所有制类型的企业,汇率波动对出口企业国内附加值的影响程度不同。进一步地,我们发现贸易政策不确定性对这一影响存在削弱作用。本章最后从内生性问题和双重差分方法的角度对结果进行了稳健性检验。另外,在实证中我们区分了贸易方式和企业所有制类型对样本进行研究分析。具体结论如下:

第一,企业层面实际有效汇率变化显著影响企业出口附加值率。当人民币升值时,进口原材料价格下滑,而进口原材料与本国生产的原材料之间存在高度替代性,因此,国内市场会增加进口原材料生产中间产品的比率,从而导致国内生产要素份额被进一步压缩,使企业国内附加值率下降。

第二,在区分贸易方式后发现,加工贸易企业的实际有效汇率变化不会明显影响企业出口的国内附加值;一般贸易企业和混合贸易企业的实际有效汇率变化明显影响企业出口的国内附加值。

第三,区分企业所有制类型的结果则表明,除港澳台资企业外,其他所有制类型的企业实际有效汇率变化都会明显影响企业出口的国内附加值,集体企业、国有企业和独立法人企业的出口 DVAR 受企业 FREER 影响程度更深,其中集体企业 FREER 对企业出口 DVAR 影响最大。私人企业和外资企业的出口 DVAR 受企业 FREER 影响程度则较小。

第四,贸易政策不确定性确实会减弱企业层面实际有效汇率对企业出口附加值的影响。在区分贸易方式和企业所有制类型后这种减弱作用依然存在。

二 政策建议

(一) 应对汇率波动的政策建议

第一,基于人民币加入 SDR 的契机循序渐进地推进人民币国际化进程,努力使人民币成为广泛应用于国际贸易的通用货币。与此同时深化汇率形成机制改革,谨防汇率波动风险,稳定人民币汇率在合理区间。

第二,随着中国在国际上的地位提升,在汇率改革进程中,不可避免地面临国外政治势力的恶意施压,中国政府应当谨慎应对,通过建立健全人民币汇率形成机制等措施,使人民币汇率在市场中保持灵活和主动,从而保证汇率改革的顺利进行。

第三,随着中国经济的迅猛发展,人民币汇率升值已成必然趋势,中国出口企业应当要适应人民币升值的这种趋势,通过引进人才或者引进国外技术加快自身技术革新,提高企业生产率,提高产品质量,从而提高产品在国际市场的竞争力,这样才能提高企业应对汇率波动的能力。

第四,外汇管理部门应当为出口企业提供便利,不断健全完善外汇管理和外汇服务,保证出口企业在国际贸易过程中的顺畅,减少企业因为资金流转问题影响生产活动的风险。

(二) 应对贸易政策不确定性的政策建议

对于出口国政府,第一,政府可以设立相关部门,时刻关注外部贸易形势变化,在此基础上建立及时完善的响应措施,并制定应对外部贸易政策不确定性的紧急预案。第二，政府部门可以建立出口企业信息共享平台，保证贸易政策信息在出口企业之间互相联通，实现信息的共享共用，减少因为信息不对称带来的风险。第三，加快建设"一带一路"的合作倡议，与周边各国贸易伙伴签署双边，多边贸易协定，在经济、军事和文化等各个领域展开更深远的合作。此外，中国政府应当减少与周边国家的摩擦，为出口企业创造良好的出口环境。

对于出口企业，第一，要对出口目的地国贸易政策保持高度的警惕性，利用市场调研等方法收集与出口目的地国贸易政策相关的信息，尽可能地消除信息不对称性带来的贸易风险，增强自身应对贸易政策不确定性的能力。第二，出口企业可以灵活运用多种金融工具、衍生金融产品降低由出口目的地国贸易政策不确定造成的经济风险。第三，出口企业可以组织专门的团队建立健全出口风险内部控制制度以及应急措施，降低对出口目的地国贸易政策不确定性的敏感度。

第六章 贸易政策不确定性、创新与企业出口升级

第一节 引言

近年来,贸易保护主义风潮在世界范围内再次出现抬头趋势。中美贸易摩擦持续发酵、英国脱欧旷日持久、地缘政治压力加大、政策利率持续降低和多家中央银行发表鸽派言论等多重经济、政治事件导致国际市场情绪波动不定,全球贸易和供应链面临严峻挑战,世界经济发展面临的不确定性持续增加。

中国自2001年12月加入世界贸易组织以来,在进出口贸易上取得了十分显赫的成就,从增长速度上来看,近20年,中国的货物贸易出口增长指数远远超过世界平均的出口增长指数;从贸易总量上看,2000—2018年,中国的货物进出口贸易总额从39273.25亿元增长到305008.13亿元,年平均增长速度达到11.4%①。与此同时,伴随着中国对外贸易的迅速增长,中国的企业创新水平也出现了明显的上升趋势。2000—2018年,中国的发明专利申请总量一路攀升,由51906件增加至1542002件,19年间增长了近29倍②,超过了美国、欧盟、日本等老牌发达国家和地区,成为当今世界上最具创新潜力的国家。这些显著的成就在很大程度上得益于中国加入WTO之后,中国的贸易伙伴取消了此前一直采取的诸多高额的限制性关税,特别是美国政府正式授予了中国永久正常贸易关系地位(Permanent Normal Trade Relation,PNTR),结束了自1980年以

---

① 资料来源:中华人民共和国国家统计局及作者计算。
② 资料来源:世界知识产权组织官方网站及作者计算。

来美国国会对中国正常贸易关系地位进行年度审议的历史，标志着中国企业在出口市场上面临的贸易政策不确定性的大幅下降（Pierce 和 Schott，2016），这一下降可以解释 2000—2005 年中国对美出口增长额的 1/3，而一旦中国的最惠国待遇被撤回，贸易政策不确定性的猛然增加可能会使中国出口企业的平均利润损失超过 50%（Handley 和 Limao，2017）。而在当今贸易摩擦加剧、世界经济波动的重要历史节点上，出口企业如何突破创新限制，解决技术短板问题，从而在市场情绪波动多变的情况下有效稳定出口流量，引起了学界的广泛关注。

出口技术复杂度是一个国家或地区在出口贸易中技术结构高度和出口技术含量的体现，从企业层面上来看，出口技术复杂度直接体现了企业参与出口贸易时实质具备的技术能力，侧面反映出企业在国际市场上的竞争力。Hausmann 等（2007）指出，中印两国的出口技术复杂度远远高于其经济发展水平，尤其是中国的出口技术复杂度，甚至超过同期人均收入水平在其两倍以上的拉丁美洲国家。中国出口技术复杂度与其人均收入水平之间的不平衡现象产生了中国出口技术复杂度的"虚高之谜"，这一问题引发了学者的广泛关注，国内许多文献针对该问题展开了对出口技术复杂度变化及其影响因素的研究，包括企业研发、地区知识保护、企业类型、市场竞争、政府补贴、垂直专业化分工、基础设施、人力资本、贸易开放、FDI、自然资源禀赋、金融发展水平、贸易便利化程度、产品分工地位、生产性服务进口中间投入等（王永进等，2010；齐俊妍和王晓燕，2016；殷宝庆等，2016；陈维涛等，2017；姚星，2017；毛其淋和方森辉，2018；卓乘风和邓峰，2018；高运胜等，2019；戴魁早和方杰炜，2019；李洲和马野青，2020）。

另一方面，贸易政策的不确定性会通过对微观层面的企业出口行为动态变化、企业间的资源配置，与出口产品价格、质量等方面产生影响，进而作用于全要素生产率、失业率、劳动力构成、出口概率与贸易流量以及国家整体福利等宏观经济要素层面（Handley，2014；Pierce 和 Schott，2016；Handley 和 Limao，2017；Feng et al.，2017；Facchini et al.，2018；Steinberg，2019）。学界虽然肯定了贸易政策不确定性对企业技术升级和出口质量会产生影响（Handley 和 Limao，2015；Liu 和 Ma，2016；Feng et al.，2017；苏理梅等，2016；佟家栋和李胜旗，2015；Aghion et al.，2012），但其背后的影响机制尚不明确，对其影响效应的结果和程度也暂时没有得出一致的结论。尤其是对于企业出口技术复杂度，虽然目前广泛的讨论中已经将其作为衡量企业技术水平和创新能力的重要指标，但将贸易政策不确定性与其联系起来进行讨论的文献比较罕见，因此本章将从贸易政策不确定性的视角，研究企业出口技术复杂度的变化并对背后的影响机制展开详细讨论，以便回答面临中美贸易摩擦加剧的新形势，中国出口企业应当如何增强创新能力，突破技术限制，从而保持出口稳定有序增长的问题。但目前中美贸易摩擦造成的长期影响暂时比较缺乏直观有效的数据统计，而中国加入WTO所带来的贸易政策不确定性的下降，对时下中美贸易摩擦造成的贸易政策不确定性波动上升局势有很强的借鉴意义，故本章将此作为准自然冲击，采用双重差分模型，主要通过对中国工业企业数据库和中国海关数据库的匹配，计算2000—2007年中国出口企业的技术复杂度，并分析中国加入WTO以及获得与美国的永久正常贸易伙伴地位前后，贸易政策不确定性下降对中国企业出口技术复杂度造成的影响效应。

第二节　影响机制分析与基本假说

不确定性的存在会对企业创新造成阻碍，主要是因为企业进行创新活动所需要的前期投资对企业而言成本较大且具有不可逆性，而这种投资的变现速度则往往较慢（Liu和Ma，2016）。贸易政策不确定性下降所代表的企业贸易环境的变化，会降低企业面临的贸易成本、提高企业可预期的出口增长、扩大企业面临的市场规模从而通过改善企业投资布局、改变企业进行创新决策的成本和利润等途径对企业进行出口创新产生影响。因此本章主要基于新新贸易理论的异质性企业模型，分析贸易政策不确定性对企业出口技术复杂度的影响机制。

一　基于异质性企业模型的影响机制分析

Melitz（2003）首次构建了异质性企业模型，基于国际贸易的一般均衡框架，研究得出，出口贸易存在较高的固定成本，具备高生产率的企业才能支付该成本，是否进行出口则是基于企业的自选择行为。因此只有高生产率的企业才能服务于出口市场，次高生产率的企业则会选择服务于国内市场，低生产率的企业可能会退出市场。故而贸易导向的结果通过这类方式优化了企业间的资源配置从而提高了行业生产率。本章沿着这一思路从两个角度进行影响机制的分析：

Melitz 和 Ottaviano（2008）认为市场规模和贸易对异质性企业的决策行为会产生影响，市场规模越大、贸易一体化程度越高，竞争加剧，会反作用于企业的生产率水平产生变化。由此可以推测，当贸易政策不确定性下降时，企业面临更大的国外市场、更低的贸易成本、更少的贸易壁垒，因此已存在于出口市场中的企业会更加频繁地参与贸易活动，扩大出口规模；部分次高效率的企业很可能因为贸易门槛的下降受到激励从而选择进入国际市场，从而加剧了出口市场中的竞争激烈程度，这种竞争程度的加剧将会反作用于企业的技术选择。其主要表现为三点：其一，原本存在于市场中的高效率企业主动更新技术提高创新，可以被视作贸易政策不确定性下降引发的集约边际影响（Handley 和 Limao，2017）；其二，贸易政策不确定性下降也扩大了国外消费者的选择范围，高效率的出口存续企业会为了在国际市场上获取更高利润，从而承担固定成本实施多样化产品战略，提供更多类型的产品，继而提升企业出口产品的多样化和差异化，这种现象可以视作贸易政策不确定性对企业广延边际的影响（Handley 和 Limao，2017）；其三，新进入出口市场的次高效率企业会为了适应出口市场的高标准环境、应对国外消费者对进口产品更高的标准和要求，从而进一步地提升自身的生产技术水平和创新能力。

贸易政策不确定性下降时，出口企业面临的贸易成本下降，预期可获得利润提高，高生产率的出口商可以将调动更多的资本用于研发投入、进行出口升级，企业创新能力将在很大程度上得到提升。

一方面，出口企业面临的贸易成本下降，很大一部分来自于投资风险下降；根据实物期权理论中关于成长期权的观点，企业早期进行的投资计划可以视作是对未来投资计划的基础性投入，因此计划与计划之间形成关联关系可以被认为一种复合式期权，若企业执行此类投资计划时可以创造出有价值的成长期权，那么企业会选择在当下进行投资；而企业在做出此类投资的决策时，会受到两方面因素的影响，一是现行投资方案的价值，二是未来衍生的成长性方案的现行价值。企业投资中的研发投入对这两种因素的体现最为明显。当贸易政策不确定性增加时，企业难以预测进行研发投入的未来现金流折现情况，加之投资本身具有不可逆的特性，因而延长了企业投资的等待时间，增加了企业进行当前投资所需要付出的机会成本。相反地,当贸易政策不确定性下降时,企业预期在出口市场上面临的风险降低,将会进行当前投资甚至提前投资,相应地增加研发投入。

另一方面,从企业进行出口升级的成本和利润方面分析,企业进行出口升级的成本包括产品的研发投入、支付人力报酬、寻找更高质量中间投入品的供应商等,而在贸易政策不确定性较高时,根据"自选择"效应,出口企业中生产率较高的企业对出口利润的预期相对稳定,因此更有可能支付质量升级所需要的前期成本。贸易政策不确定性下降会导致企业预期的出口和销售增长,因而改变企业的利润函数,提升更多的出口存续企业对利润的预期(Bustos,2011),从而提高高效率企业支付出口升级成本的概率,促使高效率企业选择高技术,在集约边际上提高整体的产品出口质量。

许多学者使用全要素生产率衡量企业的生产效率,值得注意的是,该指标本质上指的是影响企业产出增加的因素中,不能被资本和劳动解释的所有剩余部分,因此企业全要素生产率的提高并不能完全代表企业的技术进步水平,更不能完全等价与企业的创新能力,与之相比,企业的出口技术复杂度被更广泛应用于衡量企业的技术结构和创新水平。

二 基本理论假说

基于以上理论分析,本章认为贸易政策不确定性下降,企业面临的市场规模扩大,为应对更大的国际市场,企业可能会通过提高产品技术含量的方式实行市场扩张,同时,贸易政策不确定性下降还将带来企业预期出口增长速度的增加,这将改变企业的贸易成本和预期可获得利润,对企业投资决策产生影响,进一步影响到企业创新能力的增强。由此,本章提出假说1:

假说1:贸易政策不确定性下降对企业出口技术复杂度的提升具有促进效应。

贸易政策不确定性下降,无论是对出口存续企业或是新进入出口市场的企业而言,都将使其面临更广阔的市场,而国外市场情绪和出口企业的贸易环境不断趋于稳定,也意味着企业的出口规模未来将不断扩张,出口企业能够预期到未来可以获得更大的出口增长、可控的贸易成本和稳中有升的利润,因此企业在进行是否进行技术升级的决策时,判断未来可以支付技术升级的各类成本,故而进行技术升级和突破,企业出技术复杂度将得到提高。由此，本章提出假说2：

假说2：贸易政策不确定性下降会直接引发企业出口规模扩大，提升企业的出口技术复杂度。

当贸易政策不确定性下降时，贸易门槛的降低会使次高生产率的企业进入出口市场，从而加剧市场竞争，出口存续企业为争夺市场份额、获取更高利润，从而会生产并向市场提供差异化和多样化产品。企业专利作为企业研发创新的产出，是衡量企业技术特色的重要载体。企业只有将专利转化为难以仿制的高技术产品并尽快实现商业化，才能更好地在国际竞争中获利。在此过程中，专利可以一方面通过保护发明者获利的权利的直接途径激励发明者更积极地投入研发，另一方面通过鼓励技术持有者的公开专利技术细节的间接途径促进知识扩散（李兵等，2016）。同时，专利质量、专利保护的行政执法力度、专利受到司法保护的水平等都是这一环节中的重要影响因素。与企业研发投入不同，企业专利作为直接的创新产出，相较于前者风险性和转化时长都大大降低，因此企业专利向高技术产品的转化率应当高于前者，且企业法人所持有的专利数量可能会加强这一效应。由此本章认为，企业专利可以作为衡量企业创新能力的重要指标，企业持有的专利数量越多，表明企业同时生产差异化、多样化产品的能力越强，进而企业的出口技术复杂水平可能越高。由此，本章提出假说3：

假说3：贸易政策不确定性下降会间接通过提升企业创新能力的渠道促进企业出口技术复杂度的提高。

第三节　数据与方法

一　数据来源与处理

本章所使用的数据，企业层面的数据主要来源于中国国家统计局对规模以上企业进行年度调查而形成的工业企业数据库、中国海关贸易数据库中的企业和产品数据；关税的相关数据来源于世界贸易组织官方网站公布的关税下载数据（Tariff Download Facility）以及世界银行的世界一体化贸易解决方案（World Integrated Trade Solution，WITS）数据库，其他产品层面数据来源于CEPII的国家双边贸易数据库BACI。

对于企业和产品的相关数据，本章主要用来计算企业的出口技术复杂度以及相关的控制变量。其中，中国工业企业数据库和中国海关数据库，是本章最为主要的数据来源。

具体而言，本章对该部分数据的处理工作概述如下：首先，参考聂辉华等（2012）依次删除了企业总资产、固定资产净值、主营收入、职工人数不为正或为缺失值的样本，职工人数在 8 人以下的企业样本，流动资产超过总资产的企业样本以及固定资产净值超过总资产的企业样本等；参考余淼杰（2011）的匹配方法，分别利用企业名称与电话号码后七位合并邮编的方式对数据库进行匹配，匹配完成后的企业数量占原始海关库中企业数量的 25.3%，占原始工业企业库数据中企业数量的 11.5%。其次，本章利用 BACI 数据库与世界银行发展指标数据库（World Development Indicators，WDI）获取的人均 GDP 数据计算产品层面的出口技术复杂度和质量水平。再次，将 HS6 分位产品层面的出口技术复杂度和质量水平指标匹配到海关工企库的面板数据中，并将其加总到企业层面。最后，在匹配完成的数据中根据企业名称和企业码等信息形成企业个体识别变量。需要注意的是，由于 2002 年中国颁布了新的《国民经济行业分类》并于 2003 年起正式实施，故本章参照 Brant 和 Biesebroeck（2017）的方法，将 1996 年版本的 HS6 分位产品编码通过匹配汇总至《国民经济行业分类》下的四分位行业中去，并且为避免行业分类发生变更对面板数据造成影响，对中国工业企业数据库中 2000—2002 年的行业类别进行了统一。

对于关税数据，本章首先将从 WITS 数据库中提取美国第二类关税和给予中国的最惠国关税税率，按照 1996 年版本的 HS6 分位产品编码对关税数据进行转码和匹配，随即测算出 HS6 分位的产品层面的贸易政策不确定性，使用中国国民经济行业分类与 HS6 分位产品编码进行匹配，将产品层面的贸易政策不确定性加总至行业层面。

二 计量模型的设定

现有文献一般认为，2001 年 12 月以后，中国加入 WTO 大幅度削减了中国企业在出口市场上面临的不确定性。特别是 2002 年 1 月 1 日，美国正式宣布给予中国永久正常贸易关系地位，从而结束了此前美国国会每年根据杰克逊—瓦尼克法案对是否给予中国正常贸易关系地位进行年度审议的历史，这一事件标志着中国出口企业在国际市场上被惩罚性地征收美国第二类关税的可能性大幅度降低。因此，本章认为可以将中国加入 WTO 视作准自然实验,采用双重差分模型进行实证估计。具体而言,本章认为面临较高贸易政策不确定性的企业,受到中国加入 WTO 这一外生冲击的影响更大,因此,本章的识别策略是对比 2002 年前后贸易政策不确定性下降幅度较高行业中的企业(实验组)与贸易政策不确定性下降幅度较低的行业中的企业(对照组)之间出口技术复杂度的平均变化情况。故本章采用双重差分的基准计量模型设定如下:

$$ESI_{ijt} = \alpha_i + \beta_1 TPU_j \times Shock02_t + X'_{ijt}\gamma + Z'_{jt}\delta + \lambda_t + \varepsilon_{ijt} \tag{6.1}$$

其中,下角标 i 表示企业,j 表示行业,t 表示年份。被解释变量 ESI_{ijt} 是企业 i 在 t 年的出口技术复杂度,核心解释变量 TPU_j 表示加入中国 WTO 之前行业 j 面临的贸易政策不确定性。$Shock02_t$ 为表示中国加入 WTO 的时间虚拟变量,该变量在 2002 年及其之后的年份取值为 1,在 2002 年之前的年份取值为 0。交叉项 $TPU_j * Shock02_t$ 的估计系数 β_1 刻画了本章最为关注的因果关系,代表着贸易政策不确定性下降幅度较高的行业中的企业出口技术复杂度与贸易政策不确定性下降幅度较低的行业中的企业出口技术复杂度在中国加入 WTO 前后的平均差异。X'_{ijt} 为企业层面的控制变量,包括企业的全要素生产率、资本密集度、企业规模、企业年龄、企业所有权属性的虚拟变量、融资约束、利润水平、出口密集度和政府补贴;Z'_{jt} 为行业层面的控制变量,包括赫芬达尔指数、进口最终品关税、进口中间品关税、最惠国关税、放松外资管制和国有企业占比。

进一步地,为了检验贸易政策不确定性下降对企业出口技术复杂度的影响渠道,对于直接影响渠道,参考毛其淋和许家云(2018)的处理方式,将被解释变量替换为直接影响渠道检验变量,而对于间接影响渠道,在基准回归模型的基础上加入影响机制检验的相关变量进行交互项处理,对模型的改变如下:

$$ESI_{ijt} = \alpha_i + \beta_1 TPU_j \times Shock02_t + \beta_2 TPU_j \times Shock02_t \times Influnce'_{ijt} + X'_{ijt}\gamma + Z'_{jt}\delta + \lambda_t + \varepsilon_{ijt} \tag{6.2}$$

其中,$Influnce'_{ijt}$ 为代表影响渠道的相关变量。交乘项系数 β_2 表示间接影响因素是否会对因果识别的影响效应产生促进或抑制的作用。

三 主要变量说明

(一)贸易政策不确定性指标的测算

本章对贸易政策不确定性指标的测算主要采用对限制性关税和实际应用关税取差额的方法,由于本章识别因果关系的策略在于对比中国加入WTO前后，面临较高贸易政策不确定性的企业和面临较低贸易政策不确定性在出口技术复杂度上的平均差异变化，且2002年作为模型的政策冲击变量，因此本章认为在这一特殊的历史时刻中，中国加入WTO以及美国授予中国永久正常贸易伙伴关系地位对中国企业面临的贸易政策不确定性下降是至关重要的。

因此，本章使用美国对非正常贸易伙伴关系的国家征收的第二类关税，作为衡量限制性关税的指标，最惠国关税作为实际的应用型关税，最终采用 $TPU_1 = \log(\tau_i^{col2}/\tau_i^{mfn})$ 的计算方法。对比Handley 和 Limão（2017）基于理论基础对限制性关税水平和实际应用关税进行非线性转化的计算方法，差额法的优势还在于对贸易政策不确定性没有造成低估或高估，例如 $\tau_i^{col2}=8$、$\tau_i^{mfn}=4$ 与 $\tau_i^{col2}=4$、$\tau_i^{mfn}=2$ 两种情况相比，从数量上看，采用差额法能够比较明显地对二者做出区别，但采用非线性转化的方法 $TPU_2 = 1-(\tau_i^{col2}/\tau_i^{mfn})^{-\sigma}$ 计算的结果则不能做出明显区分。

本章将使用 $TPU_1 = \log(\tau_i^{col2}/\tau_i^{mfn})$ 作为主要的衡量方法用于实证研究和影响机制检验，而把使用非线性转化方法计算的贸易政策不确定性指标作为稳健性检验之一。

（二）出口技术复杂度的测算

盛斌和毛其淋（2017）在Hausmann et al.（2007）对产品技术复杂度进行测算的基础上，首次利用中国海关贸易数据库2000—2006年的数据，对企业层面的出口技术复杂度进行了测算，与其他计算方法相比，该方法既充分考虑了国家人均收入水平对出口技术复杂度的影响，又将其中国企业层面的详细数据结合起来，还借鉴Xu（2007）的产品质量水平对企业出口技术复杂度进行了优化调整。因此本章将沿用这一方法，并将其划分为三个主要步骤。

第一，沿用Hausmann（2007）和Xu（2007）的方法和定义，计算产品层面的技术复杂度应为：

$$ESI_k = \sum_c \left[\frac{(ex_{ck}/ex_c)}{\sum_c (ex_{ck}/ex_c)} \cdot PCGDP_c \right] \quad (6.3)$$

其中，k表示产品，ESI_k 表示k产品的出口技术复杂度，c表示国家，ex_{ck} 表示c国对k产品的出口额，ex_c 表示c国的总出口额，$PCGDP_c$ 为c国经过购买力平价调整后的人均GDP水平。因此，产品的出口技术复杂度可以理解为经过国家人均 GDP 调整后的国家对该产品的出口比较优势。CEPII BACI 数据库提供了 200 多个国家超过 5000 种产品的双边货物贸易信息，本章将利用这一数据库计算国家对某一产品的出口额以及该国的总出口额，并结合世界银行公布的各国人均 GDP 数据进行调整，计算得到产品层面的出口技术复杂度。

第二，将产品层面的出口技术复杂度加总至企业层面，即：

$$ESI_i = \sum_k \left(\frac{ex_{ik}}{ex_i}\right) ESI_k \tag{6.4}$$

其中，i 表示企业，ex_{ik} 表示 i 企业对 k 产品的出口额，ex_i 表示 i 企业的总出口额，因此，企业的出口技术复杂度可以被认为是该企业出口各类产品的技术复杂度按照各类产品占该企业的总出口比重进行加权平均所得到的。

第三，单纯按照产品的企业出口权重对产品技术复杂度进行加总的方法忽略了产品质量水平对企业出口技术复杂度的影响，即在 HS6 分位的产品类别下，若某一企业以出口该类别下低质量产品居多，则这一计算方法可能会高估该企业的技术复杂度。因此，借鉴 Xu（2007）的方法，先利用产品质量水平对产品技术复杂度进行调整修正，即：

$$ESI_k^{adj} = (quality_{ck})^\delta ESI_k \tag{6.5}$$

其中，adj 表示经过产品质量水平调整后的指标，c 国出口 k 产品的质量水平 $quality_{ck}$ 可以利用产品单位价值计算得到，即 $quality_{ck} = \frac{price_{ck}}{\sum_n (\mu_{nk} price_{nk})}$，$price_{ck}$ 表示 c 国出口 k 产品的价格，μ_{nk} 表示 n 国对 k 产品的出口额占 k 产品世界总出口额的比重，$price_{nk}$ 则表示 n 国出口 k 产品的价格。完成调整后的产品技术复杂度再次加总至企业层面，即：

$$ESI_i^{adj} = \sum_k \left(\frac{ex_{ik}}{ex_i}\right) ESI_k^{adj} \tag{6.6}$$

由于中国海关贸易数据库中的产品数据是 HS8 分位编码的，本章首先将其加总至 HS6 分位层面；其次利用 CEPII BACI 数据库中 HS6 分位产品的单位价值和出口贸易数据，计算产品质量水平，并对产品出口技术复杂度进行调整修正；再次根据产品的 HS6 分位编码将其匹配到中国海关贸易数据库中；最后按照中国海关贸易数据库中的企业信息对产品出口技术复杂度进行加总，最终得到经过产品质量水平调整后的企业出口技术复杂度。

第四节 贸易政策不确定性、创新与企业出口升级实证分析

一 描述性统计

本章的解释变量为贸易政策不确定性,度量了中国加入 WTO 以前各行业所面临的贸易政策不确定性风险。本章将该指标通过简单平均的方法归纳到国民经济行业分类的二分位行业下,发现面临贸易政策不确定性风险较高的行业有电气机械及器材制造业、印刷业和记录媒介的复制和造纸与纸制品制造业等,这主要是由于以下两方面的原因造成的:一方面,电气机械及器材制造业,包括和电网建设相关的各种发电机组、各种输配电设备、太阳能面板、光纤、电缆等,国产化进度非常快,已经较早地实现了大量出口,在国际市场上容易遭受到高额的限制性关税;另一方面,美国的纸浆产量常年位居世界前列,供给优势明显,纸浆类产品及附属品在美国对外出口中也占有比较高的份额,因此美国可能出于保护国内优势产业的目的,对此类产品征收较高的关税。

本章的被解释变量企业出口技术复杂度,衡量了企业出口的技术结构和创新高度,本章选取贸易政策不确定性的中位数作为划分实验组和控制组的标准,高于该中位数被视为实验组,低于该中位数的被视为控制组,如图 6.1 所示,2000—2007 年,实验组和控制组的企业出口技术复杂度均呈现明显的上升趋势,而实验组的出口技术复杂度明显高于控制组,又如图 6.2 所示,贸易政策不确定性下降幅度与行业层面的平均出口技术复杂度呈现出正向变动的关系,说明面临贸易政策不确定性下降幅度较高的行业中,出口技术复杂度的水平也越高,二者呈现正相关关系。

表 6.1 主要变量的描述性统计

变量	观测值	均值	标准误	最小值	最大值
企业层面					
lp_tfp	176679	7.3949	1.2242	0.0481	14.9716
cratio	179554	3.6344	1.4121	-9.5043	14.0403
size1	179554	1.6909	0.7700	1	3

续表

变量	观测值	均值	标准误	最小值	最大值
lnage	179554	2.1709	0.6329	0	4.2627
lnage2	179554	5.1134	3.0010	0	18.1704
soe	179554	0.0353	0.1846	0	1
rzys	161204	-4.9688	2.8134	-15.4186	10.7126
profit	179421	-0.1247	61.7051	-26133.5	22.4439
ckmjd	179421	0.5748	0.5277	0	84.7938
zfbt	179455	-9.6369	2.3273	-19.0936	3.0988
esi_qy	179554	46.8020	73.6751	0	2479.266
行业层面					
herfindal	179554	0.0050	0.0263	0	1
tariffi	177061	7.1952	4.6188	0	37.4409
tariffo	177975	12.5471	7.0668	0	65
mfn	178285	4.4954	4.2727	0	63.6425
for_share	179554	0.4853	0.3582	0	1
soe_share	179554	0.0075	0.0602	0	1
hytpu	177951	2.3348	0.7209	-1.9226	4.3307

资料来源：作者计算。

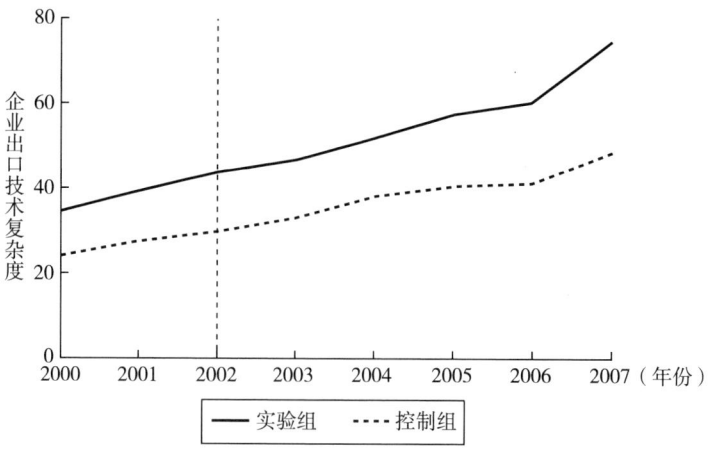

图 6.1 实验组和控制组的企业出口技术复杂度趋势

资料来源：BACI、中国海关数据库、中国工业企业数据库及作者计算。

第六章　贸易政策不确定性、创新与企业出口升级 / 121

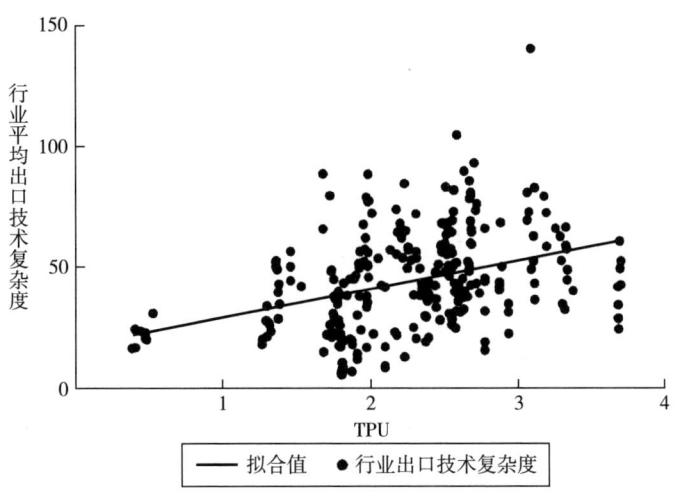

图 6.2　贸易政策不确定性下降幅度与行业平均出口技术复杂度散点
资料来源：BACI、中国海关数据库、中国工业企业数据库及作者计算。

除了企业出口技术复杂度（esi_qy）与行业层面的贸易政策不确定性（hytpu）之外，本章还包括以下两个层面的控制变量。

企业层面的控制变量包括：

（1）企业全要素生产率 tfp，本章拟采用 Levinsohn 和 Petrin（2003）测算企业全要素生产率的方法衡量这一指标；相较于 Olley 和 Pakes（1996）将企业的当期投资作为生产率冲击代理变量对企业全要素生产率进行测算的方法，该方法将中间品投入指标作为生产率冲击代理变量，数据的可获取性更强，且 LP 方法为研究者提供了检验代理变量是否合意的多种方法，扩大了代理变量的选择范围，该指标越大，说明企业运用各种资源禀赋进行生产的效率越高，企业的生产能力越强，本章预期企业的生产能力对出口技术复杂度有促进作用。

（2）企业资本密集度 cratio，该指标是用固定资产净值年平均余额与从业人员年平均人数之比的对数进行表示，该指标越大说明企业的资本密集程度越高，反映出企业可能具备更高的技术水平，因此本章预期企业的资本密集度对出口技术复杂度有促进作用。

（3）企业规模 size，本章先对企业的主营收入按照高低水平进行三等分处理，划分为大、中、小型企业，并设置有序的分类变量，小型企业取值为 1，中型企业取值为 2，大型企业取值为 3。

（4）企业年龄 age，该指标是用当年年份减去企业开业年份进行计算的；本章参照 Liu 和 Ma（2016）将企业年龄取对数及其对数的平方作为控制变量。

（5）企业所有权属性虚拟变量 soe，本章根据企业的登记注册类型，将企业划分为国有企业和非国有企业，国有企业取值为 1，私营企业、港澳台资企业和外资企业作为非国有企业取值为 0。

（6）融资约束 rzys，该指标是用企业利息支出与固定资产之比的对数进行表示的，该指标越小，说明企业面临的融资约束问题越大。

（7）企业利润率 profit，该指标是用企业的利润总额与企业当年的主营收入之比进行计算的，本章认为企业利润率越高，表明企业的经营状况良好，更加具备协调配置资源提高产品技术水平，进而提高企业出口技术复杂度的能力。

（8）企业出口密集度 ckmjd，该指标是用企业出口交货值与企业当年的主营收入之比进行计算的，该指标越大，说明企业参与出口贸易的程度越高，本章预期在国际竞争中受到提升出口技术复杂度的激励越大。

（9）政府补贴 zfbt，该指标是用企业补贴收入与企业当年的主营收入之比取对数进行计算的，预期政府补贴力度越大，企业提高出口技术复杂度的动力和投入也会相应增强。

行业层面的控制变量包括：

（1）赫芬达尔指数 herfindal，该指标的计算公式为 $herfindal_{jt} = \sum_{i \in j}(sale_{it}/sale_{jt})^2 = \sum_{i \in j} S_{it}^2$，即企业 i 在 t 年的市场占有率可以表示为企业 i 在 t 年的销售额占 j 行业总销售额比重的平方，该指标越大，说明该行业内的市场垄断程度越高，该行业内的其他企业相对来说缺乏自由竞争的市场环境，根据产业组织理论的观点来说，如果企业所处的市场中竞争程度越激烈，那么企业会千方百计地通过各种手段提高自身的创新能力，力求在愈加激烈的市场竞争中得以存活；而根据内生增长理论的观点，市场竞争程度越高，反而会对企业研发活动产生抑制作用；因此，本章将赫芬达尔指数引入进来，考察市场竞争对于提高企业的出口技术复杂度的影响作用。

（2）进口最终品关税 tariffo，该指标是将 HS6 分位下的产品进口实际应用关税税率加总平均到行业层面计算所得。

（3）进口中间品关税 tariffi，参考 Amiti 和 Konings（2007）的方法，本章认为进口中间品关税应当为 $tariffi_{it} = \sum_{j} \theta_{ij} tariffo_{jt}$，$\theta_{ij}$ 为投入要素 j 占行业 i 总投入的比重，在实际计算权重的过程中，本章结合 Liu 和 Ma（2016）

以及毛其淋和徐家云（2018）的做法，考虑到投入权重可能随着时间产生变化，因此对 2000—2006 年、2007—2011 年、2011—2013 年三个时间段，分别采用 2002 年、2007 年、2012 年的中国投入产出表进行计算。

（4）最惠国关税 mfn，该指标表示中国企业出口面临的最惠国关税税率的变化，考虑到 2002 年及以后，由于加入 WTO，中国在国外市场上面临的贸易政策不确定性将降为最惠国关税税率，故该指标降低可能有利于促进企业出口。

（5）放松外资管制 for_share，伴随着中国加入 WTO，对外资进入管制的放松这一政策也相继而来，因此本章将放松外资管制指标考虑在内，该指标表示为行业中的外资企业占比。

（6）国有企业占比 soe_share，参考 Liu 和 Ma（2016）该指标计算为行业中的国有企业占比。

二 基准回归分析

表 6.2 报告了聚类在企业层面的标准误的基准回归结果。第（1）列未加入任何控制变量，只对企业固定效应和年份固定效应进行了控制，结果显示交叉项 shock02×hytpu 的估计系数在 1% 的水平上显著为正，说明与处于较低贸易政策不确定性行业中的企业（控制组）相比，处于较高的贸易政策不确定性行业中的企业（实验组）的出口技术复杂度上升幅度更大，也就是说，中国加入 WTO 造成的贸易政策不确定性下降，有效地提高了企业的出口技术复杂度水平。第（2）—（4）列依次报告了加入企业层面的控制变量、加入行业层面的控制变量、加入企业与行业层面的控制变量的回归结果。经过横向比较发现，交叉项 shock02×hytpu 的估计系数在 1% 的水平上显著为正，表明回归结果具有较好的稳健性，且再次强化了本章的论点，表明即使控制了影响出口技术复杂度变化的企业与行业因素，贸易政策不确定性下降仍然对于提高企业的出口技术复杂度水平有显著的影响。

表 6.2　　　　　　　　　基准回归结果

	（1）	（2）	（3）	（4）
	esi_qy	esi_qy	esi_qy	esi_qy
shock02×hytpu	4.666*** (0.537)	3.652*** (0.590)	5.087*** (0.573)	3.977*** (0.630)

续表

	(1)	(2)	(3)	(4)
	esi_qy	esi_qy	esi_qy	esi_qy
hytpu	-2.652*** (0.806)	-1.969** (0.875)	-4.251*** (1.024)	-3.177*** (1.131)
shock02	25.64*** (1.239)	33.71*** (2.629)	26.39*** (1.482)	34.68*** (2.805)
lp_tfp		1.834*** (0.212)		1.778*** (0.214)
cratio		0.321* (0.195)		0.297 (0.196)
size1		8.371*** (0.503)		8.360*** (0.510)
lnage		8.861*** (3.377)		9.062*** (3.414)
lnage2		-4.304*** (1.286)		-4.443*** (1.294)
rzys		0.369*** (0.0833)		0.357*** (0.0838)
profit		0.332** (0.138)		0.331** (0.139)
ckmjd		4.100*** (0.838)		4.095*** (0.830)
zfbt		0.242** (0.109)		0.226** (0.110)
soe		1.002 (2.227)		0.129 (2.387)
herfindal			-19.32*** (5.462)	-18.94*** (7.182)
tariffi			-0.0474 (0.0468)	-0.0868* (0.0515)
tariffo			0.167*** (0.0649)	0.178** (0.0720)

续表

	（1）	（2）	（3）	（4）
	esi_qy	esi_qy	esi_qy	esi_qy
mfn			-0.362*** (0.134)	-0.253* (0.142)
for_share			6.065*** (1.765)	4.472** (1.881)
soe_share			8.728 (5.398)	9.632 (6.288)
_cons	36.43*** (1.902)	6.490* (3.836)	35.94*** (3.122)	6.232 (4.664)
企业固定效应	是	是	是	是
年度固定效应	是	是	是	是
N	177951	157013	175394	154800
R^2	0.071	0.080	0.071	0.079

注："*"、"**"、"***"分别表示在10%、5%、1%的水平下显著，括号内的数值是稳健标准误。

对于企业层面控制变量，本章注意到，企业的全要素生产率对企业出口技术复杂度的估计系数为正，且通过了1%显著性水平的检验，意味着企业综合运用各类资源禀赋转化为生产的能力增强，可以促进企业出口技术复杂度的提高。企业的资本密集度对企业出口技术复杂度的估计系数为正，在只加入企业层面的控制变量的实证检验中通过了10%显著性水平检验，意味着资本密集型的企业拥有更高的出口技术复杂度水平，这是因为资本密集型的企业一般也会具有企业高创新能力的特性，因此能够对提高企业出口技术复杂度能发挥正向影响，但这种影响在控制了行业层面的变量后显著性下降。企业规模对企业出口技术复杂度的估计系数正，且通过了1%显著性水平的检验，说明具备规模经济优势的企业能够利用更先进的技术和机器设备等生产要素，通过专业化生产分工和降低生产成本、拥有更多可调配资金的方式，有效拉动企业出口技术复杂度的提高。企业年龄对企业出口技术复杂度的估计系数为正，但其平方项的估计系数为负，且都通过了1%显著性水平的检验，说明企业年龄越大，企业的出口技术复杂度越高，但这种年龄优势是呈现出边际递减的趋势，说明相较于年轻企业而言，成熟企业更能够接触到行业内已经积累的前沿技术，同时具备更强的提高技术水平的创新能力，但过度成熟的企业很可能长期以来形成了一套固定的生产技术模式，突破原有技术限制、保持创新速度可能更加困难，因此企业年龄对于出口技术复杂度有提高作用但这种作用是边际递减的。融资约束指标对企业出口技术复杂度的估计系数为正，且通过了1%显著性水平的检验，这意味着该指标越大，企业面临的融资约束越小，对企业出口技术复杂度的提升作用越强，融资约束主要是通过削弱企业出口和研发的互补性，对企业同时从事出口和研发活动产生了阻碍作用，从而抑制了企业在出口活动中提高其技术复杂度。企业利润率对企业出口技术复杂度的估计系数为正，且通过了5%的显著性水平的检验，这说明财务状况和经营绩效约好的企业，其资金、技术、人力资本等可调配资源的范围就越大，便于企业有能力投入更多的资源进行技术升级、改善产品质量，从而提高企业的出口技术复杂度。企业出口密集度对企业出口技术复杂度的估计系数为正且在1%的水平上是显著的，说明根据"出口学习效应"的观点，频繁参与出口贸易的企业，更容易在出口活动中接触和学习前端的生产技术，且出口活动也在一定程度上提升了企业的国际竞争力，从而激励企业提高自身的出口技术复杂度。政府补贴对于企业出口技术复杂度的影响为正，且在5%的水平上是显著的，说明政府对企业的补贴既可以增加企业的研发投入水平，又可以对企业进行创新活动产生良好的激励效应，从而对企业出口技术升级产生正向的促进作用。企业所有权属性的虚拟变量对企业出口技术复杂度的估计系数为正但不显著，说明相较于非国有企业而言，贸易政策不确定性对国有企业出口技术复杂度的促进效应并不显著。

对于行业层面控制变量，本章注意到，赫芬达尔指数对于企业出口技术复杂度的影响为负，且通过了1%水平的显著性检验，该指标越小说明行业内的市场竞争程度越激烈，估计系数为负说明市场竞争对企业出口技术复杂度的提升有显著的促进作用，这也一定程度上验证了竞争激励效应的观点，即企业进入国际市场时，为了在更激烈的竞争环境中维持生存或抢占更大份额的市场，它必须改进技术，扩大生产规模，从而刺激了企业努力提高自身的出口技术复杂度水平。加入企业和行业的控制变量后，中间品关税对企业出口技术复杂度的影响为负，在10%的水平上显著，说明中间品关税降低，多种类、低成本的国外产品进入国内市场，企业能够以更低的成本获得更高质量的中间品，最终生产的出口品中技术含量也随之提高，因此中间品贸易自由化对企业的出口技术复杂度有促进作用。最终品关税对企业出口技术复杂度的影响显著为正，本章认为这是因为最终品关税降低提高了国内市场的竞争激烈程度，而根据新新贸易理论，出口企业进入国外市场的门槛高于国内市场，故企业服务于国内市场的产品技术含量可能相对较低，国内市场竞争程度的加剧，需要出口企业调配更多的研发等资源投入于国内市场，因此这可能挤占了企业在国际市场上的投入，对于企业出口技术复杂度的提高可能起到抑制作用。最惠国税率对于企业出口技术复杂度的影响显著为负，这意味着中国出口企业在国际市场上面临的税率降低，将刺激企业更多地参与国际竞争，从而有利于出口技术复杂度的提高。外资管制放松对于企业出口技术复杂度的影响显著为正，说明外资涌入可能会对企业带来国外的前沿技术，注入更高的创新活力，提高了企业的出口技术复杂度。行业内的国有企业数量对企业出口技术复杂度的影响并不显著。鉴于企业层面的所有权属性变量和行业层面的国有企业占比在基准回归中都不显著，考虑到企业的异质性问题，本章将在随后章节中对企业性质进行分样本讨论。

三 双重差分模型有效性检验

除此之外，本章进一步从四个角度对双重差分模型设定的有效性进行初步检验，检验结果如表6.3所示。

为了检验企业在2002年之前是否对中国加入WTO存在预期而改变其出口及创新行为，本章在基准回归模型的基础上，引入 $year01 \times hytpu$ 交叉项，$year01$ 代表中国加入WTO前一年的虚拟变量，若该交叉项的估计系数显著不为零，那么说明企业存在预期效应，在中国加入WTO之前已经形成了调整出口创新行为的预期，按照中国加入WTO之前企业面临的贸易政策不确定性设置的对照组和实验组的实证结果则不具备可比性，进一步地说明双重差分模型的设置可能是有偏的。表6.3第（1）列报告了预期效应检验的结果，结果显示，$year01 \times hytpu$ 交叉项的估计系数不显著，说明企业的预期效应不存在，因此中国加入WTO并获得与美国的永久正常贸易伙伴关系这一历史事件具有极强的外生性。

进一步地，选取中国加入WTO之前的样本进行安慰剂检验，验证实证结果的可靠性，本章认为贸易政策不确定性在中国加入WTO之前的变化幅度比较微小，因此该区间内的贸易政策不确定性对企业出口技术复杂度应当不存在显著的影响效应，否则可能意味着存在不可观测的影响因素干扰实证结果。表6.3第（2）列报告了安慰剂检验的结果，结果表明的估计系数不显著，说明中国加入WTO之前，贸易政策不确定性对企业出口技术复杂度不存在明显影响，更加说明了实证结果的可靠性。

表6.3　　　　　　　　　双重差分模型有效性检验

	（1）预期效应	（2）安慰剂检验	（3）两阶段	（4）动态效应
shock02×hytpu	3.595*** (0.637)		4.241*** (0.616)	
year01×hytpu	1.005 (0.621)			
hytpu		1.826 (1.909)		
year2001×hytpu				0.619 (0.620)
year2002×hytpu				1.186* (0.714)
year2003×hytpu				1.300* (0.787)
year2004×hytpu				3.053*** (0.939)
year2005×hytpu				6.605*** (1.005)
year2006×hytpu				7.706*** (1.017)
year2007×hytpu				17.60*** (1.280)
企业控制变量	是	是	是	是
行业控制变量	是	是	是	是

续表

	（1）	（2）	（3）	（4）
	预期效应	安慰剂检验	两阶段	动态效应
企业固定效应	是	是	是	是
年份固定效应	是	是	是	是
N	154800	19436	167635	154137
R^2	0.079	0.016	0.073	0.088

注："*"、"**"、"***"分别表示在10%、5%、1%的水平下显著，括号内的数值是稳健标准误。

前文构造的模型属于多期双重差分，而根据 Bertnard 等（2004）的观点，多期双重差分可能存在序列相关问题，对实证结果造成干扰，因此，本章进一步构造两阶段双重差分进行实证检验。借鉴毛其淋和许家云（2018）的方法，将样本划分为中国加入 WTO 之前和之后两个阶段，对企业层面的变量求取算数平均值，构造两期双重差分模型，表 6.3 第（3）列的汇报结果显示 year01×hytpu 交叉项系数仍然显著为正，再次强化了本章论点，即贸易政策不确定性下降对企业出口技术复杂度具有促进作用。

最后，本章通过构造灵活估计式检验贸易政策不确定性对企业出口技术复杂度影响的年度效应，具体做法是将基准的双重差分模型中的外生冲击虚拟变量，即 shock02，替换为各年份的时间虚拟变量，扩展后的模型为 $ESI_{ijt} = \alpha_i + \sum_{t=2001}^{2007} \beta_t TPU_j \times year_t + X'_{ijt}\gamma + Z'_{jt}\delta + \lambda_t + \varepsilon_{ijt}$，其中，$year_t$ 即为各年份的时间虚拟变量。这一估计可以检验实验组与对照组在外生冲击之前是否满足同趋势性假设，也可以考虑贸易政策不确定性对企业出口技术复杂度的动态影响效应；表 6.3 第（4）列报告了动态效应的回归结果，可以发现，在 2002 年之前，交乘项的估计系数为正但不显著，说明对照组和实验组在外生冲击之前具有同趋势性，在 2002 年之后，交乘项的估计系数逐渐增大、显著性水平逐渐提高，说明贸易政策不确定性下降对企业出口技术复杂度的促进作用随着时间推移不断增强。

四 稳健性检验

表 6.4 第（1）列报告了使用 2000—2013 年的面板数据进行稳健性检验的回归结果。对比基准回归的结果，本章可以发现，估计系数符号、大小以及显著性水平基本稳健，特别是交乘项 shock02×hytpu 的估计系数

依旧为正且通过了1%水平的稳健性检验，说明本章的实证结果较为稳健，这一估计系数比基准回归的估计系数略大，说明中国加入WTO且获得了与美国的永久性贸易伙伴关系地位所引发的贸易政策不确定性下降，从长期来看，对于企业出口技术复杂度的提升作用更大。

表 6.4　　　　　　　　　　稳健性检验结果

	（1）	（2）	（3）	（4）
	2000—2013	TPU2	TPU3	ESI_NAD
shock02×hytpu	2.730*** (0.734) (8.548)	11.42*** (4.112) (6.283)	28.36*** (6.515) (6.418)	12.21*** (1.880) (18.79)
shock02	40.02*** (5.390)	32.35*** (4.666)	22.44*** (5.384)	124.1*** (8.981)
hytpu	−4.014*** (1.050)	0.852* (0.502)	−9.124 (7.446)	−12.38*** (3.250)
企业控制变量	是	是	是	是
行业控制变量	是	是	是	是
企业固定效应	是	是	是	是
年份固定效应	是	是	是	是
N	189590	154808	152856	154800
R^2	0.072	0.079	0.081	0.088

注："*"、"**"、"***"分别表示在10%、5%、1%的水平下显著，括号内的数值是稳健标准误。

表6.4第（2）列和第（3）列汇报了替换贸易政策不确定性指标计算方法的稳健性检验的回归结果。第（2）列是使用 $TPU_2 = 1 - (\tau_i^{col2}/\tau_i^{mfn})^{-\sigma}$ 的计算方法替换贸易政策不确定性指标的回归结果，第（3）列是使用 $TPU_3 = 1 - (\tau_i^{bound}/\tau_i^{mfn})^{-\sigma}$ 的计算方法替换贸易政策不确定性指标的回归结果，借鉴 Handley 和 Limão（2015）与佟家栋和李胜旗（2015）的方法，本章对 σ 取值为2进行计算。其中，本章使用28个国家的约束关税和最惠国关税税率计算了 TPU_3 并对其进行简单平均，相较于 TPU_2、TPU_3 的数据来源更加具有普遍性，剔除了特定出口市场可能存在的影响。结果显示交乘项 shock02×tpu 的估计系数都为正且通过了1%水平的稳

健性检验,但估计系数较高,这是由于基于非线性转化的方法计算的贸易政策不确定性指标相比于差额法的计算结果,数值普遍偏小导致的,因此再次证明了结果的稳健性。

表 6.4 第(4)列汇报了使用未经产品质量调整的企业出口技术复杂度指标进行实证检验后的结果,与基准回归结果相比,估计系数的符号和显著性水平仍然保持一致,只有估计系数普遍偏高,这是由于经过产品质量加权调整的企业出口技术复杂度,从数量级角度来说相对偏低,而未经加权调整的企业出口技术复杂度则数值相对偏高,因此,回归结果仍然是比较稳健的。

第五节　影响机制检验及异质性分析

一　影响机制检验

通过基准回归的结果,本章可以看到中国加入 WTO 带来的贸易政策不确定性下降,对于原本面临较高贸易政策不确定性的企业出口技术复杂度的提升幅度更大,且这一效应在控制了企业、行业层面的控制变量的基础上依旧是显著的,那么很自然地联想到另外一个问题,贸易政策不确定性作用于企业出口技术复杂度的影响渠道是什么?本章曾基于新新贸易理论的企业异质性模型视角提出了三个假说,其中,前文的实证结果已经证明了假说 1,对于假说 2 和假说 3,本章分别通过直接渠道和间接渠道进行检验。

表 6.5 汇报了对于影响机制的实证检验结果。表 6.5 第(1)列汇报了对企业出口额取对数并将其作为被解释变量的实证检验结果。从企业出口技术复杂度的测算方法来看,企业出口额对企业出口技术复杂度具有直接影响,同时,企业出口额也一定程度上反映了企业面临的出口市场规模,而贸易政策不确定性下降会通过增加企业面临的市场规模而促进企业创新(Liu 和 Ma,2016),因此本章使用企业出口额作为被解释变量,利用双重差分模型进行验证。实证结果表明,交叉项 $shock02 \times hytpu$ 的估计系数为正,且通过了 1% 的显著性水平检验,说明贸易政策不确定性的下降扩大了企业出口规模,直接影响到企业出口技术复杂度的攀升。

表 6.5 第(2)列进一步将行业层面的出口额作为被解释变量进行检验,

交叉项 *shock*02×*hytpu* 的估计系数仍然为正向且显著,进一步支持了这一观点。表 6.5 第（3）列汇报了对间接影响渠道的检验结果,本章采用企业专利申请数量（patent）作为衡量企业创新能力的重要指标,该指标为企业每年度的发明创造、外观设计、实用新型三项专利数量之和,在双重差分模型的基础上引入交乘项 *shock*02×*hytpu*×*patent*,第（3）列结果显示交乘项 *shock*02×*hytpu* 依然为正且显著,同时 *shock*02×*hytpu*×*patent* 的估计系数为正且通过了 5%显著性水平检验,意味着贸易政策不确定性下降对于专利申请数量越大的企业提升出口技术复杂度的影响越大。

表 6.5　　　　　　　　　　影响渠道检验

	（1）	（2）	（3）
	lnexqy	lnexhy	esi_qy
shock02×hytpu	0.0726*** （0.0163）	0.215*** （0.0358）	2.305*** （0.608）
shock02×hytpu×patent			0.598** （0.271）
shock02	2.030*** （0.0558）	2.964*** （0.101）	31.85*** （2.519）
hytpu	-0.0956*** （0.0251）	-0.622*** （0.0847）	-2.867*** （1.096）
企业控制变量	是	是	是
行业控制变量	是	是	是
企业固定效应	是	是	是
年份固定效应	是	是	是
N	146082	145088	146082
R^2	0.425	0.393	0.082

注:"*"、"**"、"***"分别表示在 10%、5%、1%的水平下显著,括号内的数值是稳健标准误。

二　异质性分析

本章考虑到由于企业存在异质性,故本章识别的主要因果关系,即贸易政策不确定性下降对于企业出口技术复杂度的促进作用可能会在不同的企业间产生差异化的影响,为了回答这个问题,本节内容基于贸易方式、企业类型及企业出口行为,分样本进行了实证检验。

本章利用中国海关数据库中出口产品的贸易方式分类,计算不同贸易方式下的企业当年的出口额占比,若一般贸易的出口占比更高,则将该企业划分为一般贸易企业,若加工贸易的出口占比更高,则将企业划分为加工贸易企业。一般贸易将企业分为一般贸易企业和加工贸易企业。其中,本章参考余淼杰(2011)对于加工贸易的划分,认为中国海关数据库中贸易方式登记为加工贸易、进料加工贸易、来料加工装配、出料加工贸易、来料加工装配贸易及设备境外援助、补偿贸易、商品寄销代销、货物租赁、边境小额贸易、工程承包、外发加工、易货贸易、保税仓库进出口贸易和保税区转口贸易的贸易方式认定为加工贸易。表6.6第(1)列和第(2)列报告了按照贸易方式分样本回归的结果,可以发现交乘项 $shock02 \times hytpu$ 在加工贸易中估计系数大于一般贸易中的估计系数,说明贸易政策不确定性下降对加工贸易企业出口技术复杂度的提升作用高于一般贸易企业,这是由于加工贸易企业主要从事通过进口零部件进行组装加工的出口活动,而贸易自由化对加工贸易进口技术含量更高的外国中间投入品起到了促进作用,加工贸易对外部市场具有更强的依赖性,因此受到贸易政策不确定性下降带来的技术复杂度的提升效应更加明显。

表6.6　按照贸易方式及企业性质分样本回归的结果

	(1)	(2)	(3)	(4)	(5)
	一般贸易	加工贸易	民营企业	国有企业	外资企业
shock02×hytpu	3.752*** (0.997)	4.827*** (0.831)	6.415** (2.875)	-2.567 (1.691)	3.211*** (0.975)
shock02	35.04*** (3.816)	31.74*** (7.148)	36.00*** (7.146)	26.77*** (8.805)	28.80*** (6.554)
hytpu	-3.757** (1.567)	-1.467 (1.750)	-7.500** (3.517)	3.487 (4.631)	-0.813 (1.910)
企业控制变量	是	是	是	是	是
行业控制变量	是	是	是	是	是
企业固定效应	是	是	是	是	是
年度固定效应	是	是	是	是	是

续表

	（1）	（2）	（3）	（4）	（5）
	一般贸易	加工贸易	民营企业	国有企业	外资企业
N	109779	44707	48711	5224	53134
R^2	0.082	0.092	0.097	0.046	0.076

注："*"、"**"、"***"分别表示在10%、5%、1%的水平下显著，括号内的数值是稳健标准误。

本章按照企业登记注册类型，将企业划分为民营企业、国有企业和外资企业。表6.6第（3）、（4）、（5）列汇报了按照企业性质进行分样本回归的结果，为了避免内生性，本章删除了控制变量中的企业所有权性质的虚拟变量。结果表明交乘项 shock02×hytpu 的估计系数在民营企业和外资企业中仍然保持了正向且显著，而国有企业的估计系数则是负向且不显著的。本章分析该问题的背后可能有三方面的原因。第一，对于国有企业而言，由于国家资本支持力度大等原因，国有企业本身受到贸易政策不确定性的影响偏小；第二，由于国有企业在行业中处于垄断性的支配地位的概率较大，因此替代性竞争压力较小，缺乏自主创新动力；第三，由于国有企业存在绩效考核机制约束、现代企业制度不健全、创新效率损失等原因，国有企业在自主创新能力建设方面仍然存在诸多问题。罗亚兰和张司飞（2020）认为，国有企业对劳动力的吸收能力较差，特别是在高技能劳动力上有所欠缺，人力资本积累的速度也在逐渐减弱，研发人员中的高技术研发人员数量不足，以及国有企业对于政策的依赖程度较高，较为欠缺自主创新的能动性，缺乏具有自主知识产权的产品成果，技术先进性的维持能力较弱，在一些关键技术和品牌方面仍然缺乏核心竞争力。

本章按照企业出口行为进行分样本回归，将上一年出口且在本年持续出口的企业设置为存续企业，将上一年出口但在本年退出出口市场的企业设置为退出企业，将上一年未进入出口市场但在本年进行出口的企业设置为新进入企业。表6.7报告了按照以上三种出口行为的企业进行分样本回归的结果，可以看出，交乘项 shock02×hytpu 在存续企业中的估计系数保持为正且在1%的水平上仍然显著，交乘项 shock02×hytpu 在退出企业和新进入企业上的估计系数虽然不显著，但新进入企业中的估计系数远远高于退出企业和存续企业中的估计系数,这一定程度上验证了本章的猜想,即企业进入出口市场是有门槛的,贸易政策不确定性的下降提升了存续企业的技术能力,淘汰了一批技术能力较弱的出口企业,而鼓励了具备高技术的企业进入出口市场,从而促进了整体出口企业技术复杂度的不断攀升。

表 6.7　　　　　按照企业出口行为分样本回归的结果

	(1) 存续企业	(2) 退出企业	(3) 新进入企业
shock02×hytpu	3.353*** (0.699)	1.729 (1.112)	8.633 (5.402)
shock02	35.19*** (4.913)	16.31*** (5.569)	-2.871 (12.68)
hytpu	-2.925** (1.386)	-1.550 (2.618)	-5.608 (5.234)
企业控制变量	是	是	是
行业控制变量	是	是	是
企业固定效应	是	是	是
年份固定效应	是	是	是
N	96171	35505	49921
R^2	0.079	0.049	0.058

注:"*"、"**"、"***"分别表示在10%、5%、1%的水平下显著,括号内的数值是稳健标准误。

第六节　结论与启示

本章通过对2000—2007年中国海关数据库和中国工业数据库进行匹配,兼并使用BACI、世界银行人均GDP数据、WITS数据库以及WTO公布的关税数据,在测算了贸易政策不确定性指标和企业出口技术复杂度指标的基础上,利用中国加入WTO以及获得与美国的永久正常贸易伙伴关系地位为准自然冲击，研究了贸易政策不确定性的下降是否会对企业出口技术复杂度变化产生影响，在对双重差分模型进行有效性检验的基础上，基于新新贸易理论的视角分析背后的影响机制，最后进行了稳健性检验和基于企业异质性考虑的进一步分析，得出以下主要结论：

第一，中国加入WTO并获得与美国的永久正常贸易伙伴关系地位前后，面临贸易政策不确定性较高的企业与面临贸易政策不确定性较低的企业相比，前者的企业出口技术复杂度提升幅度更大，说明贸易政策不确定性的下降对企业出口技术复杂度的提高起到了积极的促进作用，经过预期效应、安慰剂检验、两阶段双重差分和动态效应的检验，证明了实证模型的有效性；

第二，这种促进作用会直接通过扩大企业出口规模，间接通过提高企业创新能力的方式而更加明显；

第三，依次使用2000—2013年的长面板数据、使用不同数据来源的非线性转化的计算方式替换贸易政策不确定性指标、使用未经质量调整的企业出口技术复杂度指标对结果进行稳健性检验，发现回归结果依旧稳健且显著；

第四，按照贸易方式将企业划分为一般贸易企业和加工贸易企业进行分样本回归检验，发现贸易政策不确定性下降对于加工贸易企业出口技术复杂度提升作用明显大于一般贸易企业；按照登记注册类型将企业划分为民营企业、国有企业、外资企业进行分样本回归检验，发现民营企业和外资企业的实证结果仍然保持稳健；按照企业出口行为将企业划分为存续企业、新进入企业和退出企业进行分样本回归检验，发现存续企业的实证结果依然显著。

基于以上主要结论，本章将从应对中美贸易摩擦、构建中国与其他国家的多边贸易体制以及企业增强创新能力三个维度尝试提出相关启示：

第一，从应对中美贸易摩擦的角度而言，尽管中美贸易磋商不时传出利好消息，特别是2020年1月，中美达成"第一阶段"贸易协议，一定程度上为中美经贸关系的缓和奠定了基础，但长期来看，贸易与技术的紧张局势得到完全解决的前景依然不容乐观。党的十九届四中全会提出了"构建社会主义市场经济条件下关键核心技术攻关新型举国体制"的长期战略方向。因此基于不确定性不断升高的全球背景，实现技术突破、构建创新型国家，从短期来看，中国政府一方面需要有序落实"第一阶段"贸易协议所确定的相关内容，以时间换空间；另一方面需要尽最大可能地管控中美双方分歧，做好长期战略部署和发展规划。

第二，从构建中国与其他国家多边贸易体制的角度而言，加快构建中国与其他国家的多边贸易体制，需要同时做好国外和国内两方面的工作。对外需要加强地区经贸合作，在多方领域开展跨境合作，注重建立规则导向的贸易体系，及时实施更加有效、多边、平衡的政策组合，全方位扩大开放，加快推动由商品和要素流动型开放向规则等制度型开放的转变，同时有效利用财政和货币手段，维持充足的资本和流动性缓冲，避免金融风险累积，这对于未来充分发挥国家的经济增长潜力、预防世界经济下行风险带来的不确定性具有至关重要的意义。

第三，从企业增强创新能力的角度而言，在当今世界经济的新形势下，面对来自国际市场的重重压力与挑战，中国企业必须更加积极主动，从多方位采取措施，聚力关键技术、突破核心技术，把握供应链关键环节，加快促进数字化转型，尽快推动企业自身实现高质量发展转型，企业面向国际市场，需要尽快开发具有自主知识产权和自主品牌的产品，树立全球领先意识，建设以我为主的全球价值链。

第七章　出口退税与企业创新

第一节　引言

创新作为推动经济发展的重要动力（Galindo 和 Mendez，2014；Gummesson，2014），目前世界各大主要经济体利用信息技术（Chang 和 Fan，2017；Xiong et al.，2022）、数字经济（Paradise，2019；Pan et al.，2022）、空间（Jang et al.，2017）、能源（Dabbous 和 Tarhini，2021）发展等作为突破前沿技术的驱动力，不断推进国家研发与创新能力升级以重构全球科技创新版图。近年来中国在创新方面表现出强劲的势头，联合国世界知识产权组织（World Intellectual Property Organization，WIPO）公布的 2020 年度国际专利申请数据显示，中国通过《专利合作条约》（Patent Cooperation Treaty，PCT）体系申请近 6.9 万项专利，同比增长 16.1%，连续第二年领跑全球，排名第二的美国 PCT 专利申请量约 5.9 万项，同比增幅为 3%。

尽管专利申请数量表现耀眼，但中国创新质量窘境仍然存在（Zheng et al.，2020；Chen et al.，2021）。国际咨询公司麦肯锡（2015）针对中国 33 个工业领域进行创新研究，提出了有关中国企业创新的四大原型，研究结论显示，中国在"客户导向型"创新及"效率驱动型"创新上表现亮眼，但在需要长期基础研究投入的工程技术型创新及科学研究型创新上的表现仍有欠缺。2021 年 3 月，习近平总书记在《努力成为世界主要科学中心和创新高地》中指出，中国科技领域仍然存在一些亟待解决的突出问题，中国基础科学研究短板依然突出，企业对基础研究重视不够，重大原创性成果缺乏，关键核心技术受制于人的局面没有得到根本性改变。同时，该文指出，中国当下的科技管理体制仍不能完全适应科技发展的需要。因此，如何通过制定更好的国家政策并助力于企业创新，是当下中国创新研究的重要议题内容之一。

那么如何通过政策制定鼓励企业追求创新能力的全面提升？Mahaffy（2013）提出，通过合理的税收政策配合专利政策的执行，可以进一步鼓励企业在一些需要大量前期资金投入，且存在较高失败率的技术上进行深挖。税收政策的执行会影响企业的预期回报（Akcigit et al.，2022），税收政策的调整可以有效实现企业创新指引，鼓励企业调整其研发投入布局，在技术难度较大的领域实现创新突破。我们观察到，一直以来，中国都是在阶段性地调整不同产品所适用的出口退税率，其出口退税政策受到了广泛关注（Evenett et al.，2012）。

总体来说，中国在不断调高附加值高、高新技术产业出口退税率，而反向降低技术含量与附加值低，以及资源密集型行业产品的出口退税率。国家对于出口退税政策的调整旨在调节出口，但该项政策具有影响的广泛性，阶段调整的频繁性，以及不同行业适用退税调整政策的异质性（Chandra 和 Long，2013；An et al.，2017；Gourdon et al.，2017），这些性质为我们探究出口退税政策的变动是否对企业创新存在溢出效应提供了良好的识别基础。出口退税政策调整是否能够激励企业提升其创新能力，增强其在国际市场中的竞争实力，并助推中国创新升级？如果出口退税政策对企业创新具有积极效用，那么应如何使积极效用不断持续下去？这些值得我们深入探究。

本章从中国出口增值税退税政策出发探究增值税退税对出口企业创新的影响效应和传导机制，从而评估该政策的效用，并为政策优化提供可行建议，从而达到进一步深化和丰富该领域研究的目的。从宏观层面来看，在新冠疫情席卷全球、地缘政治冲突升级的大背景下，世界主要经济体的发展进入了相对放缓的阶段，如何在关键的时期，刺激内需的同时使用合适的国内政策，助力国家创新型转型，实现新一阶段的经济发展变得尤为重要。从微观层面来看，当下中国的金融体系并不足够完善，金融市场上存在着信息不对称及代理等问题。这些问题会对企业产生一定财务限制（Elbadry et al.，2015；Bergh et al.，2019），这使得出口企业获取外部融资变得困难，从而使得企业转向依赖成本较低且可获得性强的内部融资。而出口退税政策具有贸易政策（Chandra 和 Long，2013；Lee et al.，2021）与税收政策（Yilmaz，1999；Chen 和 Yu，2006）的双重属性，可以给予不同行业的出口企业差异化的补贴，为企业提供更多现金流，用以投入至提升其生产率与创新能力的活动。因此，从增值税退税政策出发探讨其对出口企业创新的影响具有重要的现实意义。

第二部分，我们梳理了中国出口退税的发展简史以及相关研究文献，并提出本章的主要研究假设。第三部分，描述了本章的数据以及构建的模型。第四部分在第三部分的基础上利用模型和数据进行了相关实证分析。第五部分展示了研究结果。第六部分在研究结果的基础上提出了相应的对策建议。

第一节　文献综述与研究假设

一　文献综述

（一）出口退税简史

出口退税的本质是针对出口企业实行的增值税税收减免。Feldstein 和 Krugman（1990）提出，在国际税收体系中，各国都会对进口商品征收进口增值税。出口退税的作用不是为了提高政府关税收入，而是在于避免对出口货物重复征税，以促进出口贸易。表 7.1 整理了 1985 年至今中国出口退税政策的变化简史。

表 7.1　　　　　1985 年至今中国出口退税政策的变化简史

时间	出口退税政策内容
1985—1994 年	1985 年中国财政部颁发了《关于对进出口产品征、退产品税或增值税的规定》标志着中国现行出口退税制度的正式建立。相较于之前，中国退税政策更为成熟，并且对税率以及税负分担机制实行了统一的标准
1994—2004 年	（1）按照全额退还出口目的地增值税的原则，出口退税率最初设定为等于增值税率，退税税率按规定的 17% 税率执行
	（2）为了减轻政府财政负担，政府于 1995 年及 1996 年开启第 1 轮出口退税率负向调整，中国的出口额也受到了负向影响
	（3）为了稳定出口，中国开启了新一轮的调税动作。1998—1999 年，中国分批逐步调高了产品级出口退税率，本轮调税受影响最大的是纺织与服装产品与电子产品与机械设备

续表

时间	出口退税政策内容
2004—2007 年	该阶段频繁调整出口退税率，本阶段调整的主要目的是升级经济结构，优化资源消耗及减少环境污染
2008—2009 年	受到国际金融危机的冲击，中国出口疲软，为应对危机，中国政府再次针对一些出口受到较大影响的产品实施新一轮的退税优惠调整，主要包括纺织品、服装、家居、玩具及机电产品
2010 年至今	这阶段的出口退税政策已经越发趋近成熟，税率和分担机制等已成为正式的标准不再进行改革和调整，中国放缓了出口退税率调整的节奏

虽然退税率调整的整体频率有所下降，但为应对特定产业结构调整和经济发展需求，或是需要定向针对出口企业进行调整时，出口退税政策仍然是中国政府可行且有效的贸易工具。同时，截至 2019 年底，中国出口退税额占税收入比重仍然高达 10.45%。对于国家来说，出口退税政策的制定具有可观的财政影响。对于出口贸易企业来说，出口退税政策的修改更是会产生举足轻重的影响。在新常态下量化分析出口退税政策在引导扶持企业创新、推动出口企业产业优化升级，利用创新驱动因素推动经济发展等方面的实际政策效果，有着非常重要的现实和政策意义。

（二）税收政策对创新的影响

税收政策对创新的影响主要观点是税收的减免有利于创新的发展。本章从宏观和微观两个角度回顾基础税收政策影响创新的相关研究。该领域的宏观研究主要关注基础税收政策对地区创新总量的影响（Bloom et al.，2002；Akcigit et al.，2022）。从微观角度出发，使用企业层面的微观数据，研究表明增加对企业所得税的征税，会负向影响企业的创新创业活动，增加企业创新效率的成本，进而削弱企业的创新意志（Djankov etal.，2010；Mukherjee et al.，2017）。Atanassov 和 Liu（2020）研究发现减税显著增加了每项专利的数量及被引用的次数，说明税收减免对企业专利的数量及质量产出均具有积极影响。税收调整一方面会通过直接给企业带来研发创新产出上的激励；另一方面会对其他地区的产生溢出效应从而吸引其他地区的企业迁移到本地，提高本地的市场竞争，从而从整体上提高本地的创新水平（Czarnitzki et al.，2011；Dechezleprêtre et al.，2016）。

将视角转为更细致的个人层面的税收政策变动对于人们的风险承受能力与创新创业意识的影响。个人层面的减税有利于降低风险型决策的成本，提升个人的创新创业意识，从而在整体上助力创新的发展（Cullen 和 Gordon，2007；Akcigit et al.，2018）。但是，我们也不可否认征税给企业和个人带来的一些积极影响。对现有企业征税会使得那些更接近退出利润率的生产率较低的公司离开市场，从而为具有高效生产率的企业释放了有价值的资源和人力，起到"优胜劣汰"的筛选作用（Acemoglu et al.，2018）。此外，对不同收入人群征收不同比率的所得税体现了公平的特征，可以缩小收入分配差距（Mirrlees，1971；Richard 和 Eric，2014）。

（三）出口退税政策调整的经济影响

现有关注出口退税政策经济影响的文献多是探索出口退税调整与出口的关系。该方向的研究主要有以下两条探索路径：第一，探究出口退税政策的贸易规模效应。Chen 等（2006）研究指出一定比率出口增值税退还的政策通常有助于促进出口规模增长。Chandra 和 Long（2013）基于2000—2006年中国工业企业数据，探索出口退税对出口的影响，研究认为中国出口退税率对于出口份额会产生正向影响。Braakmann 等（2020）研究发现经历增值税负向调整的产品，无论是贸易集约边际考量的出口价值、出口数量，或是贸易广义边际考量的出口该产品的企业数量以及其对应出口目标国的数量，均有显著下降。第二，探究出口退税政策的贸易结构效应。Gourdon 等（2016）通过考察出口退税政策调整的官方动机与实际出口税收结构之间的关系，指出出口退税政策的调整通常伴随着诸如控制污染、鼓励创新或补贴下游企业等目标。Eisenbarth（2017）使用中国贸易、污染及能源消耗数据，指出针对特定品类的退税率的负向调整有效降低了污染密集型及能源密集型产品的出口。Weinberger et al.（2021）研究发现退税政策会将生产转移至符合退税条件的公司，形成合理的资源分配结构，提高资源利用效率。

（四）出口退税政策调整对企业创新与生产率的影响

与本章研究主题更为相近的是研究出口退税可能对企业生产效率产生影响的文献。Zhang（2019）探究出口退税政策调整对于全要素生产率的影响。结果表明，出口退税优惠通过增加出口及对外国专利的获取，促进了企业全要素生产率的增长，且在内部现金流或营运资本有限的情况下，出口退税可为固定资产投资和研发等企业提高生产率的活动提供现金支持。Tang等（2021）研究得出，更高的增值税退税率对于企业生产率的提高具有显著的积极作用，且依据企业出口产品特质、企业财务特性、行业特性的不同，该积极作用具有显著的异质性。

目前学界关于出口退税的研究主要集中于分析出口退税政策和出口行为之间的关系．学者们从宏观国家层面及微观企业层面出发，论证出口退税往往会对出口交易规模产生积极影响，而研究出口退税率调整对企业创新影响的文献则相对有限。基于此，本章从中国出口退税政策出发，以出口企业为主要研究样本，探究税收优惠对与企业创新产出可能带来的影响，并探索税收政策作用于企业创新的具体机制，为该领域的事件识别提供了补充性的可行思路。

二 研究假设

（一）出口退税与企业创新

出口退税政策作为一种主要应对出口冲击而设定的具有特定目的的税收政策，能够使企业更多地向国家鼓励的方向上做出投入调整（Chandra和Long，2013）。从企业内部来看，由于实现创新需要采取投入行动，这些投入可以是有形的，比如研发室、研发器材与设备、研发原材料资源；也可以是无形的，比如发明者的努力、投产工人的技能与专业知识，或是管理人员的高效率。因此，公司具备多个维度的优化空间，也正是这些优化空间使得其能够针对不同的税收激励政策做出适当的调整与反应（Chen et al.，2021）。税率的细微变化能够带来企业创新倾向上的巨大边际变化，从而推动企业将更多投入由平常项目转向创新型项目（Atanassov和Liu，2020）。

整体来说，出口退税政策的调整在一定程度上体现了国家对特定产业出口的扶持或对特定产业出口的限制。因此其对出口企业具有风向标效应，企业在捕捉到政策变化后通常会做出响应调整。在解读国家政策意图后，为顺应国家调整方向、获得切实的税收优惠，从而增加出口，企业会修改现有的出口产品种类或产品组合结构（An et al.，2017）。从对创新可能产生的影响这一视角来分析，由于出口退税的主要目的在于调控出口，而不直接作用于创新，因此其调整主要通过溢出效应影响企业创新（Akcigit和Stantcheva，2020）。

因此，本章认为出口退税政策的调整将会调整出口企业的行为，而对企业的创新产出产生正向的溢出效应。因此，本章提出以下假设：

假设1：出口退税优惠会对企业创新产出产生正向影响。

(二) 融资约束

从供给侧方面出发，推出具有激励性质的出口退税正向调整政策，不仅能够使企业获得更多的现金盈余，还可能提高出口规模，从而进一步提升企业整体的利润留存率。通常来说，从事创新活动的公司需要节省税后利润，以便在困难时期利用内部现金实现缓冲。Manso（2011）认为，当内部资金富余且进行外部资本市场融资较为容易时，企业对创新活动的容忍度更高，这是激励创新的关键。由于创新是一个高度不确定的过程，拥有更多资金剩余的公司抵御不利结果的能力将会更强，从而能够实现持续性的创新。其次，相比利用外部融资资金，公司通常更倾向于将税后内部资金用于创新型项目（Brown et al.，2009）。此外，财政约束本身是限制企业创新，阻碍企业研发的一个重要因素（Brown et al.，2012）。因此，本章假设，出口退税率的正向调整将在一定程度上缓解企业的财务约束，使得公司拥有更充足的内部资金，从而提高企业从事创新活动的倾向。

由此，本章提出以下假设：

假设2：出口退税优惠将通过缓解企业融资约束，增加企业内部资金剩余来促进企业创新产出的提升。

(三) 出口学习

基于正向的出口退税率调整，企业存在相应提高其出口规模的行为动机。而出口规模的提升会通过出口学习效应进一步作用于企业创新。Grossman和Helpman（1990）基于内生增长模型，最早开始思考出口是否会作用于创新。知识创造的过程和企业的出口活动是存在正向关联的（Love和Ganotakis，2013），而参与研发合作有可能对企业的创新绩效产生积极的影响（Antonelli和Colombelli，2015）。Lileeva和Trefler（2007）通过实证研究表明自由贸易协定促进了企业生产率的提高，从中受益的企业会加大对新技术和产品创新的投资使用，从而证明了企业出口对生产率和创新的正向因果效应。Yang（2018）研究了出口的异质性是否以及如何影响企业的创新。研究发现，总体而言出口对促进研发创新和新产品销售创新具有积极影响。

由此，本章提出以下假设：

假设3：出口退税优惠将通过提升企业的出口规模，经由出口学习效应正向影响企业的创新产出。

第三节 研究设计

一 模型构建

为了探究出口退税率政策调整是否对企业创新行为存在引导作用，本章选择 2000—2009 年国家税务总局发布的 4 次提升特定行业产品出口退税率的政策来定义出口退税率调整冲击，参照 Braakmann 等 (2020) 的研究方法，构建如下渐进 DID 模型：

$$Innovation_{ij,t} = \beta_0 + \beta_1 Rebate_{ij,t-1} + \eta_{jt} + X_{ij,t} + \gamma_i + \delta_t + \varepsilon_{ij,t} \tag{7.1}$$

其中，$Innovation_{ij,t}$ 是指行业 j 中的企业 i 在 t 时点的创新指标。$Rebate_{ij,t-1}$ 是本章主要关注的政策冲击变量，由于税收政策的效果传递至企业层面产出通常存在一定的时滞，本章将政策生效年份定义为其政策发布后的次年。从企业层面来看，若企业出口产品于第 $t-1$ 年时受到调高退税率冲击，则该变量从第 t 年起取 1，此前年份均取 0。为控制样本期内发生的可能干扰回归结果的其他事件，本章在回归中引入特定期初行业变量与退税政策生效的虚拟变量交互项 η_{jt}。$X_{ij,t}$ 是随时间变化的行业—企业层面控制变量。此外，模型进一步控制企业固定效应 γ_i 以及时间固定效应 δ_t。$\varepsilon_{ij,t}$ 为随机扰动项。

二 变量的选取与识别

（一）出口退税冲击

参考 Braakmann 等 (2020) 使用的渐进 DID 识别策略，本章收集了 2000—2013 年国家税务总局于退税政策板块发布的所有出口退税率调整通知，其中包括 2004 年、2006 年、2008 年及 2009 年发布的共 8 次针对不同产品调高出口退税率的通知。

本章进一步根据企业出口产品最早受到调高出口退税率冲击的年份设定渐进 DID 冲击。具体来说，在本章样本期间内，识别出企业出口产品最早受到退税率正向调整冲击的年份，取次年作为定义退税政策作用于企业创新产出的年份。定义主要解释变量，样本期内受到正向调税冲击的企业为处理组，而未受到过调税冲击的企业为对照组。

（二）创新的衡量标准

专利申请量是指企业当年所拥有的，经由国家专门的专利管理机构受理的技术发明申请数量，是反映企业创新能力与创新产出的重要指标。本章选取专利申请量的对数形式作为企业创新产出数量的主要衡量指标。此外，为进一步探究退税率调整对于企业创新产出质量的影响，本章选择专利3年平均引用量的对数形式作为创新质量的衡量指标。

（三）控制变量

为了尽可能减小其他混杂因素影响，本章选取行业及企业层面控制变量加入回归。行业层面的控制变量有：（1）行业固定资产投资额（ri0）：参考 Che 和 Zhang（2018）的做法，在回归中加入行业期初固定资产投资额与本章关注的主要政策冲击变量的交互项以控制固定资产投资额对本章的研究影响。（2）行业赫芬达尔指数（HHI）：本章使用行业出口赫芬达尔指数衡量行业出口市场结构，其计算方法为：$HHI_{jt} = \sum_{i \in \Omega_j} \left(\frac{Firm\_export_{it}}{Industry\_export_{jt}} \right)^2$。其中，$Firm\_export_{it}$ 为企业 i 在第 t 年的出口额，而 $Industry\_export_{jt}$ 为行业 j 在第 t 年的出口总额，Ω_j 代表行业 j 中所有企业的合集。（3）行业关税（tariff）：使用2分位制造业行业的简单平均进口最惠国关税率衡量该行业进口保护的程度。企业层面的控制变量有：（1）企业补贴收入（subsidy）：针对特定条件设置的补贴收入会影响企业的财务宽裕程度，影响企业的投资倾向，从而影响企业的创新产出。因此，本章选取企业层面补贴收入的对数形式加入回归，以控制其影响。（2）企业借款成本（interest）：选取工企库中利息支出与流动负债的比值，计算出借款成本指标以衡量企业贷款债务的有效利率。（3）企业规模（size）：规模不同的企业在经济实力、研发资源上可能有显著差异，因此本章以企业员工数量的对数形式衡量企业规模大小，将其作为控制变量加入回归。

以上控制变量中，企业级财务数据基于中国工业企业数据库计算获取，而行业层面进口关税数据则获取自 Tariff Download Facility 数据库。

三　数据来源与处理

（一）数据来源

本章所使用的2000—2013年数据主要来源有以下四处：一是来自国家税务总局发布的产品级出口退税数据；二是来自中国海关贸易数据库

的出口交易级数据；三是来自中国专利局的企业级专利数据；四是来自中国工业企业数据库的工企信息数据。

（二）数据处理

经过退税数据—海关数据匹配、工企—专利数据匹配及退税—工企数据匹配，最终得到本章研究使用的非平衡面板样本。本章的最终样本包含约 55 万个观测值，涵盖了 2000—2013 年 181626 家规模以上工业出口企业。表 7.2 给出了本章研究所使用的主要变量的描述性统计。

表 7.2　　　　　　　　　　描述性统计

	观测值	均值	标准差	最小值	最大值
A. 企业层面变量					
ln（Patent Application）	545668	0.118	0.495	0	8.173
ln（Invention Application）	545668	0.0447	0.282	0	8.113
ln（New Product Production）	545668	1.026	2.987	0	17.72
ln［（Citation-weighted（3years）］	545668	0.0532	0.314	0	7.990
ln［Citation-weighted（5years）］	545668	0.0534	0.315	0	7.973
ln（Size）	545668	5.308	1.172	0	12.29
ln（Subsidy）	545668	0.253	0.625	0	2.796
Interest Rate on Liabilities	545668	0.0209	0.0380	−0.0128	0.263
B. 行业层面变量					
HHI	545668	0.0381	0.0659	0.000824	1
ln（MFN Import Tariff）	545668	2.438	0.766	0	4.745
C. 地区层面变量					
Intermediaries Development Index	545668	8.257	3.503	2.11	16.12

资料来源：作者计算。

第四节　出口退税与企业创新实证分析

一　基准回归

本章的基准回归结果如表 7.3 所示。表 7.3 中的第（1）—（3）列展示的是调高出口退税率政策的发布对企业专利产出的影响。表中第（1）列为仅控制年份与企业固定效应的结果，结果显示 Rebate_did 的系数显著为正。在第（2）列，本章进一步控制了年份虚拟变量与样本期初行业固定资产投资量的交互项，以控制消费型增值税改革的影响。此外，还加入行业赫芬达尔指数，控制了行业竞争可能对创新产生的影响。在第（3）列，本章进一步控制了资本密集度、企业规模、企业年龄、补贴收入等企业层面随时间变化的控制变量。结果表明，受到调高出口退税率政策的冲击后，企业专利产出平均增长4.35%。

表7.3　　　　　　　　出口退税率调整对企业创新的影响

	(1)	(2)	(3)	(4)	(5)	(6)
	专利申请量	专利申请量	专利申请量	专利引用量（3年）	专利引用量（3年）	专利引用量（3年）
Rebate_did	0.0430*** (0.005)	0.0434*** (0.005)	0.0435*** (0.005)	0.0248*** (0.004)	0.0252*** (0.004)	0.0251*** (0.004)
行业层面控制变量						
ri0×年份虚拟变量	否	否	是	是	是	是
HHI		−0.0265* (0.024)	−0.0229* (0.024)		−0.0359** (0.018)	−0.0347** (0.018)
Tariff		−0.0070*** (0.001)	−0.0069*** (0.001)		−0.0075*** (0.001)	−0.0075*** (0.001)
企业层面控制变量						
Size			0.0267*** (0.002)			0.0085*** (0.002)
Subsidy			0.0107*** (0.002)			0.0011* (0.001)
Interest Expense			−0.0530*** (0.020)			−0.0745*** (0.012)
时间固定效应	是	是	是	是	是	是
企业固定效应	是	是	是	是	是	是
N	545668	545668	545668	545668	545668	545668
R^2	0.0317	0.0321	0.0335	0.0406	0.0419	0.0422

注：括号内为聚类稳健标准误，均在企业层面聚类。"***"、"**"、"*"分别表示1%、5%、10%显著性水平。

在衡量企业的创新产出时，除了关注创新数量的增长，把企业创新质量纳入本章的研究中。本章选用 3 年平均专利引用量作为专利质量的衡量指标，将其作为被解释变量加入回归后得到表 7.3 中第（4）—（6）列的结果，回归显示，出口退税优惠政策的发布对企业创新产出的质量也产生了显著的正向影响。结果表明，受到调高出口退税率政策的冲击后，企业专利产出质量平均增长 2.51%。假设 1 得证。

二 稳健性检验

为了进一步验证基准回归的有效性，本章进行稳健性检验，包括进行平行趋势检验及安慰剂检验以支持 DID 识别的有效性、重构解释变量及被解释变量以及考虑税收欺骗等。

（一）平行趋势检验

为说明渐进 DID 识别策略的有效性，本章进行平行趋势检验。检验结果如图 7.1 所示。可以看出检验结果呈现"类 V 形"的转折图线，即在出口退税调高政策出台之前，系数约为零且不显著，而在受到出口退税率调高冲击之后，系数显著大于零，并随时间增加而增加。因此，平行趋势检验通过，支持了基准回归的结果。

（二）安慰剂检验

为了验证基准回归结果不是由其他偶然原因驱动得到，本章进行了安慰剂检验。本章选用随机指定各个企业受到调高出口退税率冲击的年份来进行安慰剂测试，并基于构建的伪样本进行模拟，使用蒙特卡洛模拟将上述过程重复 500 次后，最终结果如图 7.2 所示。图 7.2 中系数呈现零均值正态分布，且伪回归中回归系数均小于基准中的回归系数 0.0435。综上所述，安慰剂检验进一步证实，调高出口退税率的冲击的确有利于提升企业创新产出，验证了本章识别结果的非偶然性。

（三）更换创新产出的度量指标

1. 创新产出数量：发明专利申请数与新产品产值

通常来说，专利可以细分为发明专利、实用新型专利和外观设计专利 3 类，其中的发明专利主要指企业产品与制造方法上的创新，通常科技含量高于另外两类专利，更能准确地衡量企业的创新水平和与核心竞争力。因此，本章使用发明专利申请量作为创新的衡量变量进行回归结果如表 7.4 第（1）列所示，受到正向出口退税冲击后，企业的发明专利产出平均显著增长 1.69%。此外，本章使用新产品产值的对数形式作为创新产出的另一衡量指标,加入回归后的结果如表 7.4 中第(2)列所示,出口退税率冲击会使得新产品产值平均增长 16.51%。

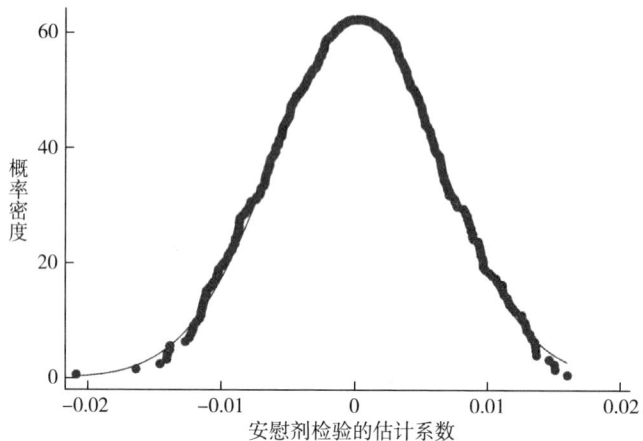

图 7.1 平行趋势检验

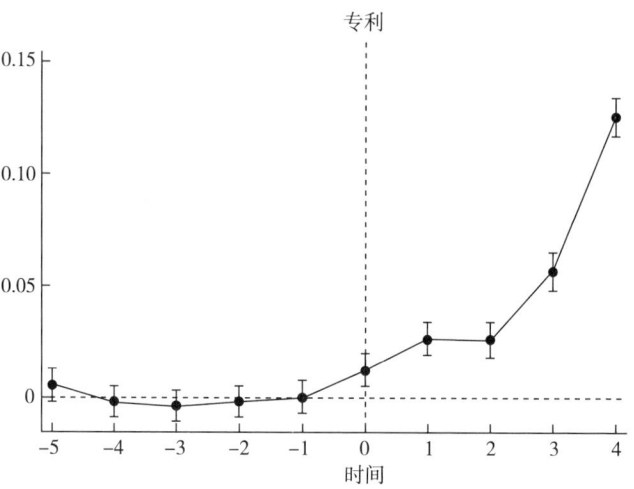

图 7.2 安慰剂检验

表7.4　　出口退税率调整对企业创新产出的影响：稳健性检验

	（1）发明专利申请量	（2）新产品产值	（3）专利引用量（5年）	（4）专利复杂度	（5）研究开发费
Rebate_did	0.0169*** (0.003)	0.1651*** (0.019)	0.0252*** (0.004)	0.0058*** (0.001)	0.2070*** (0.013)
行业层面控制变量	是	是	是	是	是
企业层面控制变量	是	是	是	是	是
时间固定效应	是	是	是	是	是
企业固定效应	是	是	是	是	是
N	545668	545668	545668	545668	545637
R^2	0.0221	0.0944	0.0419	0.00869	0.128

注：括号内为聚类稳健标准误，均在企业层面聚类。***、**、*分别表示1%、5%、10%显著性水平。

2. 创新产出质量：专利引用量（5年平均）与专利技术复杂度

在基准回归中，本章使用连续3年平均专利引用量衡量创新产出的质量，在稳健性检验中，本章以5年平均专利引用量衡量创新产出质量，结果如表7.4第（3）列所示，与基准回归结论相一致。此外，本章还参考Ozman（2007）的方法构建了专利复杂度指标以衡量专利质量。本章仅使用前6位IPC分类号来定义专利技术复杂度，构建专利i复杂度计算公式为：

$$complexity_i = 1 - \sum \alpha^2 \tag{7.2}$$

其中，α是指专利i对应的组占该专利所对应的全部组的比重。也就是说，专利对应IPC信息中横跨的"组"越多，专利的复杂性就越高。由此，计算出企业层面对应专利复杂度的均值，用以衡量企业专利产出的质量。本章将计算得到的企业层面专利复杂度及其与主要退税优惠政策冲击的交互项加入回归，表7.4第（4）列显示出口退税优惠冲击能够显著提高企业的专利技术复杂度。结果表明，出口退税政策的正向调整不仅有助于提升企业专利产出数量，对企业专利质量的提升也存在显著正向作用。

3. 创新投入

为了更全面地衡量出口退税率上调对于企业整体创新行为的影响，本章以企业研究开发费的对数形式替换原本的专利申请量数据，作为因变量加入回归，表 7.4 第（5）列结果显示出口退税正向调整政策的发布能够从整体上显著提升企业在创新中的投入。

（四）更换回归估计模型：零膨胀负二项模型

由于专利申请量与专利引用量数据中存在大量零值，且样本中专利申请量及引用量的标准差均大于平均值，因此，本章使用零膨胀负二项回归模型（ZINB）重新估计回归结果，作为本章基准渐进 DID 模型的补充支持检验。零膨胀负二项回归的结果如表 7.5 第（1）—（2）列所示，出口退税优惠政策的发布会显著正向影响企业创新专利产出的数量及质量，基准回归结论依然稳健。

（五）考虑税收欺骗问题

通常出口企业存在出口额虚高或是进行增值税退税欺骗的行为动机。具体来说，企业可能会高报总体出口额或者是部分退税率较高产品的出口额，或者是有意识地选择申报出口的时间，以此使得企业在出口退税政策调整的情况下最大化其可能收益。为了部分排除这些可能的退税欺骗行为的影响，本章参考 Chandra 和 Long（2013），重新对样本进行筛选。

1. 剔除服装及电子行业企业

首先，本章从全样本中剔除了服装行业及电子行业的企业。原因在于，服装行业企业由于产品出口量大，检测概率相对低，更容易实施出口退税欺骗；同样，电子行业产品单位重量轻，单价相对高，也是实施退税欺骗的理想标的。综上所述，处于这两个行业的企业进行出口退税欺骗的动机是相对更大的，本章剔除这两个行业的样本后进行回归。结果如表 7.5 第（3）—（4）列所示，出口退税优惠政策对于企业创新的促进效果仍然存在。

2. 剔除广东省及福建省企业

本章通过剔除位于广东省及福建省的企业，进一步控制了出口退税欺骗的可能影响。由于广东省及福建省均是中国最初设置的 4 个经济特区所在地，其所适用的海关规则更为灵活。这两个地区相较于其他地区更容易出现退税欺骗现象。因此在剔除这两个省份后，回归结果见表 7.5

第（5）—（6）列。结果依然支持了出口退税优惠政策对企业创新具有显著的正向影响。

表 7.5　　出口退税率调整对企业创新产出的影响：稳健性检验

	(1)	(2)	(3)	(4)	(5)	(6)
	专利申请量（ZINB）	专利引用量（3年）（ZINB）	专利申请量	专利引用量（3年）	专利申请量	专利引用量（3年）
Rebate_did	0.1805*** (0.018)	0.0678*** (0.014)	0.0609*** (0.006)	0.0388*** (0.004)	0.0757*** (0.007)	0.0498*** (0.005)
行业层面控制变量	是	是	是	是	是	是
企业层面控制变量	是	是	是	是	是	是
时间固定效应	是	是	是	是	是	是
企业固定效应	是	是	是	是	是	是
N	545668	545668	449520	449520	324770	324770
R^2	—	—	0.0398	0.0514	0.0463	0.0578

注：括号内为聚类稳健标准误，均在企业层面聚类。***、**、*分别表示1%、5%、10%显著性水平。

三　出口退税对企业创新的异质性影响分析

（一）出口退税对企业创新的影响：企业异质性

1. 企业所有制

对所有制不同的企业来说，提高出口退税率对于企业创新的影响效果可能存在差异。现有文献经常讨论中国金融市场中的所有权歧视问题，总的来说，相比国有企业及外资企业，民营企业会更多地受到财务约束影响（Poncet et al., 2010；Guariglia et al., 2011）。本章依据企业实收资本中资本金来源占比将企业划分为民营企业与非民营企业，将定义好的民营企业识别虚拟变量与退税优惠政策冲击的交互项加入回归得到表 7.6 中第（1）列的结果。结果显示，相较非民营企业，受融资约束影响更大的民营企业在受到出口退税优惠冲击后创新的提升更为显著。

2. 企业出口规模

通常来说，企业的出口规模越大，其融入国际市场的程度可能越高，所获得的出口学习机会也越多。本章进一步依据出口交货值将企业划分为出口规模前50%及规模后50%两组。将出口规模前50%的企业识别虚拟变量与退税冲击的交互项加入回归，结果如表7.6第（2）列所示，对于出口规模位于前50%的企业来说，出口退税优惠政策发布对其创新具有更大的正向影响。

3. 企业出口经验

文献表明，新出口商与经验丰富的出口商有不同的出口行为（Berman 和 Héricourt, 2010; Iacovone 和 Javorcik, 2010; Albornoz et al., 2012; Eaton et al., 2021）。因此，本章进一步探究新出口商和有经验的出口商之间的出口退税率冲击对企业创新产出的影响是否不同。参考Tang 等（2021）的做法，本章将有经验的出口商定义为在样本中第一年就开始出口的公司。其余的出口商被定义为新出口商。结果如表7.6第（3）列所示，对于新的出口商来说，调高出口退税率对企业创新产出具有正向影响但不显著。

表7.6　　出口退税率调整对企业创新的影响：企业异质性

	（1）	（2）	（3）	（4）
	专利申请量	专利申请量	专利申请量	专利申请量
Rebate_did	0.0072 (0.005)	0.0200*** (0.005)	0.0408*** (0.010)	0.0148 (0.016)
民营企业虚拟变量× Rebate_did	0.0801*** (0.007)			
高出口规模企业虚拟变量× Rebate_did		0.0439*** (0.006)		
新出口企业虚拟变量× Rebate_did			0.0035 (0.011)	
出口至OECD国家企业虚拟变量× Rebate_did				0.0304* (0.017)
行业层面控制变量	是	是	是	是
企业层面控制变量	是	是	是	是
企业固定效应	是	是	是	是
年份固定效应	是	是	是	是

续表

	（1）	（2）	（3）	（4）
	专利申请量	专利申请量	专利申请量	专利申请量
N	545668	545668	545668	545668
R^2	0.0346	0.0339	0.0335	181,626

注：括号内为聚类稳健标准误，均在企业层面聚类。***、**、*分别表示1%、5%、10%显著性水平。Rebate_did 对应系数则为默认参照组回归系数，在第（1）列中，默认参照组为非民营企业；在第（2）列中，默认参照组为低出口规模企业；在第（3）列中，默认参照组为期初即已经开始出口的有一定经验的出口企业；而在第（4）列中，默认参照组为出口国未覆盖 OECD 国家的企业。

4. 企业出口目的地

通常来说，企业出口目的地创新水平存在差异，企业获得的创新溢出影响也是不同的。本章依据中国海关数据库中出口目的地数据，将样本划分为出口目的地覆盖经济合作与发展组织（Organization for Economic Co-operation & Development，OECD）国家的企业和出口目的地未覆盖 OECD 国家的企业。一般情况下，我们认为 OECD 国家的创新水平是更高的，因此，出口至这些国家的企业获得的创新正向溢出效应也应是更大的。在回归中加入出口至 OECD 国家的识别虚拟变量与出口退税优惠冲击的交互项后，表 7.6 第（4）列结果显示，相比出口目的地未覆盖 OECD 国家的企业，出口至 OECD 国家的企业在获得退税优惠冲击后，创新的增长效果是更为显著的。此处异质性研究的结果表明，如果能够出口至发达经济体，企业接受出口退税优惠后创新产出的提升是更为可观的，这也间接为本章机制检验中的出口学习效应提供了一定的证据支持。

（二）出口退税对企业创新的影响：行业异质性与地域异质性

1. 行业要素密集特性

企业所在的行业特性使其在面对税收调整时选择的创新发展路径存在差异。通过在回归中加入资本密集型行业类别虚拟变量与退税政策冲击的交互项，以及技术密集型行业类别虚拟变量与退税政策冲击的交互项，得到表 7.7 第（1）列的结果。结果表明，对于作为默认参照组的劳动密集型企业来说，出口退税率的创新溢出效应是负向显著的；而相比劳动密集型企业，资本密集型企业受到退税优惠政策冲击的显著正向影响，对应系数为 0.0242，科技密集型企业的创新产出同样受到退税政策冲击的显著正向影响，且影响系数更大，为0.0612。这表明资本密集度、技术密集度较高行业的企业可能获取的退税优惠相对较多，进而可用于企业在创新方向的探索资金也会更加充足。

2. 地域市场化发展程度

获得退税优惠后，企业是否会选择将更多资源转向专利研发，往往与企业所在地对待专利申请的态度有关。当地经济案件执法效率、知识产权保护意识及相关中介组织的发展程度均可能综合影响到企业的创新决策。因此，本章选取Wang等（2018）计算的中国省份层面市场中介组织发育和法律制度环境得分指标衡量地方市场化发展程度。本章将该指数及其与退税优惠政策冲击的交互项加入回归，结果如表7.7第（2）列所示，企业所在地的市场中介组织发育和法律制度环境得分及其与政策冲击的交互项系数均正向显著。由此可知，当地方市场中介组织发育越完善，经济案件执法效率越高，知识产权保护政策越利好，受到退税优惠政策影响的企业越有可能实现更可观的创新专利产出。

表7.7 出口退税率调整对企业创新的影响：行业异质性与地域异质性

	（1）	（2）
	专利申请量	专利申请量
Rebate_did	-0.0437*** (0.005)	0.0282*** (0.011)
资本密集型行业虚拟变量× Rebate_did	0.0242*** (0.006)	
技术密集型行业虚拟变量× Rebate_did	0.0612*** (0.003)	
市场中介组织发育和法律制度 环境得分×Rebate_did		0.0019* (0.001)
市场中介组织发育和法律 制度环境得分		0.0098*** (0.001)
企业固定效应	是	是
年份固定效应	是	是
行业层面控制变量	是	是
企业层面控制变量	是	是

续表

	（1）	（2）
	专利申请量	专利申请量
N	545668	545663
R^2	0.0383	0.0345

注：括号内为聚类稳健标准误，均在企业层面聚类。"＊＊＊"、"＊＊"、"＊"分别表示1%、5%、10%显著性水平。Rebate_did 对应系数则为默认参照组回归系数，在第（1）列中，默认参照组为劳动密集型行业企业。

四　出口退税对企业创新影响的机制分析

已经有充分的研究证实，企业出口产品适用的出口退税率上调后，企业的出口规模会受到正向的冲击（Chandra 和 Long，2013；Braakmann et al.，2020）。本章使用企业级出口额作为被解释变量代入回归，结果如表 7.8 第（1）列所示，出口退税正向调整政策冲击的确会对企业的出口额产生显著的影响。具体来说，退税率调整带来的企业出口规模的扩大将主要通过融资约束及出口学习效应影响企业的创新绩效。

（一）融资约束

本章认为，出口退税优惠对于企业来说，首先，通过增加企业的利润留存给予企业直接的流动性补贴，从而能够缓解企业的融资约束，使得企业有更多的资金盈余投入到创新性活动。因此，本章使用文献中常用的流动性指标衡量企业的融资约束（Manova 和 Yu，2012），计算出企业流动资产与流动负债的差额占总资产的比例，并以其作为被解释变量进行渐进 DID 回归，结果如表 7.8 第（2）列所示，出口退税优惠政策的发布能够在 10% 的显著性水平下对企业的创新产出产生正向影响。

其次，除了直接给予企业流动性补给，如前文所证实的，出口退税政策本身具有风向标作用，能够刺激企业为获得更多退税优惠保持甚至增加自身的出口规模。这种风向标作用可能会对企业的业务利润率产生正向影响。因此，本章进一步探究了企业出口退税优惠冲击与企业主营业务利润率之间的因果关系，补充了融资约束机制的检验。回归结果如表 7.8 第（3）列所示，企业出口退税率的正向调整对企业的主营业务利润率存在显著的正向影响，与本章的理论预测相一致。由此可知，企业出口退税率的提升有助于提升企业的流动性及整体利润率，缓解企业的融资约束,从而增大企业留存剩余的内部资金将其用于相关研发活动的可能性,进一步提升企业的创新产出,假设2得到了支持论证。

(二) 出口学习

针对出口学习效应,依据理论部分的分析,企业出口退税优惠有助于提升企业出口规模。如果企业能够长时间地在海外市场生存,就越有机会接触发达地区先进的生产工艺与技术知识,从而将所学的知识正向作用于企业的创新,增加企业创新产出的持续性。因此,本章使用生存分析方法,探究出口退税正向调整的冲击对于企业维持创新产出的持续时间影响。为使用生存分析模型,本章需要进一步进行删失样本处理。首先,本章进行初步的简单非参数分析,查看以出口退税优惠政策冲击变量 Rebate_did 划分的处理组与对照组的 Kaplan-Meier 生存估计量随观测时间变化的差异情况。Kaplan-Meier 估计量约为创新持续(退出创新序列事件未发生)的时间超过观测时点的观测值数目占全部观测值数目的比重。由图7.3可知,是否受到出口退税优惠政策冲击对于企业持续创新的生存函数有明显的正向影响。

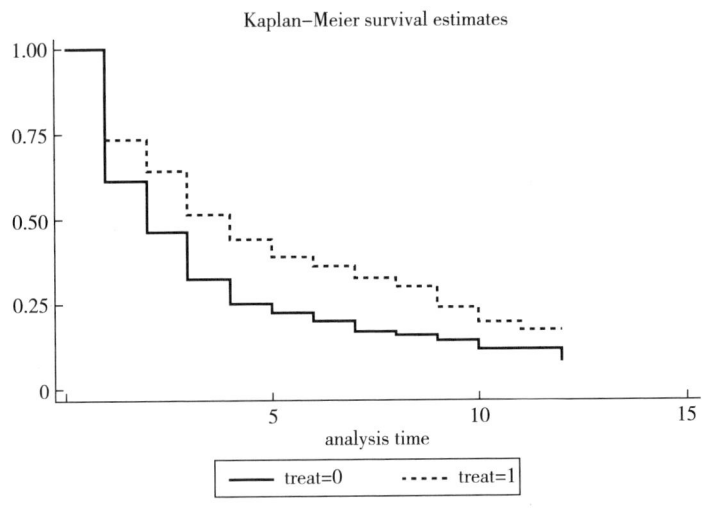

图 7.3 **Kaplan-Meier 估计量**

资料来源:作者计算。

随后,使用 Cox PH 模型估计的重要假设前提是事件发生的风险函数

满足 $\lambda(t,x)=\lambda_0(t)e^{x'\beta}$ 的设定形式。因此，本章通过画对数—对数图对该假设进行检验，检验结果如图 7.4 所示。两条线大致是平行的，满足比例风险假定，因而可以使用 Cox PH 模型对本章样本数据进行回归估计。

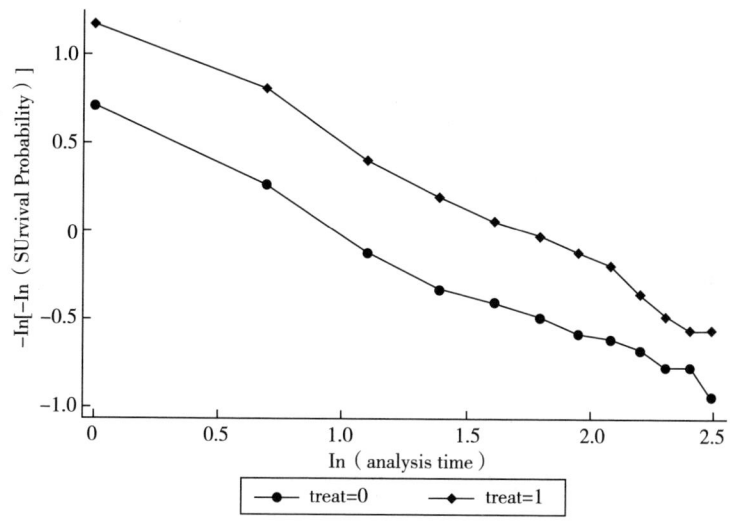

图 7.4 根据是否受到退税优惠政策冲击分组的对数—对数

资料来源：作者计算。

最后，本章将企业退出专利申请序列的概率作为被解释变量，使用 Cox PH 模型估计出口退税优惠冲击对企业退出创新产出序列风险可能产生的影响。估计结果如表 7.8 第（4）列所示。由回归结果来看，企业出口退税率的提高能显著降低企业退出专利申请序列的风险概率。说明退税优惠有助于企业通过出口学习效应提升创新的持续性，该结果支持了本章的假设 3。

表 7.8 出口退税率调整对企业创新产出的影响：机制检验

	（1）	（2）	（3）	（4）
	出口规模	企业流动性	主营业务利润率	退出专利申请序列的风险
Rebate_did	0.0330*** (0.009)	0.0059* (0.003)	0.0017** (0.001)	-0.1793*** (0.048)

续表

	（1）	（2）	（3）	（4）
	出口规模	企业流动性	主营业务利润率	退出专利申请序列的风险
企业固定效应	是	是	是	是
年份固定效应	是	是	是	是
行业层面控制变量	是	是	是	是
企业层面控制变量	是	是	是	是
N	545668	544781	545254	7134
R^2	0.298	0.550	0.961	—

注：括号内为聚类稳健标准误，均在企业层面聚类。***、**、*分别表示1%、5%、10%显著性水平。

第五节　结论与建议

本章使用2000—2013年的出口退税调整政策汇总数据、中国海关数据库、中国工业企业数据库以及中国专利数据库，使用渐进DID模型，从企业层面考察了出口退税率的正向调整对企业创新产出可能产生的影响。并进一步依据企业特征、企业所在行业特征及企业所在区位特征存在的差异展开关于退税政策调整对企业创新影响的异质性分析。此外，本章还探索了出口退税率调整影响企业创新的可能路径，完成了关于融资约束及出口学习效应两个机制的检验。

本章的研究结果说明：第一，出口退税优惠政策将显著激励企业的创新产出数量及质量，且这一结论在更换创新的衡量指标，更改估计模型以及考虑税收欺骗情况后依然稳健。第二，由异质性分析可知，从企业特性来看，出口退税优惠政策的发布通常对民营企业、出口规模更大的企业、有出口经验的企业以及出口目的地覆盖OECD国家的企业具有更大的创新提升作用；从行业特性来看，出口退税率的正向调整会对技术密集型行业及资本密集型行业、集中度更高的行业企业产生更大的正向影响；从地域特性来看，若企业所在地的中介组织发育和法律制度环境得分越高，出口退税率正向冲击对于企业创新产出的正向效应也更加可观。第三，本章的机制检验结果说明，出口退税率的调高主要通过扩大企业出口规模，缓解企业的融资约束，提升企业资金的流动性以及整体的业务利润率。能够使企业在持续的出口行为中学习发达地区的先进制造工艺及技术知识，通过出口学习效应促进企业创新。

基于本章的主要研究结论，提出下列政策建议：

第一，正向调整出口退税率有助于提升出口企业创新产出的数量及质量，决策者可以考虑继续完善现有的出口退税政策，针对特定的企业和行业调高其适用的增值税退税率。如果计划对特定部门实施增值税退税率的下调，应对其提供必要的指导与支持，以维持特定部门良好的业务运营与出口积累，为其后续创新发展蓄力。

第二，由于技术密集型行业及资本密集型行业企业在获得退税优惠时可能实现更高的创新溢出，可考虑进一步降低这些企业的出口税收成本，激励其将更多的资金投入到创新活动中，以推动国家整体创新水平的提升。此外，地域政策上关于专利的法律保护执行情况对企业是否会选择研发以提升专利申请有重要影响，建议地方政府出台相应的配套政策，完善地方市场化建设，提升执法力度与执法效率，以更好地配合国家出口退税政策促进企业创新。

第三，在出口目的地是否涵盖 OECD 国家的异质性检验及出口学习效应的机制检验中，本章发现，出口退税率的正向调整能够通过出口学习效应影响企业创新。即企业能通过出口至发达地区学习到更为先进的技术知识，从而吸收利用以提升自身的创新能力，降低企业退出创新序列的风险。针对这一结论，建议考虑依据企业出口国的发达程度差异进行退税率的差级设置，为出口至发达国家及地区的产品设置相对高的退税率，以更好地调动企业出口至发达国家的积极性，促进企业创新意识的提升。

第八章 人口年龄结构与创新

第一节 引言

21世纪以来,我国乘着经济全球化的东风,坚持对外开放,充分利用"人口红利",发展劳动密集型产业,实现了高速发展,在经济建设上取得了令人瞩目的成就。但是,"新常态"下我国经济增长速度开始下滑,说明要素驱动型发展方式无法持续为经济增长提供强大的引擎,传统的粗放型经济发展模式已经跟不上现阶段的发展需要。2012年,中共十八大明确提出创新驱动发展战略,将创新提到了一个新的高度,并为我国经济发展指明了新的方向。随着国际经济形势的变化以及疫情时代全球经济格局新一轮的重构,我国要实现持续健康发展,就要坚持自力更生,重视自主创新能力的培养,不断推进创新驱动发展战略(章文光等,2016)。

年轻人作为创新的主力军为技术进步做出了巨大贡献(Levin 和 Stephan,1991;Jones,2010),数据显示我国科研人员呈现年轻化的趋势,这些年轻的科学家已成为创新的中坚力量。然而,人口年龄结构正在发生深刻变化,随着生育率下降和预期寿命增加,老龄化成了世界各地人口发展的大趋势,中国人口老龄化进程也不断推进。图8.1展示的是我国从1949年到2019年人口出生率、死亡率以及自然增长率的变化情况,可以观察到三年自然灾害之后,我国人口出生率在一个较长的阶段内呈现总体下降趋势,这不仅与我国经济发展程度提高有关,更与20世纪80年代实行的计划生育政策紧密相关,这一强制性的生育政策很大程度上遏制了出生人口的增加。另外,这一期间死亡率、自然增长率与出生率也保持较低的水平。这意味着我国人口增速较为缓慢,随着人口预期寿命的进一步延长和人口死亡率的持续走低，我国老年群体将不断扩大。图8.2中，老年抚养比在2019年达到了17.8%，相比于1990年增加了9.5%。总抚养比从2010年开始逐年上升，在2019年达到了41.5%。最新的第七次全国人口普查数据显示，2020年新出生人口相比2019年减少了260万人，65岁及以上人口占比已达到了13.5%。根据联合国的定义，我国即将进入老龄社会（aged society）。在这种背景下，作为创新主力军的年轻劳动力的占比也逐渐下降，因此我们有必要在人口老龄化背景下研究年轻劳动力占比变化对创新的影响。

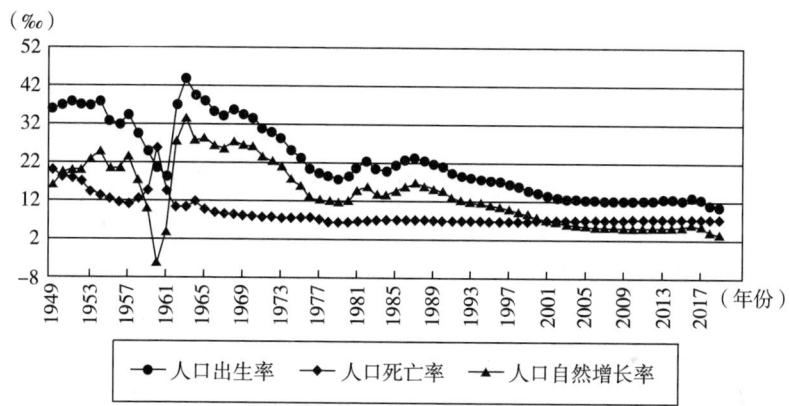

图8.1　1949—2019年我国人口出生率、死亡率、自然增长率变化趋势

资料来源：国家统计局。

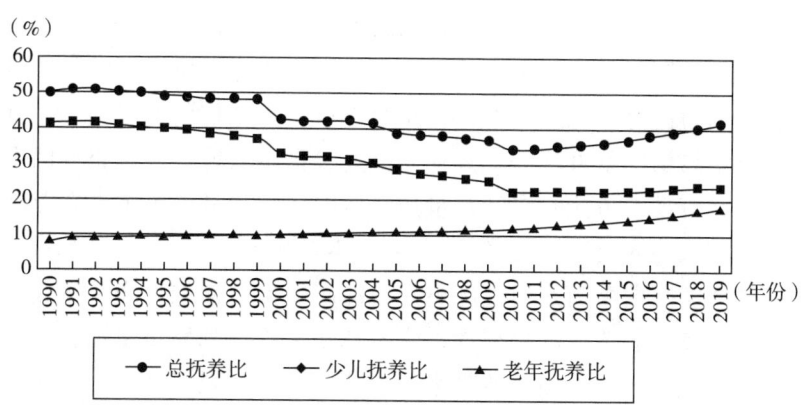

图8.2　1990—2019年我国抚养比状况

资料来源：国家统计局。

我国老龄化进程如此之快,影响到了生产生活的各个方面,引发了广泛的讨论。不少学者研究认为人口结构变动将直接或间接影响劳动力供给、储蓄和投资、资本市场、经济增长等方面(Bloom et al., 1999; Lindh 和 Malmberg, 1999; Deaton 和 Paxson, 2000; Ríos-Rull, 2001; Modigliani 和 Cao, 2004)。但或许是由于数据的限制,很少有文章将目光直接聚焦于当地劳动力的年龄结构与创新之间的因果关系。我们的研究填补了这一空白,为人口老龄化背景下促进创新指明了思路。

本章通过历史出生时间预测年轻劳动力比重来重新构建人口结构变动指标,分别从地级市和上市公司两个角度研究了人口年龄结构的变动对创新的影响。研究发现 20—34 岁人口占劳动力人口的比重对专利申请数量以及专利质量的提升都有着显著的促进作用。发明专利相对于其他类型的专利受到的影响更大,并且越成熟的企业其创新绩效越受到年轻劳动力的影响。另外,年轻劳动力对国有企业和非国有企业的影响有显著差异,国企占比高的地区和国有上市公司创新受到的影响更小。最后,在对于影响渠道的探讨中,我们分别提出了劳动力供给渠道、消费者渠道和融资渠道三个可能的机制,通过分析发现位于年轻劳动力市场的企业更可能是通过雇用年轻劳动力而促进创新,而融资渠道和消费者需求渠道不成立。

在现有文献的基础上,本章的创新主要体现在以下几个方面:第一,现有研究主要从国家、省份等宏观层面考察人口老龄化程度对地区整体创新水平的影响,聚焦于老年抚养比或者老年人口占比的变动。本章则从更加微观的层面展开研究,首先我们使用劳动力人口内部的年龄结构即年轻劳动力占劳动力人口的比重作为人口年龄结构的衡量指标,这是对现有年龄结构度量方法的一大补充,其次我们从地级市和企业两个角度研究年轻劳动力占比对专利数量和质量的影响,考虑了国有企业和文化因素所带来的异质性,拓宽了人口结构与专利创新的研究视野。第二,我们不使用实际数据而是通过历史人口的出生年份来推算当前的人口年龄结构,既克服了数据的局限性,将解释变量具体到城市层面,又能在一定程度上减小内生性问题所带来的干扰。第三,现有文章对机制的讨论主要是基于要素供给或者人力资本积累的视角,对机制的分析相对间接。而本章分别在城市层面和上市公司层面进行研究,并且从劳动力供给渠道出发,为人口结构转变如何影响创新这一问题给出了新的解释。

本章对人口年龄结构和创新的关系的研究,既丰富了人口与创新的相关文献,又对如何应对人口老龄化问题、发展创新驱动战略具有重要的指导意义。

第二节 文献回顾

随着社会经济的发展,各国人口呈现老龄化的趋势。创新作为推动社会进步的重要力量,有着独特的战略意义。本章的研究聚焦人口年龄结构变化与创新,现有的相关文献主要可以分成以下三个部分:

一 年龄与个人创新能力

基于个体创新生命周期的研究表明人口年龄结构与创新呈现倒"U"形关系。这部分文章认为年轻人身强力壮,身体机能和认知能力都处于其生命周期的高峰期,在体力和脑力上更能够满足创新活动的需求,而老年人由于身体机能和认知能力相对减弱,因而在同样的条件下创新能力较低(Skirbekk,2004)。长期以来,人们相信,一个人最有创造力的工作是在成年早期完成的,在30—40岁达到顶峰(Lehman,1943;Lehman,1966;Galenson & Weinberg,2001)。Jones和Weinberg(2011)使用诺贝尔奖获得者的数据进行研究表明,年龄与创造力之间的关系随着时间的变化而变化,杰出的科学产出通常在中年达到顶峰。Acemoglu等(2014)发现发明人和经理的年龄都与发明的创造性程度呈负相关。Liang等(2018)认为年龄是创新增长最重要的人口因素,相对于40多岁和50多岁的人,创新更主要发生在20多岁和30多岁具有创造力的工程师和科学家之间。

二 员工年龄结构与企业创新

另外一支文献把目光聚焦在企业层面,他们探究了企业中员工的年龄结构与其创新之间的关系。比如,Rouvinen(2002)研究了芬兰制造企业中产品和流程创新者的特征,企业员工平均年龄越高,企业技术创新活动越不具有活力。Park和Kim(2015)用员工平均年龄衡量劳动力老龄化程度,发现老龄化对开发型创新有积极作用;而与探索型创新之间的关系呈倒"U"形。Ouimet和Zarutskie(2014)认为年轻员工平均来说接受更多最新知识,可能拥有更多的最新技术技能,可能相对更能承受风险，具有这种特征的劳动力对那些开发新产品或建立新生产方法的企业尤为重要。另外，一系列关于劳动生产率的研究认为劳动力市场中劳动力人数的萎缩和老龄化将会抑制未来劳动生产率的提升（Prskawetz et al.，2008；Thang，2011）。

三 人口老龄化与创新

关于人口老龄化对创新的影响，学术界没有统一的结论。一种观点认为，人口老龄化不利于创新。从要素供给渠道来看，一部分文献认为人口老龄化通过减少劳动力市场供给，从而对创新产生不利影响。Anelli 等（2019）利用2008年至2015年意大利当地劳动力市场的外生变化发现，移民外流，特别是年轻人的外流，可能剥夺了经济的创业活力和创新观念。较大的移民流量减少了公司的创建，使得年轻人和从事创新产业的公司数量减少。比如 Liang、Wang 和 Lazear（2018）认为当年长的工人占据关键职位时，会阻止年轻工人获得技能。一个国家年龄中位数每下降一个标准差会使新企业形成增加2.5个百分点。从要素结构的角度来看，人口老龄化通过减少科学研究投入从而抑制创新绩效。老龄人口的增加使得家庭以及国家承担的养老和社会保障负担加重，因此挤占了科技创新的公共资源投入和教育经费支出，对创新产生消极的影响（刘穷志、何奇，2013）。从老年人自身特征来看，知识技术的更新换代会加速老年人所拥有的专用型人力资本的折旧，从而使得他们的创造缺乏活力（Aghion 和 Howitt，1992；Frosch 和 Tivig，2009）；老年人由于其身体机能的下降，学习新知识的边际时间成本变高，在吸收新技术时需要投入更多的成本（Behaghel 和 Greenan，2010），因而人口老龄化将不利于创新。

另一种观点则相反，他们认为人口老龄化反而促进了创新。从人力资本的角度看，创新需要知识与经验的积累，因此能从人口老龄化中受益。随着人口预期寿命的延长，老年人工作时间拉长有利于其经验的积累，能有效促进经验型创新（Behaghel 和 Greenan，2010），教育投入和工作技能培训的回报率也由于人均寿命的延长得到提高，更高的人力资本往往能够催生更多的技术创新（Kaganovich，2004）。由数量—质量权衡理论可知，生育率低的国家将会在每个孩子的人力资本上投入更多（Lee 和 Mason，2010），这将有利于创新。另外，人口老龄化可能通过提高劳动力成本促进创新。劳动力人口的减少同时带来了劳动力工资的提高（Sapozhnikov 和 Triest，2007），当劳动力成本上涨时，资本代替劳动成为一种解决方法，高工资与高生产率以及创新的发生紧密相关（Broadberry 和 Gupta，2006；Vergeer 和 Kleinknecht，2007）。

已有研究首先在个体层面提供了丰富的理论成果，即从个人生命周期来看，创新能力与年龄之间存在着倒"U"形的关系，这是由人的生理机能变化规律所决定的。同时，大量研究通过收集归纳科研人员、诺贝尔奖得主的数据，从统计学的角度证明了该理论的正确性。其次，关于员工年龄结构与企业创新的相关研究结果也与个人创新生命周期具有一致性，即员工年龄普遍更大的企业在创新绩效方面将受到负面影响。最后，国家层面人口老龄化与创新的研究更具丰富性，这类文献侧重于机制的探讨，他们从人力资本、要素替代等角度得到了不一致的结论。但是总的来说，受限于数据，基于人口结构与创新绩效的关系讨论的文章大多基于国家或者省份的层面，对微观企业和地级市的研究文献少之又少。与本章较为相似的是 Derrien 等（2017），它利用美国历史人口出生数据推算当前劳动力年龄结构，从企业、通勤区、发明人三个层面进行分析，得出了年轻劳动力促进创新的结论。本章借鉴这篇文章的方法使用 1990 年、2000 年人口普查数据测算当今人口结构，很好地缓解了内生性问题，并且将人口结构指标细化到地级市层面，从更加微观的层面对该问题进行了探讨。并且结合中国特色国情，从国有企业和传统文化角度对异质性进行了探讨，提出了劳动力供给、资金供给、消费者需求影响机制，是对现有文章所提出的机制的一大补充。

第三节　人口年龄结构与创新研究假说

一　人口年龄结构与创新

心理学理论认为，在个体的生命历程中，与神经系统相关的能力将随着年龄的增大而逐渐衰退（Horn 和 Cattell，1966），如知觉速度、机械记忆力（流体智力）等，而与经验相关的能力将随着年龄的增长而加强（Salthouse，2009）。与此相关联的创新能力也随着年龄的变化而变化，它首先随着年龄的增长而不断增长，达到峰值后，又会随着年龄的增长而下降（Lehman，1966），创造力的高峰将出现在将两种能力完美结合的中年时期（Lachman et al.，2014）。年轻人在存储和处理信息、解决问题、处理复杂性问题方面的能力具有优势（Kaufman 和 Horn，1996），年轻的发明家相比于年龄较大的发明家更能适应当今快速变化的技术环境（Jung 和 Ejermo，2014），因而年轻人是创新的主力军。正如创新生命周期理论所指出的，中青年处于生命周期中的创新能力最旺盛的阶段，相比其他年龄人口，他们创造力强，愿意承担风险，并且具备创新所必需的个人和团体特征（Derrien et al.，2017）。除此之外，这部分劳动力的职业生涯才刚开始，处于自身发展与晋升的考量，他们对自己进行人力资本投资的意愿更强，也更有动机去参与研发活动（Gibbons 和 Murphy，1992）。年轻劳动力人口占比越多意味社会抚养系数的下降，减轻了社会的育幼抚老负担，使得较多资金流向人力资本投资和研发工作。综上，年轻劳动力占总劳动力人口的比重越大，意味着有更多具有较强创新能力与创新动机的人从事研发活动，并且对创新资金投入也越充足。

基于此，本章提出假设 1：年轻劳动力占劳动力人口比重的提高会对创新具有显著的促进作用。

二　人口年龄结构对创新的影响机制分析

从供给角度看，年轻劳动力占比高意味着该地区的企业可以轻易雇用更多当地年轻劳动力，当企业中雇员越年轻，有助于生产率的提高，其创新绩效也将得到有效提升（Parrotta et al.，2014；Pfeifer 和 Wagner，2014）。另外企业家年龄也会影响企业的某些创新决策，这是由于随着年龄的增长，企业家的思维趋向固化，行为日渐保守，接受并学习新知识新理念的能力降低（Barker Ⅲ 和 Mueller，2002）；相反，越年轻的企业家创新意愿越强烈。

从需求角度看，年轻劳动力占比更高意味着该地区年轻消费者的占比也更高。Rogers 开创性地提出了消费者创新性（Consumer Innovativeness）的概念，它是指某个人相对于系统中的其他人更早接受创新的程度。研究表明，消费者创新性与个人年龄、经济状况等因素相关，较为年轻的消费者更可能成为创新性消费者（Im et al.，2003）；这些年轻的消费者对于新技术较为敏感，渴望成为新产品的第一批用户，对不确定性的追求能为他们带来较大的效用。因此，年轻劳动力占比高意味着大量的创新性消费者，这引致了旺盛的创新需求，受利润驱动的企业为了占据更大的市场，攫取丰厚利润，将加大创新力度推动产品更新换代

(Lee et al., 1991)。

从供给的角度看,年轻劳动力占比更高意味着该地区年轻投资人的占比也更高。根据生命周期理论,个人会将一生的收入合理分配到各个人生阶段使用,以求达到效用最大化。据此,有研究表明人的风险偏好也具有生命周期,即人在不同的阶段有着不同的风险偏好(Gardner & Steinberg, 2005),不同的投资选择(Charles 和 Kasilingam, 2013)。一般而言,老年人缺乏稳定的收入来源,在身体健康状况恶化的情况下为了保证养老资金的安全性,他们倾向于选择保守的投资方式(Jagannathan 和 Kocherlakota, 1996);相反,年轻的投资人有着稳定的收入来源,为了获得高额收益愿意承担高风险,他们更有动力去进行风险投资(Bakshi 和 Chen, 1994)。这些风险偏好型年轻投资者的存在为当地创新项目的发展提供引擎,为研发活动提供了资金保障,从而促进了当地创新的蓬勃发展。

基于此,本章提出假设 2:年轻劳动力占劳动力人口比重的提高可能会通过劳动力供给、消费者、融资渠道对创新产生促进作用。

第四节 人口年龄结构与创新研究设计

一 模型设定

本章从地级市与上市公司两个层面入手,探索 20—34 岁人口占劳动力人口的比重对创新的影响。首先,在地级市层面的回归中,本章的模型设定如下:

$$Y_{s,c,t} = \alpha_0 + \alpha_1 Young_{c,t} + \alpha_2 X_{c,t} + \delta_{s,t} + \gamma_c + \varepsilon \tag{8.1}$$

其中,下标 c 是指地级市,s 代表省份和 t 表示年份。$Y_{s,c,t}$ 与 $Young_{c,t}$ 分别表示城市 c 创新和人口年龄结构指标,$X_{c,t}$ 是指城市 c 在 t 年所对应的控制变量,包括大学专利申请数量、人均教育经费支出、GDP 总量和年末总人口数量。$\delta_{s,t}$ 代表省份—年份固定效应,这是为了控制每个省份在特定年份的特殊效应对回归结果的影响。γ_c 表示城市固定效应,这可以在一定程度上控制地区层面不随时间变化的不可观测因素的影响。通过该回归,我们的实证结果可以理解为,人口年龄结构的变化在多大程度上能够解释该地区创新的变化。

其次，我们从更加微观的角度入手，将被解释变量替换成上市公司的专利申请量，并控制一些上市公司特征，得到了模型（8.2）：

$$Y_{i,j,c,t}=\beta_0+\beta_1 Young_{c,t}+\beta_2 X_{i,t}+\gamma_{j,t}+\theta_c+\varepsilon \tag{8.2}$$

其中，下标 i 表示某上市公司，j 是该公司所在行业，c 是指该公司所在城市，t 表示年份。$Y_{i,j,c,t}$ 是指位于城市 c 的上市公司 i 在 t 年的创新指标，$Young_{c,t}$ 是城市层面的人口年龄结构指标，$X_{i,t}$ 是指 i 公司在 t 年所对应的控制变量，包括公司性质、公司年龄、年销售额、资产收益率、固定资产比重。$\gamma_{j,t}$ 是行业两位码—年份固定效应，θ_c 是城市固定效应，这些固定效应的加入能够有效缓解内生性问题。回归标准误均在省份层面进行聚类调整。

二 变量说明

（一）被解释变量

专利申请量。专利申请数量的多少反映了地区或者公司创新水平的高低（周煊等，2012）。在基准回归中，我们对专利申请数量取自然对数作为被解释变量。

专利授权量。专利申请通过后将进行实质审查，如果实质审查符合规定，便可被授予专利权。因此专利授权量也可作为衡量创新的替代性指标（Chang et al., 2015）。在稳健性检验中，我们对专利授权数量取自然对数作为被解释变量。

专利未来三年平均被引用次数。专利被引用说明其他专利对该专利的借鉴（陈子凤、官建成，2014），所以专利被引用次数能够很好地衡量该专利质量，为了统一标准，避免专利申请时间对被引用次数的影响，我们统一使用专利申请后三年内平均每年被引用次数作为专利质量衡量指标。未来三年平均被引用次数越多，则该专利质量越高。

（二）核心解释变量

借鉴 Derrien 等（2017）的做法，我们不使用实际人口年龄结构，而是使用根据历史人口出生数据推算的人口年龄结构作为核心解释变量。这是由于实际人口年龄结构与创新之间的回归存在着很强的内生性问题，如果直接使用当地实际年龄结构作为解释变量将带来较大的回归偏误。具体地，当地较高的创新水平将吸引大量年轻人定居，从而使该地区的实际人口年龄呈现年轻化的结构。另外一些同时影响实际人口结构与创新的混杂因素也会对结果造成影响，比如 1999 年开始的大学扩招政策吸引了大量年轻人流向少数城市，这些经过高考选拔的年轻人在经过高等教育的培养之后创新意识和素养得到有效提高，他们中的一部分会留在大学所在地，这些高质量年轻人的涌入既与实际人口年龄结构相关又会对当地创新绩效产生一定影响；近几年各大城市推出的人才引进政策有着相似的特点，如果使用实际的人口年龄结构对创新进行回归，这些混杂因素所带来的干扰是不容小觑的。

利用历史出生人口数据推算的人口年龄结构则可以很好地避免这些问题。人的出生可能与同期的经济社会活动有关，但对于几十年后的经济活动来说是外生的。同时，长期以来的历史出生人口很大程度上决定了当今的人口年龄结构，并且根据历史出生人口测算的年龄结构仅能通过影响当今的人口年龄结构来对当今创新绩效产生影响。考虑到历史的经济社会状况与当前的创新活动有着一定的内在联系，我们加入过去国企占比和饥荒死亡率作为控制，以减小这种内生性造成的干扰。

本章所关心的是劳动力中年轻劳动力所占的比重对创新的影响，不少研究指出个人创新的黄金时段是中青年时期，比如 Levin 和 Stephan（1991）研究表明人的生产率高峰出现在 45 岁之前，Oberg（1960）认为在工业研发中个人绩效有可能在 35 岁之前达到峰值，所以我们使用 20—34 岁人口占劳动力人口的比重作为关键解释变量。构建年龄结构指标的具体方法如下：对于我国各城市的各个年份，我们都利用 15—59 年前出生的人口来计算当年 15—59 岁的人口数量。例如，1941 年出生的人在 2000 年为 59 岁，1985 年出生的人在 2000 年将是 15 岁。因此，我们使用 1941 年至 1985 年的历史人口出生状况来预测 2000 年的劳动力年龄结构，更具体地，某城市 2000 年 20—34 岁人口占劳动力人口的比重可以由该地区 1966 年到 1880 年出生人口数量与该地区 1941 年到 1985 年出生人口数量之比计算得到，其他年份的年龄构成与之类似。

另外，年龄中位数作为人口年龄结构的另一衡量指标，与年轻劳动力占比有相似之处，它同样根据历史人口出生数据推算得到。年龄中位数越大，说明老龄化形势越严峻，年轻劳动力的占比越小。

利用预测的人口结构数据我们可以得到图 8.3，分别展示了东部、中部、西部省份的年轻劳动力占比以及年龄中位数在样本期间内的变动。可以看到不同区域的人口年龄结构存在着一定的差异，但是他们在样本期内呈现出相似的变化趋势，即年轻劳动力占比逐渐减小而人口年龄中位数逐年上升,这与我国老龄化的国情是相符合的。

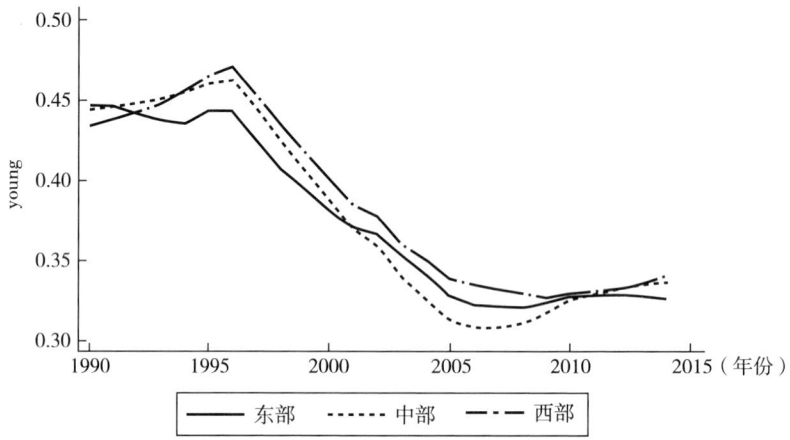

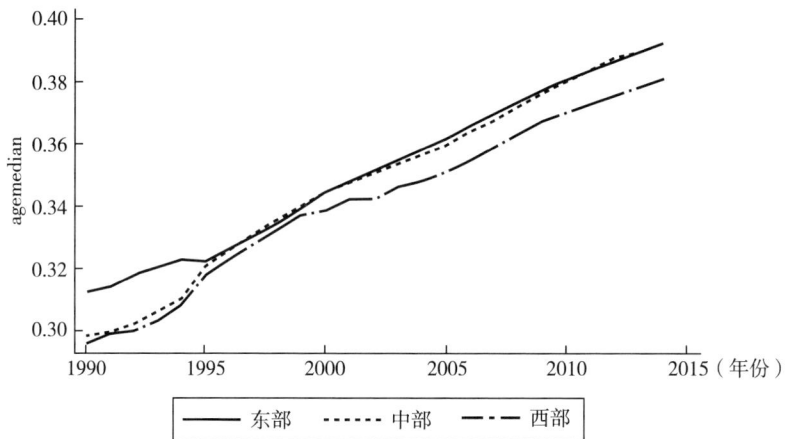

图 8.3　本章推算的 1990—2014 年分地区年轻劳动力占比和年龄中位数
资料来源:数据来源于第四次、第五次人口普查数据。

(三) 控制变量

为了尽可能减小遗漏变量所带来的偏误,本章在地级市层面和上市公司层面分别加入了以下控制变量进行回归:

大专院校专利申请数量(Lnupt)。该变量大体反映了地区受教育程度,直接关系到创新水平,同时它与年龄结构相关联,本章将其取自然对数加入回归方程。人均地方财政教育支出(Lnedup)是指地方财政教育支出与年末总人口之比的对数,地区的教育支出与投入很大程度上决定了该地的科研水平，从而对创新能力产生影响。经济总量（Lngdp）用对数 GDP 总量表示。人口规模（Lnpop）用年末总人口数量衡量，本章将其取自然对数加入回归方程。参考李艳、杨汝岱（2018）的做法，国企占比（SOEratio）用 1995 年各城市国有企业工业产值占地区所有企业工业总产值的比重表示，本章将其与年份虚拟变量相乘加入回归，这是因为国有与其他企业在创新方面的表现有所不同（李春涛、宋敏，2010），并且地方国企占比能在一定程度上反映当地私有经济繁荣程度与经济发展状况，这对创新有所影响。加入期初值可以在一定程度上缓解内生性问题。该数据来源于 1995 年经济普查数据。在 1959 年到 1961 年的三年自然灾害中，我国人口出生率迅速下降而死亡率上升，对后来的人口年龄结构产生了一定影响。另外，是否经历三年自然灾害可能对人的观念意识产生深远的影响（程令国、张晔，2011；许年行、李哲，2016），甚至影响到他们对于创新的态度。因此，本章同样加入城市三年自然灾害死亡率（Lossratio）与年份虚拟变量的乘积作为控制变量，以排除这一混杂因素对回归结果的干扰。该数据来源于第四次人口普查。

本章主要变量的描述性统计如表 8.1.1 和表 8.1.2 所示：

表 8.1.1 城市层面变量的描述性统计

VARIABLES	N	mean	sd	min	max
Young	5379	0.377	0.0677	0.225	0.740
Lnpop	5320	5.707	0.756	2.692	7.719
Lossratio	5365	0.393	0.157	0.00557	0.797
Lnupt	5379	1.643	2.189	0	9.474
Lnedup	3059	5.938	1.196	2.775	9.412
Lnpt_c	5575	5.148	2.333	0	11.87
Lngdp	5324	5.739	1.508	0.724	10.07
SOEratio	5575	0.565	0.208	0.0674	0.955
Jinshi	5575	0.598	0.490	0	1
Lncit	4289	0.781	0.0899	0.693	2.485
Lngrant	5575	4.994	2.318	0	11.62

表 8.1.2　　　　　　　　　企业层面变量的描述性统计

VARIABLES	N	mean	sd	min	max
Lnpatent	25711	1.278	1.599	0	8.944
Ownership	23054	4.778	3.324	1	15
Firmage	25711	12.65	6.139	0	60
Lnsales	23857	20.85	1.507	16.93	25.10
Roa	25622	3.711	6.369	−26.81	19.97
Lnalr	25621	0.367	0.151	0.0468	0.827
Fr	21569	0.262	0.182	0.00256	0.765
Export	25711	0.332	0.471	0	1
Religion	25711	0.659	0.474	0	1
Soe	25711	0.533	0.499	0	1
Lncit	25711	0.136	0.306	0	2.339
Lngrant	25711	1.088	1.464	0	8.566

注：不同性质的公司创新方面的表现有所不同。本章依据实际控制人类别（Ownership），将公司分为国企、民营、外资等几大类，通过控制这一虚拟变量排除公司性质对公司创新的影响。随着年龄的增加，公司创新能力也会有所变化（Huergo 和 Jaumandreu，2004）。因此本章控制了公司年龄（Firmage），它等于当年年份减去企业成立时间再加 1。另外，我们还在回归方程中加入了年销售额（Lnsales）、资产收益率（Roa）、固定资产比重（Fr），以控制公司特征及盈利能力对创新的影响。

资料来源：作者计算。

三　数据处理

本章关键解释变量年轻劳动力占比和年龄中位数是由全国第四次和第五次人口普查微观数据计算而得，该人口普查数据包含丰富的微观个体信息，我们通过个人出生年份和出生地点推测各地区在 1990—2014 年 20—34 岁人口占劳动力人口比重和年龄中位数。本章所使用的专利申请数量、授权数量、大专院校专利申请数以及专利被引用次数均来源于中国国家知识产权局，通过对原始数据在城市层面进行加总便得到了我们城市层面所需变量。城市层面回归的控制变量来自国泰安数据库。另外1995 年国企占比是通过 1995 年经济普查数据计算而得，而饥荒死亡率指标则来源于第四次人口普查。对于城市层面的回归，我们使用年份和四位数的行政区划代码将处理过后的劳动力人口数据、专利数据和国泰安数据库匹配在一起，再将国企占比和饥荒指标合并，整理成为年份—地级市层面的面板数据。

上市公司的专利数据和特征变量均来自于 CNRDS 数据库。上市公司层面的回归样本期为 1992—2014 年，为保证回归结果的稳健性，我们对原始样本做以下处理：1. 剔除金融和保险类上市公司；2. 剔除在样本期间内被 ST、*ST 等处理以及被 PT 和退市的上市公司；3. 剔除经营状况异常的公司，比如总资产小于总负债、从业人员小于十、总资产小于等于零的公司；并对年销售额（Lnsales）、资产收益率（Roa）、固定资产比重（Fr）在 1% 的水平上进行了缩尾处理。然后，通过股票代码和年份将专利数据和控制变量进行合并，再通过地级市代码和年份合并劳动力人口数据，最终整理得到上市公司层面的数据。

第五节　人口年龄结构与创新实证分析

一　城市层面

（一）基准回归

表 8.2 表示的是地区 20—34 岁人口占劳动力人口比重与专利申请量关系的实证结果。其中第（1）列是关键解释变量 Young 对专利数量对数的单变量回归，加入了省份—年份固定效应和城市固定效应，目的是控制随省份、年份以及城市而变化的因素对回归结果造成的影响。表中结果显示，第（1）列中 Young 的系数为 0.969，并且在 5% 的水平上显著。第（2）列在前一列的基础上加入了一系列城市层面的控制变量，包括大学专利申请数量、人均教育经费支出、GDP 总量和年末总人口数量，Young 的系数有所较小，但仍在 10% 的水平上显著。这一结果表明，20—34 岁劳动力占比对专利申请有显著的正向影响，即年轻劳动力的确促进了当地的创新。另外，有研究表明年幼时经历饥荒可能会对个体产生深远的影响（Meng 和 Qian，2009；Huang 和 Zhou，2013），我们考虑到受到三年自然灾害影响的程度可能将通过影响出生率和死亡率从而影响到当下的人口年龄结构以及创新观念，所以在第（3）列中控制各地区三年自然灾害死亡率与时间的交乘项，以排除这一混杂因素对回归结果的干扰。同样地，我们还加入了 1995 年各地区国企工业产值占比与时间的交

乘，以控制私有经济繁荣程度等一些社会经济因素对于回归结果的影响，并选择使用初期值较好地缓解内生性问题。第（3）列的结果显示，20—34岁劳动力占比每增加1%，地区专利申请量平均增加0.612%。考虑到专利申请程序造成的时间上的延后，我们在第（4）列将被解释变量滞后一期，表示的是当期Young对下一期专利创新的影响，结果显示系数为正，相较于第（3）列有稍许减小，并且在10%的水平上显著。最后，由于人口结构在时间上具有连续性，同一地区相隔年份的Young差异很有限，为了增加解释变量在时间上的差异，第（5）列仅保留了1990年、1995年、2000年、2005年、2010年的样本，将被解释变量替换成未来5年平均值。观测值减至426个，Young的系数仍然在1%的水平上正显著。进一步说明年轻劳动力对当地创新有着正向促进作用，假设1得到验证。这一结果是比较直观且符合直觉的，年轻人作为社会的中流砥柱，在创新方面发挥着毋庸置疑的作用，他们具有创造力，对新知识、新事物接受能力强，尤其是受教育程度较高的年轻人，为创新活动注入了不竭的动力。

表8.2 城市基准回归结果

VARIABLES	（1）lnpt_c	（2）lnpt_c	（3）lnpt_c	（4）L.lnpt_c	（5）lnpt_c5
Young	0.969** (0.450)	0.759* (0.370)	0.612* (0.326)	0.885* (0.455)	1.305*** (0.451)
Lnedup		0.243*** (0.078)	0.239*** (0.072)	0.252*** (0.087)	0.133 (0.134)
Lngdp		0.210** (0.090)	0.156** (0.074)	0.010 (0.110)	0.484*** (0.122)
Lnpop		0.013 (0.047)	0.028 (0.045)	−0.069 (0.069)	0.190 (0.158)
Lnupt		0.079*** (0.020)	0.072*** (0.018)	0.101*** (0.018)	0.027 (0.020)
Lossratio	NO	NO	YES	YES	YES
Stateratio	NO	NO	YES	YES	YES
Province-year FE	YES	YES	YES	YES	YES

续表

	(1)	(2)	(3)	(4)	(5)
CITY FE	YES	YES	YES	YES	YES
Observations	5182	2953	2953	2953	426
R-squared	0.967	0.977	0.977	0.971	0.994

注：(1) 括号里为估计系数的异方差稳健标准误，在省份层面聚类调整；(2) "*"、"**"、"***"分别表示在10%、5%和1%的水平上显著。

（二）稳健性检验

在稳健性检验中，首先对关键解释变量进行替换来检验年轻劳动力占比对创新影响的稳健性。对人口年龄求中位数，能够较好地衡量一个城市的人口年龄分布状况，在一定程度上反映地区人口年龄结构。于是本章用年龄中位数取代基准回归中年轻劳动力占比变量，对专利申请量进行回归，所加入的控制变量以及固定效应等其他设定与基准回归一致，回归结果如表8.3所示。其中，第（1）列反映的是当期年龄中位数对创新的影响，关键变量的系数为-0.018，并不显著。第（2）列是将因变量滞后一期的回归结果，系数仍然为负但不显著，这可能是因为年龄中位数在时间和地区上的变动较小，导致了一定程度的共线性的发生。第（3）列将因变量换为未来五年专利申请量的平均值，并将样本每隔四年保留一年，目的是增大自变量在时间上的差异，结果显示agemedian的系数显著为负，并且在10%的水平上显著，这表明年龄中位数每增加1岁会使城市专利申请量减少0.038%。这一结果与基准回归结果相符，说明随着人口老龄化的发展，年龄中位数不断增大，年轻劳动力占比减小，这对创新形势提出了挑战，将不利于专利数量的增加。

表8.3　　　　稳健性检验：自变量替换成年龄中位数

	(1)	(2)	(3)
VARIABLES	lnpt_c	L.lnpt_c	lnpt_c5
agemedian	-0.018 (0.013)	-0.025 (0.023)	-0.038* (0.020)
Lossratio	YES	YES	YES
Stateratio	YES	YES	YES

续表

	（1）	（2）	（3）
Province-year FE	YES	YES	YES
CITY FE	YES	YES	YES
Observations	2953	2953	426
R-squared	0.977	0.971	0.994

注：（1）括号里为估计系数的异方差稳健标准误，在省份层面聚类调整；（2）"＊"、"＊＊"、"＊＊＊"分别表示在10%、5%和1%的水平上显著。

其次，考虑到申请的专利中可能存在着一定数量的低质量专利（张杰等，2016），本章使用申请专利中最终被授权的数量来衡量创新能力，以此作为专利数量的稳健性检验，结果如表8.4所示，回归所加入的控制变量和固定效应均与基准回归相一致。第（1）列中Young的系数为0.678，在10%的水平上显著，说明20—34岁劳动力占比每增加1%，地区授权专利量平均增加0.678%。这个结果证明了基准回归的稳健性，即年轻劳动力有利于促进地区创新活动的发展。与表8.2类似的，第（2）、（3）列分别是将专利授权数量滞后一期与每隔4年的回归结果，可以看到结果具有一致性，Young的系数均显著为正，这进一步佐证了年轻劳动力对创新的促进作用。

表8.4　　　　　稳健性检验：因变量替换成专利授权数量

	（1）	（2）	（3）
VARIABLES	lngrant	L. lngrant	Lngrant5
Young	0.678＊ (0.338)	1.060＊＊ (0.471)	1.541＊＊＊ (0.395)
Lossratio	YES	YES	YES
Stateratio	YES	YES	YES
Province-year FE	YES	YES	YES
CITY FE	YES	YES	YES
Observations	2,953	2,953	426
R-squared	0.976	0.970	0.994

注：（1）括号里为估计系数的异方差稳健标准误，在省份层面聚类调整；（2）"＊"、"＊＊"、"＊＊＊"分别表示在10%、5%和1%的水平上显著。

再次，考虑到对于不同人口规模的城市，年轻劳动力对创新的影响有所不同，我们在回归时对人口进行加权，结果显示（见表8.5），结论与基准回归相一致，系数有所增加，说明我们的结论具有一定的稳健性。

表8.5　　　　　　　　稳健性检验：对人口加权的回归

VARIABLES	(1) lnpt_c	(2) L.lnpt_c	(3) lnpt_c5
Young	0.911** (0.349)	0.954** (0.452)	1.069** (0.470)
Lossratio	YES	YES	YES
Stateratio	YES	YES	YES
Province-year FE	YES	YES	YES
City FE	YES	YES	YES
Observations	2,953	2,953	426
R-squared	0.980	0.976	0.994

注：(1) 括号里为估计系数的异方差稳健标准误，在省份层面聚类调整；(2) "*"、"**"、"***"分别表示在10%、5%和1%的水平上显著。

最后，为了验证基准回归的结果不是完全由特殊样本所带来的，我们排除了创新能力极强的城市对回归的影响，将北京、上海、广州、深圳这四个城市从回归中删除，得到的结果如表8.6所示，第（1）—（3）列分别表示当期、滞后一期、每隔四年的回归结果，可以看到因变量Young的系数仍然正向显著，这说明基准回顾的结果不是仅由经济发展水平高，专利申请量大的少数几个城市引致的，对于一般城市而言，年轻劳动力占比的确有利于其创新绩效的提升，我们由基准回归得到的结论具有稳健性。

表8.6　　　　　　　　稳健性检验：删除北上广深

VARIABLES	(1) lnpt_c	(2) L.lnpt_c	(3) lnpt_c5
Young	0.788* (0.425)	1.234** (0.480)	1.318** (0.602)

续表

	(1)	(2)	(3)
Lossratio	YES	YES	YES
Stateratio	YES	YES	YES
Province-year FE	YES	YES	YES
City FE	YES	YES	YES
Observations	2,925	2,925	422
R-squared	0.976	0.970	0.994

注：(1) 括号里为估计系数的异方差稳健标准误，在省份层面聚类调整；(2) "*"、"**"、"***"分别表示在10%、5%和1%的水平上显著。

（三）不同年龄段劳动力对创新的影响

在基准回归中，我们实证分析了20—34岁人口占劳动力人口比重对创新的影响，得到了年轻劳动力有利于地区创新的结论。综述指出研究表明个人创新能力随着年龄的增长将发生变化，为了探索其他年龄劳动力是否对创新有异质的影响，我们将15—59岁等分成9个年龄段，计算每一个五岁的年龄段劳动力人数占总劳动力人口的比重，分别与创新绩效回归，回归系数与置信区间如图8.4所示。可以看到，随着年龄增长，不同阶段劳动力占比与创新绩效呈现倒"U"形的关系。15—25岁人口占劳动力人口比重对创新的影响是负向的，随后系数变成正数并逐渐增大，在30—34岁这个年龄段达到顶峰，之后便减小，直到55—59岁这个年龄段人口占比对创新呈现负向的显著影响。这一趋势与个人创新生命周期的相关研究是相符合的，从侧面证明了本章指标构建的合理性，说明年轻劳动力相比于其他年龄阶段的劳动力对创新的确有着显著的促进作用，我们的结论并不是由于回归偏误导致的偶然性结果。

进一步，文章将年龄段分成了15—24岁、25—34岁、35—44岁和45—59岁，分别计算各个年龄段人数占总劳动力人口的比重再对专利申请数量进行回归。由表8.7第（1）列可以看到，15—24岁人口占比的系数负向不显著，说明他们对创新没有显著的促进作用。这可能与这个年龄段人口多处于受教育阶段，很少有机会从事创新活动有关。而第（2）列显示25—34岁人口占比越多，专利申请数量越多，这与基准回归结果相符，说明该年龄层次的年轻人是创新的主力军，他们拥有前沿知识和

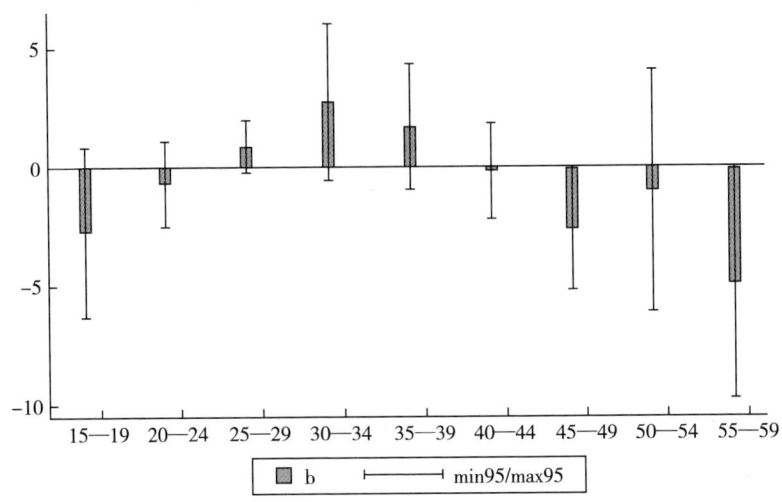

图 8.4　不同年龄阶段劳动力占比的回归系数和置信区间

技能,并且愿意承担风险,所拥有的这些相关特征有利于创新的产生。对 35—44 岁劳动力占比与专利申请量的回归结果中,系数为正但不显著,说明该年龄段劳动力对创新的作用不如更年轻的 25—34 岁劳动力大。最后,第(4)列中 45—59 岁人口占劳动力的比重的系数显著为负,说明该年龄段劳动力对创新有负向影响。以上结果与创新生命周期理论的结果是一致的(Skirbekk,2004;姚东旻等,2015;王笳旭、王淑娟,2017),人口年龄结构与创新呈现倒"U"形关系。首先处于 15—24 岁受教育阶段的年轻人尚未开始创新活动;其次从身体机能和认知能力来看,20—34 岁的年轻人处于其生命周期的高峰,在体力和脑力上更能够满足创新活动的需求,但中老年人由于各方面能力相对下降;最后从创新意愿看,年轻劳动力为获得个人发展,其创新动机要比其他年龄段的劳动力更强烈,中老年劳动力由于所剩工作年限比较短,更不愿承担风险、学习新思想,相对缺乏创新的动力,因而在同样的条件下创新能力较低。

表 8.7　　　　不同年龄段劳动力占比对创新的影响

VARIABLES	(1) lnpt_c	(2) lnpt_c	(3) lnpt_c	(4) lnpt_c
1525	-1.433 (1.002)			

续表

	（1）	（2）	（3）	（4）
2535		1.490* (0.748)		
3545			0.606 (0.638)	
4560				-2.028* (0.994)
Lossratio	YES	YES	YES	YES
Stateratio	YES	YES	YES	YES
Province-year FE	YES	YES	YES	YES
City FE	YES	YES	YES	YES
Observations	2953	2953	2953	2953
R-squared	0.977	0.977	0.977	0.977

注：（1）括号里为估计系数的异方差稳健标准误，在省份层面聚类调整；（2）*、**、***分别表示在10%、5%和1%的水平上显著。

（四）异质性分析

不同类型企业的创新能力和创新意愿存在一定的差异（Tripsas 和 Gavetti，2000），所以我们推测年轻劳动力对不同类型公司创新的促进作用也会有所差异。在中国，由于国有企业不具有绝对的营利性质，而且它在很大程度上还担负调节国家经济的职能（Lin et al.，1998），所以它受到的政策优惠和政府扶持力度和非国有企业存在很大的不同（孔东民等，2013）。另外，国有企业受市场机制的作用较小，而非国有企业在生产经营过程中受到市场经济规则影响较大。以上因素使得国有企业有更高的抗风险能力，具有较低的市场竞争风险，因此有较低的创新意愿（盛丰，2012）；非国有企业需要面对更残酷的市场竞争，需要在产品的设计和生产上满足日益变化的消费者需求，不断革新，才能保证其产品不被市场所淘汰（董晓庆等，2014）。除此之外，国企的人员流动较小，相较于非国企，它难以利用当地丰富的年轻劳动力，不利于进一步与外部先进知识进行良好交流（潘越等，2017）。基于上述分析，我们推测，国有公司不利于年轻劳动力对科技创新的作用。

为了验证上述猜测，我们在地级市层面定义了国企占比变量 SOE，使用的是 1995 年经济普查数据,分别计算了各地级市的国企和非国企的工业总产值,求出国有企业工业总产值占该地级市工业总产值的比重,再对该占比求平均数。SOE 为虚拟变量,如果该城市国企工业总产值占比大于均值则取 1,反之取 0,以此来衡量地级市国企占比。表 8.8 显示了国企占比差异对年龄结构和创新的影响回归结果。回归方程与基准回归方程类似,仅在方程右边加入了年轻劳动力占比与国企占比 SOE 的交乘项。由第(1)列可得,在控制省份—年份固定效应和城市固定效应时,国企占比越高的地区,年轻劳动力对创新的作用越小。第(2)列是将被解释变量滞后一期的回归结果,交乘项仍然负向显著,但第(3)列交乘项的系数并不符合预期。表 8.8 的回归结果在一定给程度上证实了我们的猜测,即对于国企占比较高的地区,年轻劳动力对创新的促进作用不如国企占比较低地区那么大,国有公司的存在抑制了年龄劳动力对创新的正向作用。

表 8.8　　　　　　　　异质性分析:国企占比

	(1)	(2)	(3)
VARIABLES	lnpt_c	L.lnpt_c	lnpt_c5
Young	1.052***	1.329***	0.951**
	(0.284)	(0.452)	(0.414)
Young×SOE	−1.688**	−1.700*	1.718
	(0.800)	(0.913)	(1.480)
Lossratio	YES	YES	YES
Stateratio	YES	YES	YES
Province-year FE	YES	YES	YES
CITY FE	YES	YES	YES
Observations	2953	2953	426
R-squared	0.977	0.971	0.994

注:(1)括号里为估计系数的异方差稳健标准误,在省份层面聚类调整;(2)*、**、***分别表示在 10%、5% 和 1% 的水平上显著。

有研究表明,儒家文化深刻地影响着人们的思想和选择,进而影响着人们的创新行为(徐细雄、李万利,2019)。因此,我们猜测对于受儒家文化影响程度不同的地区，年轻劳动力对创新的影响具有差异性。其原因如下：首先，儒家文化重视集体主义，追求公平而忽略效率。对于公司来说，追求公平而缺乏激励机制将极大程度抑制员工效率的提升，阻碍公司创新；对于个人来说，集体主义要求个体行为与集体保持一致，一些新奇的思想将被社会所排斥。于是集体中的个人选择遵守规则，循规蹈矩（肖金利，2018），从而规避风险。其次，儒家文化强调等级与秩序，下级对上级的指令须无理由服从（金智等，2017）。在公司中，过于严格的秩序与规章不利于个体创造性的发挥（束世宇，2020），更不利于创新活动的开展。最后，儒家文化追求"学而优则仕"。这种官本位的思想鼓励读书人走上仕途，而不是追求个人财富的积累，这与创新的目的相背离，从而抑制了个人的创新行为（陈刚、邱丹琪，2021）。而且走上仕途的官员们远离实际生产活动，难以在创新方面做出贡献。由此，我们做出推测，受到儒家文化影响深远的地区年轻劳动力对创新的正向作用将会被抑制。

本章借鉴（陈刚、邱丹琪，2021）的做法，使用各城市明清进士的人数来衡量儒家文化。由于明清时期的科举制度是促进儒家文化广泛传播的重要推动力，经科举考试中进士越多意味着该地区受到儒家文化的影响越深，因此明清进士人数能够较好地衡量该文化指标。与国企占比变量的构造类似，我们先求出地级市平均进士人数，再定义一个虚拟变量 mqjs，若某城市的明清进士人数大于均值则 mqjs 取 1，否则为 0。用该虚拟变量与自变量相乘加入回归方程，我们得到了表 8.9 的回归结果，其中列（1）—（3）分别是当期、滞后一期、每隔四年的回归结果。结果显示当期和滞后一期交乘项的系数均显著为负，这说明对于受儒家文化影响大的地区年轻劳动力对创新的作用较小，而对于受儒家文化影响小的地区年轻劳动力对创新的作用较大，即儒家文化抑制了年轻劳动力占比对创新的促进作用。

表 8.9　　　　　　　　异质性分析：明清进士人数

VARIABLES	(1) lnpt_c	(2) L.lnpt_c	(3) lnpt_c5
Young	1.252*** (0.430)	1.817*** (0.537)	1.603* (0.903)

续表

	(1)	(2)	(3)
Young×mqjs	-0.991** (0.394)	-1.444*** (0.453)	-0.497 (1.166)
Lossratio	YES	YES	YES
Stateratio	YES	YES	YES
Province-year FE	YES	YES	YES
CITY FE	YES	YES	YES
Observations	2953	2953	426
R-squared	0.977	0.971	0.994

注：(1) 括号里为估计系数的异方差稳健标准误，在省份层面聚类调整；(2) "*"、"**"、"***"分别表示在10%、5%和1%的水平上显著。

（五）20—34岁劳动力占比对专利质量的影响

年轻劳动力促进专利数量增加的同时是否有利于专利质量的提升？本章使用专利申请后三年的每年平均被引用次数来衡量该专利的质量，专利被引用次数越多，说明专利对后人的借鉴意义越大。这里，我们将专利的未来三年平均被引用次数在城市层面求均值，将其作为被解释变量进行回归。回归结果如表8.10所示，其中第（1）列表示的是20—34岁人口占劳动力人口比重对该城市当年所申请专利未来三年平均被引次数的影响，Young的系数为0.1，在10%的水平上显著，说明20—34岁人口占劳动力人口比重增加1%，该城市专利的未来三年平均被引用次数提高0.1%，年轻劳动力占比越多不仅有利于专利数量的增加也对专利质量的提升有着显著的促进作用。表10中第（2）、（3）列分别表示的是因变量滞后一期、滞后三期的回归结果，第（4）列是每隔4年的回归结果，可以看到后三列的系数均显著为正，说明这一结论具有稳健性。

表8.10　　20—34岁劳动力占比对专利质量的影响

	(1)	(2)	(3)	(4)
VARIABLES	lncit	L. lncit	L3. lncit	lncit5
Young	0.100** (0.047)	0.144** (0.057)	0.104* (0.058)	0.135* (0.067)

续表

	(1)	(2)	(3)	(4)
Lossratio	YES	YES	YES	YES
Stateratio	YES	YES	YES	YES
Province-year FE	YES	YES	YES	YES
CITY FE	YES	YES	YES	YES
Observations	2,818	2,667	2,463	426
R-squared	0.517	0.479	0.381	0.733

注：(1) 括号里为估计系数的异方差稳健标准误，在省份层面聚类调整；(2) "*"、"**"、"***"分别表示在10%、5%和1%的水平上显著。

二 上市公司层面

（一）基准回归

在上市公司层面，我们将样本期调整至1992—2014年，用20—34岁人口占劳动力人口的比重对该城市的上市公司专利申请数量进行回归，以探究城市年轻劳动力占比对上市公司创新的影响。如表8.11中第（1）列所示，解释变量为20—34岁人口占劳动力人口的比重，被解释变量为该城市上市公司当年专利申请数量取对数，并控制了行业—年份固定效应和城市固定效应，进一步减小了内生性问题所带来的干扰。回归结果显示Young的系数正向显著，与城市层面的结果相符。第（2）列加入了一些影响公司创新的变量作为控制变量，包括公司性质、公司年龄、年销售额、资产收益率、固定资产比重，为排除异常值对结果的干扰，其中年销售额、资产收益率和固定资产比重在1%的水平上进行了缩尾处理。加入这些控制变量后Young的系数有所减小，仍然在1%的水平上正显著。说明20—34岁人口占劳动力人口比重每增加1%，该城市上市公司的专利申请数量增加0.845%。考虑到专利申请周期较长，我们将因变量滞后一期进行回归，得到了第（3）列的结果。最后，为了加大自变量在时间层面的变异程度，在第（4）列中我们每隔四年保留一年样本，即仅保留1992年、1997年、2002年、2007年、2012年的样本，把因变量替换成其五年平均值进行回归，Young的系数均在1%的水平上显著。这进一步证实了我们的发现，即年轻劳动力对于上市公司创新有着显著的促进作用，假设1再一次得到了验证。

表 8.11　　　　　　　　　上市公司基准回归结果

VARIABLES	（1） lnpatent	（2） lnpatent	（3） L.lnpatent	（4） Lnpatent5
Young	1.286*** (0.332)	0.845*** (0.248)	1.103*** (0.287)	0.934*** (0.224)
Ownership		0.000 (0.004)	0.003 (0.004)	−0.002 (0.005)
Firmage		−0.008 (0.006)	−0.006 (0.006)	−0.013** (0.005)
Lnsales		0.409*** (0.027)	0.378*** (0.027)	0.418*** (0.025)
Roa		0.001 (0.003)	−0.006** (0.003)	0.009** (0.004)
Fr		−0.353** (0.164)	−0.307* (0.166)	−0.248 (0.201)
IndustryYear FE	YES	YES	YES	YES
CITY FE	YES	YES	YES	YES
Observations	25093	20997	19517	4435
R-squared	0.487	0.537	0.527	0.601

注：(1) 括号里为估计系数的异方差稳健标准误，在省份层面聚类调整；(2) "*"、"**"、"***"分别表示在10%、5%和1%的水平上显著。

（二）稳健性检验

为了检验实证结果的稳健性，首先我们把度量人口年龄结构的解释变量替换成年龄中位数，年龄中位数越大，说明人群中老年人口所占比重越大，即人口老龄化情况越严重。人口中位数与上市公司专利申请量对数值的回归结果如表 8.12 所示。其中第（1）、（2）列分别是专利申请量当期与滞后一期的结果，第（3）列是将样本每隔 4 年保留 1 年并对专利申请数求未来 5 年平均的结果，控制变量和固定效应的选择与基准回归一致。可以看到 3 个回归中年龄中位数的系数均为负，但仅仅第（2）列的系数在 10%的水平上显著，说明当地年龄中位数越大，上市公司的下一年专利申请数越少。该结果显示与基准回归所得到的结论是一致的，能较好地说明基准回归的稳健性。

表 8.12　　　　　　稳健性检验：自变量为年龄中位数

VARIABLES	(1) lnpatent	(2) L.lnpatent	(3) Lnpatent5
agemedian	−0.020 (0.014)	−0.031** (0.014)	−0.032 (0.019)
IndustryYear FE	YES	YES	YES
CITY FE	YES	YES	YES
Observations	20997	19517	4435
R-squared	0.537	0.526	0.601

注：(1) 括号里为估计系数的异方差稳健标准误，在省份层面聚类调整；(2) "*"、"**"、"***"分别表示在10%、5%和1%的水平上显著。

然后，我们使用专利授权数量来衡量上市公司的创新能力，用20—34岁人口占劳动力人口的比重对专利授权数量进行回归，表8.13第（1）列显示Young的系数为0.763，并且在1%的水平上显著，说明年轻劳动力占总劳动力比重越高，上市公司授权专利数量也越多。类似地，第（2）、（3）列分别表示的是被解释变量滞后一期与每隔四年的回归结果，其中Lngrant5表示的是五年平均的专利授权数量，Young的系数同样显著为正，再一次佐证了基准回归的结果。

表 8.13　　　　　　稳健性检验：因变量为专利授权数量

VARIABLES	(1) lngrant	(2) L.lngrant	(3) Lngrant5
Young	0.763*** (0.277)	0.963*** (0.296)	0.922*** (0.233)
IndustryYear FE	YES	YES	YES
CITY FE	YES	YES	YES
Observations	20997	19517	4435
R-squared	0.531	0.516	0.600

注：(1) 括号里为估计系数的异方差稳健标准误，在省份层面聚类调整；(2) "*"、"**"、"***"分别表示在10%、5%和1%的水平上显著。

（三）异质性分析

首先，我们从申请专利的类型出发，考察了人口年龄结构变动对上市公司的不同类型专利申请数量的影响。如表 8.14 所示，第（1）—（3）列分别考察了 20—34 岁劳动人口占比对上市公司发明专利申请数、实用新型专利申请数和外观设计专利申请数的影响，并且均控制了企业层面的控制变量、行业—年份固定效应和城市固定效应。可以看到，年轻劳动力人口占比对发明专利影响最大，这种影响效果在 10% 的统计水平上显著，平均而言，年轻劳动力占比每增加 1% 企业中发明专利增加 0.448%。年轻劳动力人口占比对实用新型专利的影响次之，其系数在 10% 的水平上正显著，对外观设计专利申请量的影响最小。第（4）—（5）列是将因变量滞后一期的回归，结果显示与前三列具有一致性，即年轻劳动力占比对发明专利的促进作用最大。由于发明专利通常被认为相对于外观设计和实用新型专利价值更高，更具有技术含量（张杰、郑文平，2018），所以年轻劳动力对企业创新的影响不仅仅是指专利数量的提高，还有可能带来了专利质量的提升。

表 8.14　　　　　　　异质性分析：区分专利类型

VARIABLES	(1) lninv	(2) lnuti	(3) lndes	(4) L.lninv	(5) L.lnuti	(6) L.lndes
Young	0.448* (0.225)	0.467* (0.244)	0.263** (0.098)	0.558** (0.217)	0.533* (0.268)	0.376** (0.168)
IndustryYear FE	YES	YES	YES	YES	YES	YES
CITY FE	YES	YES	YES	YES	YES	YES
Observations	20,997	20,997	20,997	19,517	19,517	19,517
R-squared	0.481	0.529	0.292	0.469	0.518	0.291

注：(1) 括号里为估计系数的异方差稳健标准误，在省份层面聚类调整；(2) "*"、"**"、"***"分别表示在 10%、5% 和 1% 的水平上显著。

然后，我们使用与地级市层面类似的方法来探究年轻劳动力占比对国有与非国有公司的创新绩效的影响的异质性，在回归方程的右边加入了交乘项，这里的 SOE 表示的是上市公司性质，若某上市公司的实际控制人类别为国家机构或集体，则我们定义该上市公司为国有，即 SOE 为

1，否则为 0。回归的结果与地级市层面具有一致性，20—34 岁人口占劳动力人口的比重与 SOE 的交乘项系数显著为负，这说明相较于非国有上市公司，年轻劳动力对创新的促进作用在国有上市公司中较小，或许能说明国有公司不利于年轻人创新能动性的发挥，抑制了年轻劳动力占比对公司创新的积极作用。

表 8.15　　　　　　　　异质性分析：国企与非国企

VARIABLES	(1) lnpatent	(2) L. lnpatent	(3) Lnpatent5
Young	2.019*** (0.539)	2.435*** (0.562)	2.955*** (0.398)
Young×SOE	−1.694** (0.633)	−1.875*** (0.575)	−2.103*** (0.481)
SOE	0.523** (0.220)	0.596*** (0.200)	0.645*** (0.171)
Industry-year FE	YES	YES	YES
City FE	YES	YES	YES
Observations	20997	19517	4119
R-squared	0.538	0.528	0.613

注：(1) 括号里为估计系数的异方差稳健标准误，在省份层面聚类调整；(2) "*"、"**"、"***"分别表示在 10%、5% 和 1% 的水平上显著。

(四) 20—34 岁人口占劳动力人口比重对上市公司专利质量的影响

这里我们探讨的是年轻劳动力占比对上市公司专利质量的影响。我们仍然使用专利申请后三年内平均每年专利被引用次数作为专利质量的衡量指标。因为只有质量较高的专利才会被后人多次引用，所以三年平均被引次数越多，专利质量越高。表 8.16 中第 (1) — (4) 列分别是因变量当期、滞后一期、滞后三期和每隔 4 年的回归结果，Young 的系数均为正向显著，说明这一结果具有较强的稳健性，即年轻劳动力占比越高上市公司专利质量越高，年轻劳动力促进了专利质量的提升。

表 8.16 20—34 岁人口占劳动力人口比重对上市公司专利质量的影响

VARIABLES	(1) lncit	(2) L. lncit	(3) L3. lncit	(4) lncit5
Young	0.215***	0.230***	0.210**	0.167**
	(0.077)	(0.074)	(0.089)	(0.071)
IndustryYear FE	YES	YES	YES	YES
CITY FE	YES	YES	YES	YES
Observations	20,997	19,517	16,490	4,435
R-squared	0.250	0.252	0.240	0.302

注：(1) 括号里为估计系数的异方差稳健标准误，在省份层面聚类调整；(2) "*"、"**"、"***"分别表示在 10%、5%和 1%的水平上显著。

第六节 人口年龄结构与创新机制探讨

上述实证的回归结果证实年轻劳动力对创新数量和质量都有着显著的促进作用，接下来，我们开始探究这种影响将通过何种渠道发挥作用。

一 劳动力供给渠道

对于年轻劳动力占比高的地区公司创新更多这一基准结果，有两种可能的解释：第一种是更加年轻的劳动力市场吸引了创新能力强的公司，他们为了获取年轻人的优势而选择迁入该地。第二种是位于年轻劳动力占比高地区的公司在年轻劳动力的影响下创新绩效得到提高。我们对不同年龄的公司进行回归来区分这两种情况。区位理论指出，较老的公司与当地环境通过长期的密切信息交流建立了基于信任关系的网络（Leonardi et al., 2001），因此公司的搬迁意愿随着公司年龄的增长而降低（Brouwer et al., 2004）。相反对于年轻公司来说，它们的搬迁成本较低，搬迁的意愿更强烈。因此，如果第一种解释成立的话，年轻公司相对于成熟公司更可能为了年轻劳动力而改变公司地址，即年轻劳动力占比对新成立公司创新的影响更为显著。为了对其进行验证，我们定义了三个虚拟变量，如果企业年龄小于 5 岁，则 firmage05 等于 1，否则为 0；若企业年龄大于或等于 5 岁且小于 10 岁，那么 firmage510 为 1，否则为 0；若企业成立至今不足 20 年但已经大于或等于 10 年,那么 firmage1020 等于 1,否则为 0。将这三个虚拟变量与自变量 Young 相乘加入回归,结果如表 8.17 所示。表 8.17 第(1)—(3)列分别是当期、滞后一期、每隔四年的结果。该回归的基准组是年龄大于 20 岁的企业,交乘项的系数均为负,说明相较于年龄较大的企业,年轻劳动力占比对年轻企业的创新的促进作用更小,随着企业年龄的增大,年轻劳动力对其创新绩效的积极作用更明显。回归的结果与第一种可能的解释不相符,所以年轻劳动力更有可能是通过第二种可能的情况对当地企业创新产生影响。

表 8.17　　　　　　　　机制探讨:区分企业年龄

VARIABLES	(1) lnpatent	(2) L. lnpatent	(3) Lnpatent5
Young	1.045*** (0.251)	1.213*** (0.266)	1.211*** (0.248)
Young×firmage05	−0.396 (0.292)	−0.135 (0.301)	−0.757** (0.345)
Young×firmage510	−0.455*** (0.159)	−0.297* (0.148)	−0.384* (0.216)
Young×firmage1020	−0.219** (0.093)	−0.125 (0.090)	−0.246* (0.127)
IndustryYear FE	YES	YES	YES
CITY FE	YES	YES	YES
Observations	20,997	19,517	4,435
R-squared	0.538	0.527	0.601

注:(1)括号里为估计系数的异方差稳健标准误,在省份层面聚类调整;(2)"*"、"**"、"***"分别表示在 10%、5% 和 1% 的水平上显著。

至于年轻劳动力如何对创新产生促进作用,本章认为在这个过程中这些劳动力通过供给渠道发挥着至关重要的作用。劳动力供给渠道是指位于年轻劳动力占比高的区域的公司,得益于当地年轻的劳动力市场,能更加方便地雇用年轻人进入公司从事创新研发工作。这些年轻人具备前沿知识和技能,有着较高的创新意愿和创新能力,他们充分发挥自身特点，以其特有的创造力、冒险精神和好奇心，促进了创新绩效的提高。如果这一渠道成立，这些年轻人的特质将反映在他们所创造的专利上，即他们所申请的专利也在一定程度上具备风险性与创造性。本章借鉴 Derrien 等（2017）的方法，将专利风险性定义为专利在申请后五年内每一年被引用次数的方差，以衡量专利被引用次数的波动性，并将该指标平均到城市层面。将其作为被解释变量的回归结果如表 8.18 第（1）、（2）列所示，它们分别表示当期和滞后一期的结果。除此之外，Acemoglu 等（2014）指出根本性创新由于扩展、整合了新的领域，它们收到的引用范围将更加具有普遍性，因此本章用专利收到引用的技术范围的广度（通用性）来衡量其创造性，将其作为因变量的回归结果见第（3）、（4）列。如果劳动力供给渠道成立，那么位于年轻劳动力占比高地区的公司会因为雇用这些年轻人从事创新研发而其所申请的专利具有风险性与创造性，结果显示年轻劳动力占比越高，专利风险性与创造性越强，这与我们的预期相符，假设 2 得到了验证。

表 8.18　　　　　　　机制探讨：劳动力供给渠道

	（1）	（2）	（3）	（4）
VARIABLES	lnrisk	L. lnrisk	lngen	L. lngen
Young	0.096 (0.059)	0.123** (0.054)	0.063* (0.036)	0.079** (0.031)
Observations	2,648	2,482	2,877	2,709
R-squared	0.697	0.677	0.639	0.639
Lossratio	YES	YES	YES	YES
Stateratio	YES	YES	YES	YES
Province-year FE	YES	YES	YES	YES
City FE	YES	YES	YES	YES

注：（1）括号里为估计系数的异方差稳健标准误，在省份层面聚类调整；（2）"*"、"**"、"***"分别表示在 10%、5% 和 1% 的水平上显著。

二　消费者渠道

从需求侧看，消费者需求渠道是指位于年轻劳动力占比高的区域的上市公司，面临更加年轻的消费者群体，他们追求新的消费体验（Midgley & Dowling, 1993), 为了迎合这些年轻消费者追求新奇的消费习惯, 占据更大的市场, 该地区的上市公司倾向于加大创新力度。从供给侧看, 劳动力供给渠道是指年轻劳动力的创新意愿与创新能力强, 位于年轻化劳动力市场的上市公司可以通过雇用这些年轻劳动力来改善了自身创新条件, 有利于创新产出的增加。为验证人口年龄结构变动对创新的影响是否通过这两种渠道发挥作用, 我们将上市公司区分为出口公司与非出口公司, 分别探讨了20—34岁劳动力占比对专利申请量的影响, 以及这种影响的异质性。由于出口公司的消费市场不仅限于当地的消费者, 所以对于它们来说, 当地20—34岁劳动力主要通过供给侧而不是消费者需求渠道影响创新; 而对于非出口公司来说, 年轻劳动力占比既可以通过劳动力供给又可以通过消费者渠道影响其创新。基于此, 如果消费者需求渠道成立, 那么劳动力结构的变动对出口公司的创新影响较小, 对非出口公司创新的影响更大。

表 8.19　　　　　　　　机制分析：出口与非出口

VARIABLES	(1) lnpatent	(2) L. lnpatent	(3) Lnpatent5
Young	0.911*** (0.238)	1.166*** (0.295)	1.279*** (0.226)
Young#export	-0.151 (0.763)	-0.164 (0.793)	-0.502 (0.786)
export	0.212 (0.275)	0.204 (0.291)	0.399 (0.296)
IndustryYear FE	YES	YES	YES
CITY FE	YES	YES	YES
Observations	20997	19517	4119
R-squared	0.539	0.528	0.615

注：(1) 括号里为估计系数的异方差稳健标准误, 在省份层面聚类调整; (2) "*"、"**"、"***"分别表示在10%、5%和1%的水平上显著。

具体地, 我们将表示上市公司是否出口的虚拟变量export (若上市公司从事出口业务则export=1, 否则为0) 与年轻劳动力占比Young相乘的交互项以及export水平项加入回归, 结果显示交互项为负但是并不显著,这说明年轻劳动力占比对公司创新产出的影响对于出口公司与非出口公司没有显著差异。如果消费者需求渠道成立，我们应该观察到年轻劳动力占比对非出口公司创新产出的促进作用更大，但我们的回归并不能观察到这一结果。综上，消费者需求渠道不成立，位于年轻劳动力市场的公司更可能是通过雇用年轻劳动力而促进创新。第（2）、（3）列分别是将对数专利申请量滞后一期与每隔四年的结果，其中 Lnpatent5 表示的是未来五年的平均专利申请量，同样地，交互项系数为负但并不显著，说明上文所描述的消费者需求渠道并不成立。

三 资金供给渠道

融资渠道是指年轻人占比高的区域拥有更多年轻投资者，他们敢于冒险，愿意为不确定的创新项目投资，从而帮助了公司创新。若融资供给渠道成立，年轻劳动力占比较高地区的上市公司拥有更多的年轻投资人，它们的杠杆率应该更低。这是因为这些年轻的投资人具有冒险精神，他们更加倾向于以股权而不是债券的形式向公司提供资金支持（Heaton 和 Lucas，2000；Lynch 和 Tan，2011），这使得公司融资的杠杆率降低。为了验证融资供给渠道，本章借鉴（Derrien、Kecskés 和 Nguyen，2017）的做法，用 20—34 岁劳动力占比对公司杠杆率进行了回归分析，由上述分析可知若融资渠道成立，20—34 岁劳动力占比的系数应显著为负。这里，我们采用（王玉泽等，2019）的方法使用资产负债比率表示企业面临的杠杆率。从表 8.20 的回归结果可以看到，在地区 20—24 岁劳动力占比与上市公司杠杆率的回归中，第（1）列年轻劳动力占比的系数为正且不显著，第（2）列滞后一期的系数显著为正，第（3）列每隔四年的系数为负但是不显著，所有结果都与我们的预期不符，从而排除了年轻劳动力通过融资供给渠道促进公司创新这一猜测。

表 8.20　　　　　　　　机制分析：杠杆率

	(1)	(2)	(3)
VARIABLES	Lnlr	L. lnlr	Lnlr
Young	0.017 (0.022)	0.072*** (0.025)	−0.008 (0.028)
IndustryYear FE	YES	YES	YES
CITY FE	YES	YES	YES

续表

	（1）	（2）	（3）
Observations	20997	19515	4119
R-squared	0.496	0.412	0.532

注：（1）括号里为估计系数的异方差稳健标准误，在省份层面聚类调整；（2）"*"、"**"、"***"分别表示在10%、5%和1%的水平上显著。

第七节 结论

为研究人口年龄结构变动对创新活动的影响，本章使用"第四次""第五次"全国人口普查微观数据、1990—2014年中国专利数据库、1990—2014年国泰安数据库以及1992—2014年上市公司相关数据，用人口历史出生年份预测的年轻劳动力比重构建人口结构变动指标，构筑了1990—2014年的地级市面板数据和1992—2014年的上市公司面板数据，分别从地级市和上市公司两个角度研究了人口年龄结构的变动对创新的影响。

首先，本章关注人口年龄结构变动对创新数量和质量的影响，研究表明20—34岁人口占劳动力人口的比重对专利申请数量以及专利质量的提升都有着显著的促进作用，在地区和上市公司层面都得到了一致的结论。我们使用授权专利数量进行回归，以及将衡量人口年龄结构的自变量替换成年龄中位数的回归都得到了与基准回归一致的结论，证明了文章基本结论的稳健性。

其次，在上市公司层面分析表明，年轻劳动力人口比重增加对发明专利的影响更大，对实用新型专利和外观设计专利的影响较小。人口年龄结构的变动对创新的影响存在企业年龄异质性，越成熟的企业受到年轻劳动力的影响越大。

再次，年轻劳动力对国有和非国有企业的影响具有差异，国企占比高的地区和国有上市公司创新受到的影响更小。类似地，儒家文化和宗教文化也在一定程度上抑制了年轻劳动力对创新的积极影响。

最后，在对于影响渠道的探讨中，我们分别提出了劳动力供给渠道、消费者渠道和融资渠道三个可能的机制，通过回归分析发现位于年轻劳动力市场的企业更可能是通过雇用年轻劳动力而促进创新。

第九章 企业不确定性感知与创新

第一节 引言

测量经济政策不确定性对于评估其在经济活动中的角色至关重要。然而,我们并不知道经济主体何时感知到不确定性,以及哪种类型的不确定性影响它们,所以测量经济政策不确定性是一个艰巨的任务。同时,经济政策不确定性会影响企业的预期成本和收益,对企业的创新活动和投融资行为产生影响。

关于经济政策不确定性的测量方面已存在大量研究。其中较为主流的是 Baker 等(2016)开发的经济政策不确定性指数(EPU),主要基于文本分析的方法,通过报纸报道频率进行测算。研究发现美国 EPU 指数在紧张的总统选举、第一次和第二次海湾战争、雷曼兄弟破产、2011 年债务上限纠纷时都出现了飙升。Davis 等(2019)通过《人民日报》《光明日报》这两家中国大陆主流报纸,测算 1949 年以来中国经济政策的不确定性指数(EPU)。Maria 等(2021)针对美国和意大利构建 EURQ 指数,该指数通过互联网大规模搜索的词频统计,表明对某一信息的需求不仅是由新闻报道引起的,同时也抓住了个人的兴趣,特别是在一些不确定的特定话题上。因此,EURQ 指数对 EPU 指数进行改进,可以有效地用于衡量经济主体感知的不确定性水平,并评估特定类型的不确定性在经济活动中的作用;Felipe 等(2020)针对中美贸易争端构建贸易政策不确定性(TPU),证明美国关税和中国报复性关税的贸易争端都提高了中国公司的 TPU。除此之外,也有文献使用股票市场的隐含波动率(VIX)衡量宏观层面的经济不确定性(Bloom,2009),或利用外生事件,并结合企业对这些外生变量的依赖程度衡量企业面临的不确定性。

这些外生事件包括选举或国际峰会等政治事件（Julio 和 Yook，2012；Kelly et al.，2016）、能源价格和汇率波动（Stein 和 Stone，2013）、贸易协定签订（Handley 和 Limao，2015）等。

以上测量方法都是从宏观层面出发测量经济政策不确定性，并没有考虑企业作为经济个体对于经济政策不确定性的异质性感知。同时 Baker 等（2016）的主流测量方法构造的经济政策不确定指数作为时间序列数据在同一时间点上对所有企业是相同的，并不能构造面板数据。Knight（1921）将不确定性定义为人们无法预测时间发生的可能性，体现了不确定性对个体而言是有差异的。Bloom（2014）也补充不确定性微观层面的重要性。因此，本章基于微观视角，构建企业层面的经济政策不确定性指标（Firm-Economics-Policy-Uncertainty，FEPU），测量经济政策不确定性。通过对上市公司的季报、半年报、年报进行文本分析，提炼衡量每个上市公司对经济政策不确定性的感知指标，并对本章构建的指标与 Baker 等（2016）指标进行对比，分析指标的可信度与准确程度。

经济政策不确定性对企业行为有重要影响。当不确定性上升时，资产交易成本越高，企业越有可能延迟固定资产投资（Bloom，2009）。同时经济政策不确定性的变化与信用利差的变化之间存在显著的正相关关系（Kaviani et al.，2020）。政府无限期暂停 IPO 活动而产生不确定性的政策对企业的创新活动有抑制作用（Howell，2018）。本章重点关注经济政策不确定性对于企业创新活动的影响。研究发现企业层面的经济政策不确定性会抑制企业的创新活动，本章还认为经济政策不确定性对企业创新的传导，受到管理层与董事会持股比例等诸多因素的影响。

本章的创新之处主要体现在以下几个方面：第一，参考 Davis（2019）和聂辉华（2020）的做法，使用文本分析方法构建 2001—2020 年企业层面的经济政策不确定指标 FEPU，体现企业对风险感知的异质性特点。第二，在 FEPU 指标下，探讨经济政策不确定性对企业创新的影响，同时考虑异质性企业对于经济政策不确定性的反映是否被放大。第三，对其中的路径机制分析，探究在不同代理人激励强度和企业风险承担能力下 FEPU 对企业创新能力的影响。

第二节 企业不确定性感知对创新
影响的理论假说

一 企业经济政策不确定性和企业创新

FEPU 可以从几个方面影响企业创新。首先，实物期权理论认为，投资项目的不可逆性可以促使企业通过权衡当前和未来投资的利润差异来做出最优投资决策。不确定性程度越高，等待未来投资的回报越大；因此，不确定性冲击可以增强公司推迟投资的动机（Bernanke，1983；Dixit 和 Pindyck，1994；Bloom，Bond 和 Van Reenen，2007；Wang et al.，2014；Gulen 和 Ion，2016）。Bhattacharya 等（2017）指出，选择等待的价值对于创新来说更为重要，因为它的不可逆性高于资本支出。如果研发项目失败，企业将面临高昂的调整成本，并可能因严重亏损而面临困境。因此，在不确定的环境中，企业可能会减少对创新的投资。

其次，不确定性冲击会增加管理者的风险厌恶情绪：在高度不确定性的情况下，管理者不愿意承担新的投资项目（Panousi 和 Papanikolaou，2012）。FEPU 的增加使经济环境变得复杂、不稳定和不可预测（Pastor 和 Veronesi，2013）；这给企业运营带来了更大的外部风险。为了避免内外部风险对发展的不利影响，由于投资周期长、收益风险高，管理者可能会变得谨慎，避免创新活动。随着 FEPU 的增加，合法性风险也可能上升。如果 FEPU 过高，管理者很难对创新活动的结果形成明确的预期，也很难判断新产品和新技术是否符合政策要求（Marcus，1981）。例如，产业政策或产品标准的变化可能导致无法实现既定的研发目标，导致严重的资源浪费。为了避免风险，企业可能会推迟创新活动，直到不确定性消失。根据以上分析，我们提出第一个假设：

假设 1：企业经济政策不确定性（FEPU）与企业创新负相关。

二 经理人风险厌恶机制

企业的冒险能力反映了企业缓冲和应对风险的能力，以及捕捉和把握风险机会的能力（Mishra 和 Mishra，2019）。与风险偏好类似，冒险能力也是一个非常主观的概念，很难直接衡量。以往的研究主要采用问卷调查和案例分析的方法来衡量企业的风险承担能力（Panda，2018；Mishra 和 Mishra，2019）或间接方法（Rao et al.，2017）。由于问卷调查的过度主观性，我们遵循 Rao 等（2017），根据公司特征评估冒险能力，使用三个指标：公司所有权、规模和成长性。Xie 等（2019）认为国有所有制为企业带来了各种好处（如更容易获得银行贷款，更有利的信贷条件，更轻的税收，以及政府在遇到困难时的救助），增强了企业承担风险项目的能力。Zhang 等（2015）、Zeng 等（2019）、Feng 等（2019）也认为政府为国有企业提供了巨大的支持和隐性保护；因此，国有企业能够更好地抵御政策风险。综上所述，这些结果表明，国有企业应对政策转变不利冲击的能力强于非国有企业。

大量研究发现，企业规模与企业风险承担呈正相关。Walls 和 Dyer（1996）认为，随着企业的发展，其承担风险项目的能力也会增强。他们进一步认为，大公司可以同时投资多个项目，并通过多样化的投资组合分散风险，从而减少价格和政治风险的不利影响。Bhagat 等（2015）和 Otchere 等（2020）实证证明企业规模对企业风险承担有正向影响。他们坚持认为，大公司可以享受"大到不能倒"的好处，也就是说，当他们面临财务困境时，他们可以得到政府的救助，这使他们能够承担更大的风险。因此，我们期望大公司有更强的能力接受高风险的项目。

研究表明，高增长公司通常认为在获得资金、现金流和管理资源方面存在障碍（Lee，2014），这严重限制了他们承担风险的能力。Chen（2010）以中国上市公司为样本，发现拥有更多成长机会的公司比拥有较少成长机会的公司承担风险更低的项目。因此，我们预计高成长企业的风险水平较高，承担外部风险的能力较弱。

假设 2：FEPU 对创新的负面影响对那些经理人风险厌恶更高的企业更大。

三　企业风险承担能力机制

创新是一个长期的、累积的投资过程。只有拥有足够资源的企业才能实施创新活动。因此，进行创新的决策既受到高管的风险偏好的影响，也受到企业接受风险的基本能力的影响。我们期望具有不同冒险能力的公司在面对高度不确定性时的反应不同。

当 EPU 对企业产生融资环境恶化、未来现金流下降等负面影响时（Zhang et al.，2015），风险承担能力较弱的企业很难调动资金来保证创新项目的顺利实施。为了避免研发中断带来的损失，这些公司在开发新产品、新技术或新市场时可能会更加谨慎。相反，承担风险能力强的企业可以从容应对宏观环境波动带来的风险：即使研发项目失败，企业也可以通过收购或运营内外部资源来化解危机。因此，这些公司不太担心投资于创新。

Arslan-Ayaydin 等（2014）发现，财务弹性储备可以增强企业抵御风险的能力，帮助企业捕捉短暂的投资机会；因此，财务灵活的企业在金融危机期间有更高的投资支出，并表现出更好的业绩。Mishra 等（2019）观察到，在不确定的环境中，具有较强冒险能力的企业可以更好地协调复杂供应链中的货物、信息和资金流动。这样的公司能够很容易地利用市场机会，从而通过快速提供新产品或服务来帮助满足客户的需求。研究结果表明，较强的风险承担能力保证了企业能够有效抵御外部环境的不利影响；它们积极应对不断变化的宏观经济政策条件。

综上所述，承担风险能力强的企业能够从容应对外部风险，使创新活动得以顺利进行。因此，风险承担能力的增强有望增加企业创新的可能性，从而削弱 FEPU 的抑制作用。据此，我们提出以下假设：

假设3：企业经济政策不确定性（FEPU）对创新的负面影响对那些风险承担能力更差的企业影响更大。

第三节　数据构建

一　数据来源及描述性统计

本研究以 A 股上市的中国上市公司为 2001—2021 年的研究对象，对于 A 股上市的普通公司通常被区分为中国公司的代表。中国研究数据服务（CNRDS）提供企业层面的财务报表和创新数据。年报文本数据来自巨潮资讯网。中国股票市场与会计研究数据库（CSMAR）是其他数据的主要来源。本章将企业层面经济政策不确定性指数与企业特征数据进行匹配，生成企业—年度面板数据。考虑到数据质量对本章的影响，本章在实证分析前对样本进行如下处理：（1）剔除在观测期内被 ST、*ST 等特殊处理的上市公司；（2）剔除金融服务行业；（3）剔除净资产为负的企业，最后生成有效样本量为 37217。

表 9.1 列出了关键变量的描述性统计量。因变量对数的平均值，即专

利、发明专利、实用新型专利和外观设计专利的滞后期,分别为 2.172、1.495、1.539 和 0.586,最小值均为 0,最大值分别为 6.641、5.881、5.829 和 4.682。主要解释变量(FEPU)的值为 0.006,每份年报的管理层讨论与分析中,有 0.6% 的概率在一句话中同时出现政策词与风险词。

表 9.1　　　　　　　　　　描述性统计

	观测值	均值	标准差	最小值	最大值
L. Invia	32679	1.495	1.525	0	5.881
L. Patent	32679	2.172	1.803	0	6.641
L. Umia	32679	1.539	1.612	0	5.829
L. Desia	32679	0.586	1.082	0	4.682
FEPU	37217	0.006	0.004	0	0.044
净资产收益率	37186	0.059	0.130	−0.738	0.312
托宾 Q 值	27838	2.041	1.839	0.165	10.290
企业杠杆率	28276	0.441	0.202	0.054	0.883
企业规模	28276	22.070	1.330	19.720	26.350

资料来源:作者计算。

调节变量数据显示,研发密度和研发人员比例的平均值分别为 0.035 和 0.145。样本企业平均将营业收入的 3.5% 用于研发,研发人员约占样本企业的 14.5%。反映公司竞争程度的净资产收益率 ROE 和托宾 Q 值的平均值分别为 0.059 和 2.041。最后,反映接近技术前沿的两个指标的平均值分别为 0.867 和 −2.975,标准差为 0.059 和 1.381。为了节省篇幅,这里不再详细描述其余控制变量的基本特征。

二　变量构建

(一)被解释变量

本章的被解释变量包括四个:发明专利、专利、实用新型、外观设计。与专利申请相比,专利授权具有更多的人为因素和一定的滞后期,而专利申请与公司的决策更具同步性。因此,我们用专利申请的数量来衡量企业创新。专利分为发明专利、实用新型专利和外观设计专利。发明专利是三类专利中最具原创性、代表性较强的专利,与企业创新密切相关。因此,我们按照 Yuan 和 Wen(2018)、Phan(2019)和 Tsai 等

（2019）的做法，用企业发明专利申请的数量加一，再取自然对数来衡量企业创新。所有专利数据都来自 CNRDS，创新专利研究（CIRD）数据库。

本章将发明专利作为主要被解释变量。发明专利作为衡量企业"硬科技"的重要标准，同时也是科创板的核心指标，充分体现了上市公司的创新能力。专利为上市公司当年独立申请所有类型专利的总和，衡量企业当年的创新活动。实用新型专利指对产品的形状、构造或者其结合所提出的适于实用的新的技术方案，侧重于产品实用价值的提升。外观设计专利侧重于工业品的样式。

（二）解释变量

企业层面的经济政策不确定性（Firm-Economics-Policy-Uncertainty, FEPU）。参考 Steven J. Davis（2019）、聂辉华（2020）的做法，构建该指标，测量企业对经济政策不确定性的感知。本章使用文本挖掘的方法对上市公司年报中管理层讨论与分析部分的文本进行关键词检索①，得到。

由于本章构建的企业层面经济政策不确定性指数较小，变化幅度较小，所以对 Baker（2016）构造的 EPU 指数进行标准化处理，以减小 EPU 指数的波动幅度，使两者具有可比性。同时将 FEPU 与 EPU 进行比较，画出折线图 9.1。发现 FEPU（红线）的总体走势与 EPU（黄线）的总体走势趋于一致。这体现了 FEPU 指数的可信性，二者的相关性较高（相关系数 0.629）。但从细节来看，上市公司对经济政策不确定性感知指标与宏观层面的经济政策不确定性有一些差异。2002—2003 年企业层面的经济政策不确定性显著上升，2003 年后变化较小并在 2005—2007 年飞速下降，而宏观层面的经济政策不确定性在 2002 年短暂上升，从 2003 年开始下降。2007—2016 年，EPU 指数波动幅度较大，总体呈上升趋势；FEPU 指数波动幅度较小，总体呈上升趋势。2016 年后，FEPU 指数波动剧烈，同时 2018 年 FEPU 指数剧烈上升，反映了中美贸易争端对于企业

---

① 假定上市公司 i 在年份 t 的年报中 MD&A 句子数量为，进行 jieba 分词，去停用词，统计词语数量记为 N。对每个句子（s）进行文本分析，其中出现政策词的句子被定义为政策句（P），统计政策句中表示风险不确定性的词语个数，记为 n_s。

$I_p(s)$ 是示性函数，当时 $s \in p$ 时，$I = 1$；当 $s \notin p$ 时，$1 = 0$。则 $FEPU_{it} = \sum_{s=1}^{S_c} n_s I_p(s) / N$。

层面经济政策不确定性感知的巨大影响。

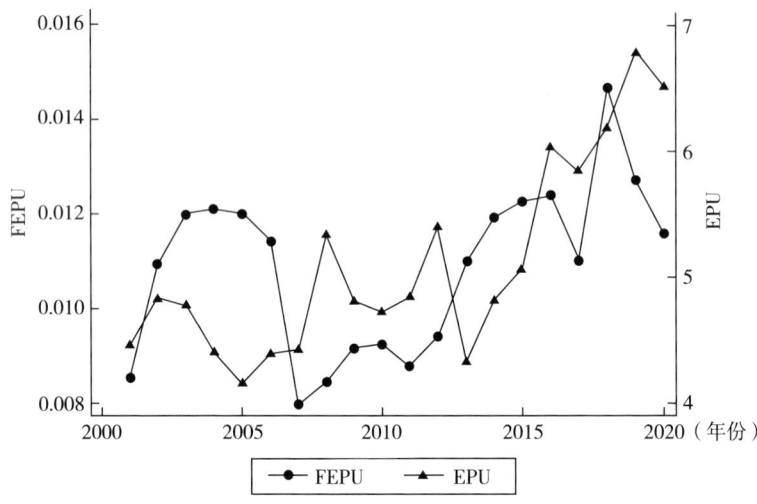

图 9.1 比较 FEPU 和 EPU

资料来源：作者计算。

从上述趋势变动中，我们可以得到如下两点结论：第一，企业层面的经济政策不确定性感知相较于宏观层面的经济政策不确定性有滞后性。这可能是因为 Baker 等通过主流报纸统计关于经济政策不确定性词语数量，报纸具有较好的时效性，而 FEPU 的测算通过上市公司的季报、半年报和年报中经济政策不确定性词语的词频统计衡量，具有时滞性。这可能会造成企业层面的经济政策不确定性指标的变动滞后于宏观层面经济政策不确定性指标的变动。同时证实了从政策制定、经济环境变动到企业感知政策和经济环境变动到企业对外界环境变动做出反应，采取行动的传导机制，印证了从第一阶段到第二阶段的时效性，即 FEPU 指标的变化滞后于 EPU 指标的变化。第二，企业层面的经济政策不确定性感知相较于宏观层面的经济政策不确定性的波动幅度更大，变化更剧烈。2006—2007 年、2017—2019 年 FEPU 指数的波动幅度远远超过 EPU 的波动。这可能也是由于企业对于经济环境的反映受传导机制的影响，企业对于经济政策不确定性反映的时滞性会加剧企业对于经济政策不确定性的评估，导致企业层面的经济政策不确定性指标波动更加剧烈。同时也可以解释 2020 年受新冠疫情的冲击，FEPU 指标的下降是由于企业层面经济政策不确定性指标具有滞后性，且在 2021 年会有剧烈上升。

如果根据行业对上市公司进行分组，可以发现不同行业上市公司面临的经济政策不确定性差异也非常明显。图 9.2 展示了食品制造业、房地产业、有色金属矿采选业、酒、饮料和精制茶制造业四个行业上市公司面临的经济政策不确定性变化。由图可知，四个行业的 FEPU 指标相差较大说明不同类型的企业感受到的不确定性差异较大，因此构造企业层面的不确定性指标是有必要的。

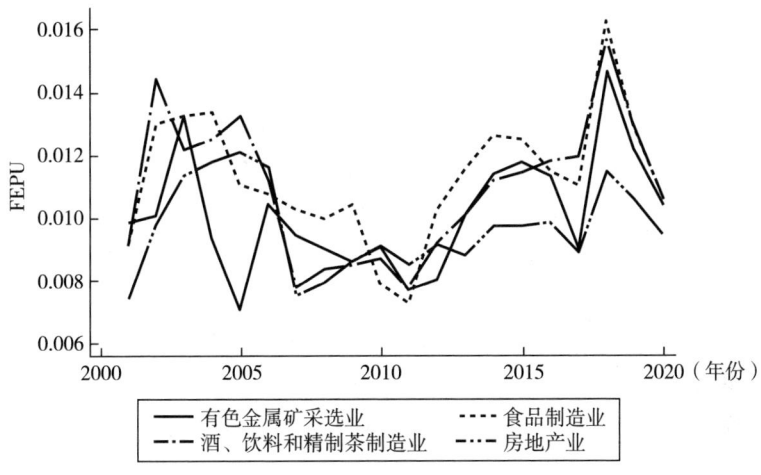

图 9.2　不同行业的 FEPU

资料来源：作者计算。

（三）机制变量

1. 代理人激励

风险偏好是一个相当主观的概念，其直接衡量是有问题的。因此，我们使用间接的方法来评估它。以往研究发现，金融政策的风险程度是企业高管风险偏好的重要体现（Cassell et al.，2012）。因此，我们遵循 Cassell 等（2012）和 Ferris 等（2017），并使用公司财务政策风险的两项措施作为高管风险偏好的代理。第一个指标是财务杠杆，计算方法是总债务与总资产的比率。与股权融资相比，债务融资的成本较低，但风险较高。较高的负债率反映了高管们积极的融资战略。

2. 企业风险承担能力

与风险偏好类似，冒险能力也是一个非常主观的概念，很难直接衡量。为了衡量企业的冒险能力，先前的研究主要使用问卷调查和案例分析（Panda，2018；Mishra 和 Mishra，2019）或间接方法（Rao & Xu，2017）。由于问卷调查的过度主观性，我们遵循 Rao 和 Xu（2017）；我们根据公司特征评估风险承担能力，使用两个指标：公司所有权（SOE）和公司规模（Size）。

3. 控制变量

沿着以下研究（Tian & Wang，2014；Atanassov et al.，2015；Cornaggia et al.，2015；He & Wintoki，2016；Hall et al.，2016），我们控制了可能会影响企业创新的企业财务指标及其他数据，包括：资产收益率（ROA），托宾 Q 值、杠杆率（Leverage ratio），企业规模这 4 个指标，以更好反映企业的盈利能力、资产利用效率、财务风险、资金状况等，影响企业创新意愿和条件，因此和企业创新活动有关。

三 实证模型的构建

（一）基准回归模型

本章在模型建立时选择将专利滞后一期，这是由于经济政策不确定性对专利的影响很可能不是当期发生的，而是受到各种外界因素的干扰和传导过程时滞，在企业专利申请数量影响上滞后。在式（9.1）中体现在等式右侧提前一期。

$$Patent_{i,t} = \alpha_0 + \alpha_1 FEPU_{i,t-1} + \alpha_2 Lev_{i,t-1} + \alpha_3 TQ_{i,t-1} + \alpha_4 ROA_{i,t-1} + \alpha_5 Size_{i,t-1} + \tau_t + \delta_p + \gamma_d + \varepsilon_{i,t-1} \tag{9.1}$$

所有自变量和控制变量（企业年龄以及行业级别和年份级别的虚拟变量除外）都比自变量滞后一期。FEPU 表示自变量，i 代表个体，t 代表年份，α 表示每个变量的回归系数。其中，$Patent_{i,t}$ 作为本章的被解释变量，在实际回归中，采用发明专利（L. Invia）、专利（L. Patent）、实用新型（L. Umia）、外观设计（L. Desia）进行分析。控制变量包括杠杆率（Lev）、资产收益率（ROA）、托宾 Q 值（TQ）、规模（Size）。τ_t，δ_p，γ_d 分别表示时间固定效应、省份固定效应、行业固定效应，$\varepsilon_{i,t}$ 为残差项。

(二) 机制分析模型

1. 高管的风险偏好

$$Patent_{i,t} = \alpha_0 + \alpha_1 FEPU_{i,t-1} \times Agent_{i,t-1} + \alpha_2 Lev_{i,t-1} + \alpha_3 TQ_{i,t-1} +$$
$$\alpha_4 ROA_{i,t-1} + \alpha_5 Size_{i,t-1} + \delta_{t-1,p} + \gamma_{t-1,d} + \varepsilon_{i,t-1} \tag{9.2}$$

$Agent_{i,t-1}$ 表示代理人激励强度，包括董事会持股比例 $Bshare_{i,t-1}$ 和管理层持股比例 $Mshare_{i,t-1}$ 两个指标。$Bshare_{i,t-1}$ 表示企业 i 在 $t-1$ 年的董事会持股比例，$Mshare_{i,t-1}$ 表示企业 i 在 $t-1$ 年的管理层持股比例。

$$Patent_{i,t} = \alpha_0 + \alpha_1 FEPU_{i,t-1} \times Leveage_{i,t-1} + \alpha_2 TQ_{i,t-1} + \alpha_3 ROA_{i,t-1} +$$
$$\alpha_4 Size_{i,t-1} + \delta_{t-1,p} + \gamma_{t-1,d} + \varepsilon_{i,t-1} \tag{9.3}$$

$Leveage_{i,t-1}$ 表示企业 i 在 $t-1$ 年的杠杆率，即总资产比总负债。更高的杠杆率可以反映代理人更高的风险偏好。

2. 企业风险承担能力

$$Patent_{i,t} = \alpha_0 + \alpha_1 FEPU_{i,t-1} \times SOE_{i,t-1} + \alpha_2 Lev_{i,t-1} + \alpha_3 TQ_{i,t-1} +$$
$$\alpha_4 ROA_{i,t-1} + \alpha_5 Size_{i,t-1} + \delta_{t-1,p} + \gamma_{t-1,d} + \varepsilon_{i,t-1} \tag{9.4}$$

$SOE_{i,t-1}$ 表示企业 i 在 $t-1$ 年的所有权属性，若企业 i 为国有企业 $SOE=1$，若企业 i 为非国有企业，则 $SOE=0$。

$$Patent_{i,t} = \alpha_0 + \alpha_1 FEPU_{i,t-1} \times Sizedummy_{i,t-1} + \alpha_2 Lev_{i,t-1} + \alpha_3 TQ_{i,t-1} +$$
$$\alpha_4 ROA_{i,t-1} + \alpha_5 Size_{i,t-1} + \delta_{t-1,p} + \gamma_{t-1,d} + \varepsilon_{i,t-1} \tag{9.5}$$

$Sizedummy_{i,t-1}$ 表示企业 i 在 $t-1$ 年的规模，若企业 i 的规模大于样本中位数，则 $Sizedummy=0$。注意这里的 $Sizedummy_{i,t-1}$ 与控制变量 $Size_{i,t-1}$ 不同。综上，如果企业是一个规模较大的国有企业，那么将会有较强的风险承担能力。

第四节 企业不确定性感知对创新影响的实证分析

一 基准回归结果

这种基本回归表明，FEPU 在抑制企业创新方面具有重要作用。在表9.2中，单个变量的回归结果显示在模型（1）至（4）中，其中 FEPU 的回归系数在1%的水平上是负的和显著的。考虑到行业和地区层面的不可观测因素可能会影响基准回归的结果，同时企业特征因素会干扰企业不确定性感知与企业专利申请的因果关系。针对这一问题，本章在基准回归模型中分别加入省份固定效应、行业固定效应与时间固定效应，以控制省份和行业层面的不可观测因素，同时加入企业特征变量进行控制，减小无关变量对于回归结果的影响。在控制固定效应后，the regression coefficient FEPU 的回归系数在 1% 的置信水平显著，这个和 Zhukun Lou、Siyu Chen et al.（2022）的结果一致。

第（5）列为我们关注焦点，研究发现企业当年对经济政策不确定性的感知增加 1 单位，企业在第二年会减少 7.544 单位的发明专利申请，说明了企业对经济政策不确定的感知会抑制企业的创新活动。模型（6）显示了 FEPU 对上市公司三种类型的专利申请总数的影响。回归系数为 -8.968，在 1% 水平上显著。FEPU 对专利申请总数的影响要高于对发明专利申请的影响，这是由于在模型（7）、模型（8）中，企业在面临更高经济政策不确定性时会减少对于实用新型专利申请和外观设计专利申请的数量，所以在加总时，专利申请总数相较于发明专利申请数量会有更大的影响。此外，在模型（7）中，FEPU 对实用新型专利申请数量的影响并不显著，对比模型（3）的结果，这可能是由于排除了企业盈利能力与资金状况、省份与行业层面不可观察因素的影响（模型（3）的因果关系并没有被准确识别）。同时，实用新型专利更加侧重"产品的形状、构造或者其结合所提出的适于实用的新的技术方案"，故而专利法中对实用新型的创造性和技术水平较发明专利低，并不能准确衡量企业的核心创新能力，所以对本章主要结论无关大碍。

二　稳健性检验

在主回归中，我们初步发现企业的经济政策不确定性感知会显著抑制企业专利申请数量，但是专利申请可能不能完全代表企业的创新能力和创新活跃度，故本章在表 9.3 中进行丰富的稳健性检验。

第（1）—（5）列分别对被解释变量"专利申请数量"进行替换，回归结果都在 1% 水平上显著。第（1）列将专利申请数量置换为企业研发支出[①]，研发支出与企业创新活动直接相关，同时作为一种投资，较一般的投资活动具有更大的收益不确定性和风险性，更容易受到企业层面

---

① 研发支出是指在研究与开发过程中所使用资产的折旧、消耗的原材料、直接参与开发人员的工资及福利费、开发过程中发生的租金以及借款费用等。

表 9.2　基准回归结果

	(1) L 发明专利	(2) L 专利	(3) L 实用新型	(4) L 外观设计	(5) L 发明专利	(6) L 专利	(7) L 实用新型	(8) L 外观设计
fepu1	−15.256*** (−6.94)	−19.413*** (−7.47)	−24.134*** (−10.39)	−5.200*** (−3.33)	−7.544** (−2.47)	−8.968*** (−2.70)	−2.203 (−0.76)	−8.207*** (−3.16)
企业杠杆率					−0.279*** (−2.97)	−0.322*** (−3.11)	−0.099 (−1.06)	−0.152* (−1.88)
托宾 Q 值					0.037*** (3.74)	0.012 (1.13)	−0.012 (−1.26)	0.021** (2.26)
净资产收益率					−0.039 (−0.49)	0.070 (0.77)	0.085 (1.05)	0.140* (1.84)
企业规模					0.568*** (27.21)	0.614*** (28.56)	0.494*** (24.53)	0.290*** (13.60)
Constant	−1.408*** (−93.30)	−2.062*** (−115.52)	−1.402*** (−87.93)	0.616*** (−57.47)	−10.867*** (−24.02)	−11.107*** (−24.00)	−9.218*** (−21.20)	−5.691*** (−12.29)
Years Effect					是	是	是	是
Industry Effect					是	是	是	是
Province Effect					是	是	是	是
Observations	32,679	32,679	32,679	32,679	24,564	24,564	24,564	24,564
Adjusted R^2	0.001	0.002	0.003	0.000	0.524	0.571	0.553	0.235

注："*"、"**"、"***"分别表示在 10%、5%、1% 的水平下显著，括号内的数值报告的是稳健标准误。

表 9.3　　　　　　　　　　　稳健性检验

	(1) L 研发支出	(2) L 研发投入占营业收入比例	(3) L 研发人员数量占比	(4) L 引用次数	(5) L 剔除自引用的引用次数
fepu1	−35.233** (−2.28)	−17.386*** (−4.20)	−9.606** (−2.40)	−18.688*** (−3.01)	−18.462*** (−2.98)
企业杠杆率	−0.340 (−0.92)	−0.973*** (−9.16)	−0.392*** (−3.98)	−0.391** (−2.39)	−0.398** (−2.43)
托宾 Q 值	0.101*** (3.64)	0.055*** (6.00)	0.042*** (4.50)	0.034** (2.30)	0.033** (2.27)
净资产收益率	−1.069*** (−3.69)	−0.293*** (−3.24)	−0.253*** (−2.99)	0.199 (1.42)	0.189 (1.35)
企业规模	0.736*** (11.95)	−0.075*** (−4.15)	−0.074*** (−4.39)	0.589*** (17.27)	0.589*** (17.34)
Constant	0.254 (0.19)	3.096*** (7.94)	4.208*** (11.51)	−10.821*** (−14.59)	−10.834*** (−14.65)
Year×Industry effect	是	是	是	是	是
Year×Province effect	是	是	是	是	是
Observations	14,479	16,574	11,733	15,568	15,568
Adjusted R^2	0.335	0.539	0.432	0.279	0.280

注："*"、"**"、"***"分别表示在 10%、5%、1%的水平下显著,括号内的数值报告的是稳健标准误。

经济政策不确定性感知的影响。所以我们认为企业研发支出能够在一定程度上代表企业创新水平,并直接受到 FEPU 的影响。回归发现,当企业对经济政策不确定性感知增加 1 单位,未来一年企业对研发支出会减少 35.23%。需要说明的是,这里没有加入宏观经济的控制变量,是因为在控制季度固定效应时已经对宏观经济变量进行控制,如果再加入宏观经济变量作为控制变量,其估计的系数会被省略掉。第(2)列引入研发投入占营业收入比例,更好地反映了企业研发投资活动的重视程度,结果在 1%上显著为负,与基准回归几乎没有差别。第(3)列选择将企业 i 在 t−1 年研发人员数量占总员工数量的比重作为被解释变量,虽然存在部分企业数据缺失情况,但回归结果仍在 1%上稳健。此外,专利引用次数作为衡量专利质量的高认可度指标（Trajtenbera M. A., 1990；Hall B. H., Jaffe A. B., Trajtenberg M., 2001），本章在第（4）列探讨了当年 FEPU 是否对企业第二年申请专利的被引次数产生影响。研究发现经济政策不确定性不仅会影响企业未来一年的专利申请数量，而且对该企业专利的被引用次数会产生显著抑制作用。第（5）列为剔除自引用的引用次数，同样，回归结果在1%水平上显著为负。

三　内生性问题

除了省份和行业层面的不可观测因素之外，基准回归可能还面临逆向因果和测量误差的问题。例如，上市公司为获得投资者继续注资在年报中故意隐瞒企业感知到的经济政策不确定性，或为合理化当年减少投资支出和增加金融资产的操作而在年报中故意夸大公司面临的经济政策不确定性，这将产生道德风险（Grossman, S.J., Hart, O.D., 1986；Knight, J., 1992；Hart, O.D., Moore, J.; Masten, S.E., About Oliver E. Williamson., 1999），导致测量误差。

为减轻内生性问题，本章参考 Fisman 等（2007）构造工具变量的方法，使用同一行业、同一省份其他企业经济政策不确定性感知指标的平均值作为这家企业经济政策不确定性感知指标的工具变量（IV）。同行业、同省份其他企业的经济政策不确定性感知指标的平均值与该企业感知到的不确定性程度是相关的，但不会出现该企业管理层"道德风险"的问题，这样可以部分地将该企业不确定性感知中相对外生的那一部分"剥离"出来，从而避免内生性问题。需要说明的是，在 2SLS 回归中加入省份固定效应后，样本量会减少，这是因为存在某一省份某行业只有一家企业的情况。

表 9.4 报告第二阶段最小二乘的结果。第（1）—（4）列分别是对式（1）进行 IV 估计。可以发现，回归系数显著增大，与聂辉华（2020）结果一致，这可能是因为同行业同省份的企业的平均经济政策不确定性感知相较于该企业的经济政策不确定性感知更真实，该企业可能会夸大经济政策不确定性的感知，或可能由于企业更不倾向采取冒险措施，导致回归系数数值的变化。但除 FEPU 对实用新型专利申请数量的抑制作用不显著外，FEPU 对其他三类专利申请数量的影响都是显著的，这与基准回归结论相符，说明假设 1 成立。

表 9.4　工具变量回归结果

	(1) first	(2) second	(3) first	(4) second	(5) first	(6) second	(7) first	(8) second
	L.发明专利		L.专利		L.实用新型		L.外观设计	
average_fepu	0.734*** (18.57)		0.734*** (18.57)		0.734*** (18.57)		0.734*** (18.57)	
fepu1		-51.634** (-2.16)		-57.602** (-2.20)		-15.746 (-0.71)		-53.653*** (-2.78)
企业杠杆率	0.000 (1.48)	-0.256*** (-2.70)	0.000 (1.48)	-0.298*** (-2.84)	0.000 (1.48)	-0.074 (-0.79)	0.000 (1.48)	-0.115 (-1.39)
托宾Q值	-0.000*** (-3.16)	0.033*** (3.28)	-0.000*** (-3.16)	0.008 (0.74)	-0.000*** (-3.16)	-0.016* (-1.65)	-0.000*** (-3.16)	0.014 (1.41)
净资产收益率	-0.001*** (-4.03)	-0.083 (-1.00)	-0.001*** (-4.03)	0.021 (-0.22)	-0.001*** (-4.03)	0.040 (-0.49)	-0.001*** (-4.03)	0.081 (1.06)
企业规模	-0.000 (-1.53)	0.565*** (26.77)	-0.000 (-1.53)	0.611*** (28.05)	-0.000 (-1.53)	0.491*** (24.42)	-0.000 (-1.53)	0.286*** (13.63)
Years Effect	—	是	—	是	—	是	—	是
Industry Effect	—	是	—	是	—	是	—	是
Province Effect	—	是	—	是	—	是	—	是
Observations	24550	24550	24550	24550	24550	24550	24550	24550

续表

	(1)	(2)	(3)	(4)	(5)	(6)	(7)	(8)
	first	second	first	second	first	second	first	second
	L 发明专利		L 专利		L 实用新型		L 外观设计	
Adjusted R^2	0.211	0.211	0.210	0.210	0.190	0.190	0.066	0.066
Kleibergen-Paap rkWald F-stat	344.680	344.680	344.680	344.680	344.680	344.680	344.680	344.680

注："*"、"**"、"***"分别表示在10%、5%、1%的水平下显著，括号内的数值报告的是稳健标准误。

四 不同时间段 FEPU 对企业的创新的影响

我们可以得出结论,FEPU 对企业创新有负面影响,但影响会随着 EPU 的水平而变化吗?图 9.1 显示了 2001—2021 年中国 FEPU 的水平。我们观察到 2008 年前后 FEPU 存在很大差异,在 2008 年前均值为 0.004,2008 年之后的均值则增长至 0.006。更重要的是,它在 2008 年前对企业专利申请的抑制作用远小于 2008 之后(Feng He, Yaming Ma, Xiaojie Zhang, 2020)。出于这个原因,我们将样本分为两部分,并对每个子样本进行回归。回归结果如表 9.5 所示。

第(1)—(4)列为 2001—2007 年企业经济政策不确定性感知对专利申请情况的影响,四种类型的专利数量在 1% 水平显著。同时,在子样本中,2008—2021 年,FEPU 系数绝对值较大,意味着 FEPU 对企业创新有更严重的消极影响。这些结果表明当 FEPU 比较高时,它对企业创新具有更严重的(体现在更大的系数绝对值)抑制作用。第(1)列、第(5)列报告了本章关注的核心解释变量发明专利申请数量在面临不同 FEPU 水平的变化情况。研究发现,2008 年以前 FEPU 增长一个单位,企业在未来一年发明专利的申请数量将减少 6.162%;而在 2008 年以后,这种抑制作用更加剧烈且显著,当 FEPU 增长一单位,企业在未来一年发明专利的申请数量将在 1% 水平上减少 12.658%。

五 机制分析

(一)融资约束效应

融资约束对企业创新会产生影响,我们发现不确定性增加,会导致融资约束对企业创新的进一步增强。不管是 SA 指数和还是 WW 指数与 FEPU 的交互项,都是正向的(见表 9.6)。

(二)董事会持股比例和管理层持股比例

许多研究表明,如果 EPU 不完全可逆,则更大的 EPU 会导致资本投资的下降:确定性会增加等待投资的期权价值,推高外部融资成本,并增强管理风险规避(Panousi 和 Papanikolaou,2012;Gulen 和 Ion, 2016)。如果 EPU 过高,管理者很难对创新活动的结果形成明确的预期,也很难判断符合政策要求的新产品和新技术(Marcus,1981)。例如,产业政策或产品标准的变化可能导致无法实现既定的研发目标,导致严重的资源浪费。为了避免风险,企业可能会推迟创新活动,直到不确定性消失。

表 9.5　企业层面经济政策不确定性与企业创新强度

	Year<2008				Year≥2008			
	(1) L 发明专利	(2) L 专利	(3) L 实用新型	(4) L 外观设计	(5) L 发明专利	(6) L 专利	(7) L 实用新型	(8) L 外观设计
FEPU	-6.162** (-2.12)	-8.139** (-2.00)	-4.558 (-1.60)	-4.498 (-1.43)	-12.658*** (-3.31)	-12.623*** (-3.04)	-4.905 (-1.32)	-9.865*** (-2.96)
企业杠杆率	-0.236* (-1.69)	-0.425** (-1.98)	-0.364** (-2.32)	-0.167 (-0.93)	-0.254** (-2.37)	-0.276** (-2.37)	0.011 (0.11)	-0.162* (-1.73)
托宾 Q 值	0.035** (2.03)	0.020 (0.76)	0.009 (0.57)	-0.003 (-0.16)	0.041*** (3.54)	0.014 (1.17)	-0.016 (-1.42)	0.023** (2.15)
净资产收益率	-0.068 (-0.59)	-0.130 (-0.80)	-0.132 (-1.07)	-0.185 (-1.46)	0.057 (0.60)	0.219** (2.08)	0.155* (1.65)	0.246*** (2.68)
企业规模	0.294*** (7.49)	0.430*** (8.43)	0.280*** (6.57)	0.213*** (5.57)	0.623*** (28.51)	0.649*** (29.70)	0.528*** (25.94)	0.315*** (14.11)
Constant	-5.789*** (-6.95)	-8.111*** (-7.55)	-5.336*** (-5.99)	-4.098*** (-5.17)	-11.921*** (-25.02)	-11.688*** (-24.67)	-9.834*** (-22.16)	-6.238*** (-12.69)
Years Effect	是	是	是	是	是	是	是	是
Industry Effect	是	是	是	是	是	是	是	是
Province Effect	是	是	是	是	是	是	是	是
Observations	4073	4073	4073	4073	20324	20324	20324	20324
Adjusted R^2	0.269	0.326	0.328	0.152	0.500	0.547	0.545	0.233

注："*"、"**"、"***" 分别表示在10%、5%、1%的水平下显著，括号内的数值报告的是稳健标准误。

表 9.6　　融资约束

	(1) L发明专利	(2) L专利	(3) L发明专利	(4) L专利
fepu1_SA 指数	3.765*** (4.24)	3.989*** (4.12)		
fepu1_WW 指数			12.117*** (3.57)	13.031*** (3.54)
企业杠杆率	−0.222** (−2.29)	−0.276** (−2.55)	−0.307*** (−3.05)	−0.357*** (−3.14)
托宾Q值	0.036*** (3.28)	0.012 (0.99)	0.038*** (3.32)	0.018 (1.40)
净资产收益率	0.024 (0.29)	0.149 (1.58)	0.063 (0.73)	0.179* (1.79)
企业规模	0.585*** (27.08)	0.624*** (28.11)	0.578*** (25.08)	0.623*** (26.22)
Constant	−11.222*** (−23.91)	−11.313*** (−23.59)	−11.116*** (−22.15)	−11.343*** (−22.08)
Year×Industry effect	是	是	是	是
Year×Province effect	是	是	是	是
Observations	24391	24391	21887	21887
Adjusted R^2	0.542	0.585	0.558	0.596

注："*"、"**"、"***"分别表示在10%、5%、1%的水平下显著，括号内的数值报告的是稳健标准误。

根据代理理论，在不确定性越高的时期，经理人的激励强度越高，风险越大，因此努力水平越低。由此可以推测，对于那些给予管理层较强激励的企业，当企业面临较高的经济政策不确定性时，管理层的努力程度会降低，增加管理层的风险厌恶（Panousi & Papanikolaou, 2012），从而导致高管对创新决策更加谨慎，以避免创新失败的风险。

本章用董事会持股比例和管理层持股比例两个指标衡量代理人的激励强度，检验给经理人不同激励强度的企业在感知到经济政策不确定性时的投资支出行为，回归结果见表9.7。可以发现当不确定性感知升高时，给经理人激励强度更高的企业更显著地减少未来一年专利申请数量，说明经济政策不确定性升高会通过经理人风险厌恶机制导致企业专利申请数量下降。

表 9.7　FEPU 和企业创新的不同资金条件和董事会经理份额

	（1）	（2）	（3）	（4）	（5）	（6）
	L 发明专利	L 发明专利	L 发明专利	L 专利	L 专利	L 专利
fepu1_board	-0.409*** (-2.85)			-0.220** (-2.57)		
fepu1_manage		-0.356*** (-2.62)			-0.172** (-2.12)	
fepu1_Leverage			-24.827*** (-4.05)			-27.371*** (-4.05)
企业杠杆率	-0.249** (-2.55)	-0.247** (-2.53)		-0.294*** (-5.53)	-0.292*** (-5.50)	
托宾 Q 值	0.038*** (3.50)	0.038*** (3.50)	0.039*** (3.58)	0.014** (2.24)	0.014** (2.23)	0.016 (1.36)
净资产收益率	0.043 (0.52)	0.043 (0.52)	0.046 (0.58)	0.165** (2.51)	0.164** (2.51)	0.182** (2.01)
企业规模	0.582*** (26.83)	0.582*** (26.84)	0.582*** (28.24)	0.624*** (70.63)	0.624*** (70.66)	0.619*** (29.67)
Constant	-11.211*** (-23.74)	-11.221*** (-23.75)	-11.286*** (-24.58)	-11.374*** (-58.66)	-11.387*** (-58.71)	-11.354*** (-24.42)
Year×Industry effect	是	是	是	是	是	是
Year×Province effect	是	是	是	是	是	是
Observations	24385	24385	24391	24385	24385	24391
Adjusted R^2	0.542	0.542	0.542	0.584	0.584	0.584

注："*"、"**"、"***"分别表示在 10%、5%、1%的水平下显著，括号内的数值报告的是稳健标准误。

（三）企业风险承担能力

之前的许多研究讨论企业所有权性质（SOEs），企业规模等会对企业面临 FEPU 时的创新活动产生影响，我们可以将这类企业固有的性质统称为企业风险承担能力（Bhagat et al., 2015；Rao 和 Xu, 2017；Lou 和 Chen, 2022）。在回归中，我们加入年份和行业固定效应、年份和省份固定效应，以便更精准地识别。

表 9.8 第（1）—（4）列关注 SOE 对 FEPU 和创新之间关系的影响。第（1）、（3）、（4）列表明 FEPU 与 SOE 的交互性在 1%水平显著为正，这与 Lou 和 Chen（2022）的结果相符。

表 9.8　FEPU 与企业创新不同的经营收入水平和所有权控制类型

	(1)	(2)	(3)	(4)	(5)	(6)	(7)	(8)
	L.发明专利	L.专利	L.实用新型	L.外观设计	L.发明专利	L.专利	L.实用新型	L.外观设计
fepu1_SOE	6.801*** (3.18)	3.052 (1.29)	5.685*** (2.61)	-8.528*** (-4.22)				
fepu1_big					-13.831*** (-3.22)	-13.413*** (-2.91)	-7.655* (-1.84)	-12.931*** (-3.20)
企业杠杆率	-0.234*** (-4.90)	-0.285*** (-5.38)	-0.036 (-0.74)	-0.145*** (-3.21)	-0.218** (-2.25)	-0.273** (-2.53)	-0.025 (-0.26)	-0.146 (-1.64)
托宾Q值	0.039*** (6.78)	0.014** (2.27)	-0.016*** (-2.76)	0.020*** (3.72)	0.036*** (3.27)	0.012 (0.99)	-0.018* (-1.71)	0.019* (1.79)
净资产收益率	0.042 (0.71)	0.164** (2.50)	0.111* (1.85)	0.162*** (2.90)	0.033 (0.40)	0.158* (1.68)	0.104 (1.25)	0.169** (2.09)
企业规模	0.584*** (73.42)	0.625*** (70.87)	0.501*** (62.01)	0.308*** (40.97)	0.609*** (25.61)	0.648*** (26.60)	0.516*** (22.96)	0.325*** (13.11)
Constant	-11.301*** (-65.15)	-11.426*** (-59.40)	-9.410*** (-53.39)	-6.126*** (-37.38)	-0.218** (-2.25)	-0.273** (-2.53)	-0.025 (-0.26)	-0.146 (-1.64)
Year×Industry effect	是	是	是	是	是	是	是	是
Year×Province effect	是	是	是	是	是	是	是	是
Observations	24391	24391	24391	24391	24391	24391	24391	24391
Adjusted R^2	0.541	0.584	0.575	0.232	0.542	0.584	0.575	0.232

注:"*"、"**"、"***"分别表示在 10%、5%、1%的水平下显著,括号内的数值报告的是稳健标准误。

表9.8第（5）—（8）列关注企业规模对 FEPU 和创新之间关系的影响。同时，FEPU 与 Size 的交互项在 1% 水平显著为负。以我们关注的核心被解释变量——发明专利为例，说明当企业面临的经济政策不确定性不变时，更大规模企业在第二年会显著减少 13.831% 的发明专利申请。

第五节 结论与建议

本章使用文本挖掘方法，从中国 A 股上市公司年报文本中提取企业个体面临的经济政策不确定性感知指标，并利用这一指标研究企业感知到的经济政策不确定性对企业创新活动的影响。同时，进行较为丰富的稳健性和异质性检验。本章发现，对于企业创新活动来说，企业对经济政策不确定性的感知提高会抑制企业创新活动。同时进行稳健型检验与内生性处理，寻找工具变量（本章中是同行业同省份其他企业经济政策不确定性指标的平均值），进行两阶段最小二乘估计。发现对于企业研发投入的结果是稳健的。本章对年份分时段研究，FEPU 对企业创新的影响在波动率组之间没有太大差异。然而，在高 EPU 时期，对低特质波动率组的负面影响要大得多。此外，通过企业层面经济政策不确定性指标的构建，我们可以得到企业差异化感知对于其创新活动和融资决策的影响，不同于 Baker 构建的宏观层面经济政策不确定性指标，体现了个体的异质性特点。将本章构建的 FEPU 指标与 EPU 指标进行比较，可以发现 FEPU 指标的特点，即 FEPU 指标相对于 EPU 指标具有时滞性和更大幅度的波动率。

一 理论意义

第一，与以往大多文献不同（Baker），从企业这一特殊视角出发，探究 FEPU 对企业创新能力的影响，本章通过提供 FEPU 指标填补以往国际文献的空白。对"企业创新能力"主要采用企业专利申请数量这一指标，由于发明专利作为衡量企业"硬科技"的重要标准，同时也是科创板的核心指标，充分体现了上市公司的创新能力，所以我们将主要关注发明专利。除此之外，我们对专利指标进行丰富的替换。研究发现 FEPU 对企业创新具有显著的负向影响，表明 FEPU 增加，企业创新减少。

第二，本章在机制方面进行深入的探讨，从代理人激励程度和企业风险承担能力这两个机制出发，发现企业面临经理人风险厌恶更高和风险承担能力更差时会更倾向于减少创新活动。关于研究贡献，Xu（2020）认为较高的 EPU 阻碍了企业通过资本成本渠道进行创新。以往文献更多从"EPU 对财务约束程度较高的企业和依赖外部融资的企业具有更强的负面影响"这一机制出发。He 等（2020）报告称，EPU 部分通过现金持有量和收入增长率促进了企业创新：这从企业财务特征的角度解释了 EPU 与创新之间的传导机制。与上述研究不同的是，本研究首次从双企业层面考察代理人激励程度和企业冒险能力对 FEPU 与企业创新之间关系的影响（FEPU 与机制变量都属于企业层面）。本研究从风险承担的角度为 FEPU 对企业创新的影响提供了重要证据，同时机制选择与解释变量都从企业视角出发，能更好地排除无关因素的影响，使结论更具有说服力。

二 实践意义

首先，创新对于企业的成长有重要意义，而创新活动作为企业的一项高风险活动，企业在面临经济政策不确定的情况下会更加慎重，所以 FEPU 对企业创新影响的研究是非常有必要的。我们的研究发现，企业对经济政策不确定性有着更强烈的感知时，往往会减少创新以规避风险。

同时，FEPU 对企业创新的影响在不同代理人风险偏好、不同风险承担能力的企业之间存在差异，这有利于企业管理层更好地预测本公司和竞争对手公司在面临 FEPU 时的选择。研究发现，对于国有企业、现金流比率较低的企业和规模较大的企业，FEPU 的效应更弱；对于管理层和股东会持股比例更高的企业，FEPU 的效应更弱，这是由于代理人激励强度较大，使得其更愿意 risk taking 来获得更多的收益。

三 局限性和对后续研究的建议

但是，本章的研究更多地关注 FEPU 与企业创新选择的关系及其内在机制。然而，在不确定的背景下，人们对企业创新的经济后果知之甚少。例如 Z. Lou 等表明，当 EPU 较低时，企业创新对企业价值有较强的正向影响，当然这一结果也支持了高 EPU 对企业创新产生不利影响的论断。

最后，本章提出三点建议：

第一，企业应正确对待经济政策不确定性，认识到这既是机遇也是挑战，从而加大创新力度，提高企业效益。同时，决策者应注重政策调整的频率和强度，他们应该努力保持透明政策和经济政策的长期一致性，为企业创新创造良好的外部环境。

第二，政府应该增加对微观企业调查的范围、内容和频率，通过专项补贴等政策支持鼓励民营企业的创新活动，优化营商环境，以促进小微企业的创新。

第三，政府需要优化市场环境，减少不确定因素对于上市公司的影响，建立良好的市场监管机制，建立中国特色社会主义市场体系。

第十章 结论与政策建议

第一节 结 论

第二章研究需求不确定性与中国出口企业决策。选取了出口目的国和地区的进口量不确定性对中国出口企业的影响这一视角，运用中国出口企业数据，使用固定效应模型以及线性概率模型进行了实证分析。本章得出了三个层次的结果：首先中国出口企业的数据证明了出口企业的出口量受到目的国和地区特定行业的需求波动的负面影响，表现在当目的国和地区进口量的标准差增大时，即波动性增加，企业出口量显著减少；另外当目的国和地区进口量的均值减少，偏度增加时，企业的出口量也会随之减少。其次在考察了不同生产率的企业的表现之后，我们发现生产率更高的企业在面临需求不确定性的增加时，反应更加敏感，即当出口目的国和地区的进口量标准差增加时，由标准差与生产率的交互项可以看出，生产率越高，企业出口量减少得越多。

第三章研究了出口学习、风险规避与多产品出口企业产品组合。企业在市场上需要面临各种各样的不确定性，其中最突出的是产品需求的不确定性。对于多产品企业而言，企业通过产品组合来减少单个产品需求不确定性带来的风险。出口经验与产品需求的不确定性有着密切的关系，企业的出口经验越丰富，对于出口市场就越熟悉，产品面临的不确定性也就越小。随着出口经验的积累，多产品企业会从自身效用出发对产品组合进行调整。使用 2000 年到 2013 年间中国工业企业数据库和海关库配对的数据，我们证实：出口经验对中国多产品出口企业的内部资源配置产生了显著影响，出口经验增加不仅导致了其出口额的上升，而且改变了企业在该国的出口产品组合，企业将更倾向于出口其更具竞争优

第十章 结论与政策建议 / 223

势的产品。

第四章研究了需求冲击、产品组合与多产品企业生产率。从产品组合的角度分析了出口市场需求冲击对中国多产品出口企业产品组合的影响，以及这种现象对企业生产率产生的效果。使用 2000—2007 年中国工业企业数据库和海关库配对的数据，我们发现：出口市场的正向需求冲击对中国制造业出口企业的资源再配置产生了影响，促使中国多产品出口企业将资源更多地集中在其更具竞争优势的产品。随着中国多产品出口企业将资源更多地集中在其更具竞争优势的产品上，企业的产品组合得到优化，生产率也因此得到提高。

第五章研究了贸易政策不确定性、汇率波动与出口附加值研究。基于 Melitz（2003）的异质性企业模型框架研究贸易政策不确定性，汇率波动对中国出口企业的出口国内附加值的影响。运用 2000—2007 年中国海关数据库和中国工业企业数据库的数据计算微观企业层面的出口附加值率，企业层面的人民币有效汇率，构建了 TOBIT 模型进行实证分析，结果表明：第一，企业层面的实际有效汇率与企业的出口附加值率之间存在显著负向效应，即人民币升值会降低企业出口附加值率，人民币贬值会增加企业出口附加值率。把企业按照贸易方式分组后的结果显示一般贸易企业和混合贸易企业的实际有效汇率与企业出口附加值之间存在显著负效应，但是加工贸易企业的实际有效汇率与企业出口附加值之间不存在显著关系，这可能与加工贸易企业对进口原材料和中间投入的依赖度大，从而受汇率波动影响小有关。把企业按照所有制类型分组后的结果则表明集体企业、国有企业以及独立法人企业的出口附加值率受企业实际有效汇率影响更大，私人企业和非港澳台资企业的出口附加值率受企业实际有效汇率影响则相对较小，港澳台资企业的实际有效汇率与出口附加值率之间没有明显关系，这可能与私人企业和外资企业主要从事加工贸易有关。第二，本章在分析了企业实际有效汇率对企业出口附加值的影响后，进一步考虑了贸易政策不确定性对这种影响的作用，结果发现贸易政策不确定性下降会削弱企业实际有效汇率对企业出口附加值的影响。我们使用利用 2005 年的汇率改革事件，构建双重差分模型对上述实证结果进行了稳健性检验，结果依然显著。

第六章研究了贸易政策不确定性、创新与企业出口升级。在贸易摩擦不断升级与世界经济下行风险进一步突出的大背景下，如何从企业层面进行技术升级进而为建设创新型国家增添助力越来越成为学界关注的重要问题。本章主要基于 2000—2007 年中国海关贸易数据库和中国工业企业数据库的匹配数据，利用中国加入 WTO 以及获得与美国的永久正常贸易伙伴关系地位为准自然冲击，通过双重差分实证模型，研究中国加入 WTO 造成的贸易政策不确定性下降对企业出口技术复杂度的影响效应，并对模型有效性进行检验；进一步地，本章从直接和间接影响渠道两个方面检验了贸易政策不确定性下降对企业出口技术复杂度提升的作用机制；发现贸易政策不确定性的下降对企业出口技术复杂度起到了促进作用；这种促进作用会直接通过扩大企业出口规模、间接通过增强企业创新能力的方式而更加明显；贸易政策不确定性下降对于加工贸易企业出口技术复杂度提升作用明显大于一般贸易企业，同时这种效应在民营企业、外资企业和存续企业上也十分显著。

第七章研究了出口退税与企业创新。出口退税政策作为一项主要针对出口进行调控的财政政策，因其具有税收政策与贸易政策的二元属性，可能会对出口企业创新产生潜在的影响。基于 2004 年、2006 年、2008 年及 2009 年发布的主要正向调整的出口增值税退税率政策，构建渐进 DID 模型估计出口退税优惠政策的冲击对于企业创新产出的影响。研究发现，调高出口退税率的政策会促进企业创新产出数量与质量的提升。（1）就企业性质差异来看，民营企业、出口规模更大的企业在受到正向退税率调整冲击时，创新产出提升更为显著。（2）就行业性质差异来看，退税优惠政策对于技术密集型及资本密集型行业企业具有更大的促进作用。（3）就区域异质性来看，若企业所在地的市场中介组织发育及法律制度环境的评价指数得分越高，其受退税优惠冲击后专利申请量的提升就越为可观。研究从企业层面微观数据入手，识别了出口退税政策与企业创新之间的因果关系，并试图从多角度探寻路径机制，为中国地方政府持续发挥出口退税率调整政策的正向效用，帮助具备不同性质的出口企业差异化发展提供了经验性证据。

第八章研究了人口年龄结构与创新。随着全球人口老龄化的发展，中国已进入老龄化社会，年轻人占劳动力总人口的比重不断下降。为了研究人口年龄结构变动对创新的影响，本章使用 1990 年和 2000 年全国人口普查微观数据、1990—2014 年中国专利数据库、1990—2014 年国泰安数据库以及 1992—2014 年上市公司相关数据，用历史出生年份预测的年轻劳动力比重构建人口结构变动指标，探讨人口年龄结构变动特别是20—34岁人口占劳动力人口的比重的变动对地区和上市公司创新绩效的影响。研究表明，年轻劳动力人口比重的提高对专利数量和质量都有显著的促进作用，这种作用在地区层面和上市公司层面都是稳健的。年龄结构变动对非国有企业创新的影响相对于国有企业更明显。儒家文化和宗教文化可能对人口结构对创新的影响有抑制作用，并且年轻劳动力更有可能是通过劳动力供给渠道促进创新。

第九章研究企业不确定性感知与创新。构建企业层面的经济政策不确定性指标，考虑不同企业对经济政策不确定性的异质性感知。通过与Baker（2016）构建的宏观层面经济政策不确定性指标进行比较，发现企业层面的经济政策不确定性指标的变动具有滞后性，这从一定程度上反映了政策环境和经济环境的变动具有一定的传导效应，例如从政策更改到企业感知再到企业对该项更改的政策做出反映具有时间上的滞后性，甚至企业对经济政策不确定性的感知相较于新闻报纸中宏观层面的经济政策不确定性评估更加剧烈。本章探究了企业层面的经济政策不确定性对企业创新活动的影响。同时对企业层面经济政策不确定性、融资约束与企业创新之间的关系进行进一步研究，发现降低企业融资约束会刺激该企业在面临经济政策不确定性时加大研发投入，增加科技创新活动。此外，本章探讨了不同融资约束下，企业层面经济政策不确定性对企业融资决策的影响，从股权融资与债权融资两个渠道出发进行分析。

第二节　政策建议

一　关于稳外贸的建议

（一）加强贸易投资便利化

加强贸易投资便利化的法律法规建设。首先，对各类外贸政策进行归纳和梳理，避免出现政策之间的重复和冲突。其次，在政策执行过程中，加强各相关部门之间的合作和协作，充分发挥各自优势，共同推进政策落地实施。最后，加强对外部市场环境的监测和分析，对外贸政策进行科学调整和优化，尽可能规避外部环境带来的负面影响，保障外贸的稳定运行。推动与外贸有关的财政和金融政策，以减少外贸企业的成本和风险，推出一系列税收减免和优惠政策，以支持和鼓励企业扩大出口业务。促进外贸企业的融资，例如提高贷款额度和降低利率，以提高企业的融资能力。保持人民币汇率在合理均衡水平上基本稳定，提升外贸企业汇率避险意识与能力，积极稳妥推进人民币跨境贸易结算。

加强贸易投资便利化的信息化建设。建设一个集成化的信息化平台，实现政府、企业和公众之间的信息共享和互动，提高信息的透明度和可靠性，加快贸易投资的审批和办理速度。加强对贸易投资数据的管理和分析，建立完善的数据共享和交换机制，提高数据的质量和准确性，为政府和企业的决策提供科学依据。加强信息安全管理，建立完善的信息安全保障体系，保护贸易投资信息的安全和隐私，防范信息泄露和网络攻击。

加强贸易投资便利化的服务建设。建立完善的外贸服务体系，提供全方位、多层次、高效率的外贸服务，为外贸企业提供更好的服务保障。加大贸易便利化措施的力度，例如建立更加快捷、便利的通关机制和采取措施减少贸易壁垒。支持跨境电商发展，促进电商互联产业链的深度融合，积极推进自由贸易区的建设，降低关税壁垒，放宽市场准入，加强贸易投资额度管理，实现货物、服务、资金、技术等要素自由流动。加强对外贸企业的培训和指导，提高企业的管理水平和市场竞争力。鼓励外贸企业与航运企业签订长期协议，组织中小微外贸企业与航运企业进行直客对接。

（二）推进贸易创新

积极拓展服务出口。随着国内消费需求的增长和结构升级，服务出口已成为我国外贸增长的新亮点。进一步鼓励企业加强服务出口，通过提供优质的旅游、教育、医疗等服务，推动服务贸易的发展。加大对服务出口的支持和保障力度，为企业提供更为便利的政策环境和服务保障。加强对数字化服务贸易的立法和监管，推出丰富多样的资助计划、税收政策等，为数字化服务贸易提供支持和促进。加强相关基础设施的建设，例如网络、互联网金融等，以提高数字化服务贸易的建设和使用效率。积极利用服务贸易创新发展引导基金等，鼓励金融机构以市场运作方式加大对各类企业建设和使用海外仓的支持，促进海外仓高质量发展。

加大对电子商务的支持和鼓励力度。通过支持主管部门对电子商务协同发展的引导，为电子商务提供成熟的基础规则体系和技术支持，加快电子商务的产业化发展。政府可以建立统一的电子商务交易平台，以促进电子商务在购买、销售、物流等方面的协同作用，提高电子商务的商业价值。

加强知识产权保护。知识产权是外贸中极为重要的资产，而目前国际贸易中知识产权的不公平待遇问题严重影响了我国企业的发展。要加强知识产权保护，首先应当优化知识产权保护的立法体系，建立完善的侵权追责机制，使知识产权得到保护，同时加快知识产权示范区建设，完善知识产权执法监管体系，保障企业正当权益，提高企业的创新能力，加速消化和利用国际知识和技术，提升我国在全球价值链的地位。

推进国际产能合作。国际产能合作是推进"一带一路"建设的重要手段之一，也是提高我国企业在国际市场上的竞争力的重要途径。政府可以出台更为优惠的政策，鼓励企业参与国际产能合作，通过共建工业园区、设立海外生产基地等方式，提高企业的全球化程度和国际化水平。

（三）优化贸易结构

优化贸易产品结构。加强高端制造业、服务业等新兴产业的发展，提高贸易产品的附加值和技术含量。鼓励企业加强研发创新能力，推出更加适应国际市场的高附加值产品，是提升我国外贸竞争力的一个重要方面。加大对研发和创新的支持力度，优化知识产权保护制度，推动企业进行技术升级和降本增效，提高产品的质量和市场竞争力。另外，品牌和文化输出是提高我国产品附加值的重要手段，是维护我国企业在国际市场上的声誉和形象的关键。可以通过加强对企业品牌建设和文化输出的支持和引导，鼓励企业进行自主创新和自主品牌建设，打造更多具有影响力的"中国品牌"，提高企业在国际市场上的认知度和竞争力。

优化贸易市场结构。加强对新兴市场的开拓，提高对传统市场的占有率，优化贸易市场结构。在当前全球贸易形势动荡不安的情况下，单一市场风险较大。因此，应当加强对企业拓展多元化市场的支持和引导，积极开拓非传统市场，推进贸易自由化和区域经济合作，降低对某一特定市场的依赖程度，降低外贸经营风险。随着全球经济结构的调整和发展中国家的快速崛起，这些新兴市场已成为我国外贸增长的新引擎。加强同发展中国家的经贸合作，促进双方之间的贸易往来和投资合作，拓展出口市场。同时，加强对发展中国家市场的信息收集和研究，为企业提供更加精准的市场情报和分析，帮助企业实现市场多元化和风险分散。

优化贸易企业结构。加强对外贸企业的培育和发展，提高企业的竞争力和市场占有率，优化贸易企业结构。通过财政补贴、税收优惠等方式，为外贸企业提供资金支持，帮助其扩大生产规模、提高产品质量和降低成本。通过设立专业的培训机构、提供奖学金等方式，吸引和培养外贸企业所需的人才，提高企业的竞争力。通过组织参加国际展会、开展海外推广活动等方式，帮助外贸企业开拓更广阔的市场，提高企业的知名度和影响力。

（四）加强贸易安全保障

加强贸易安全监管。加强对外贸企业的监管，提高贸易安全的保障水平。面对复杂的国际贸易环境，企业需要采取一定的风险管理措施，避免贸易风险。建立完善的风险管理机制，为企业提供保险、担保等风险防范工具，帮助企业化解贸易风险。同时，加强对企业贸易合同的审核和监督，防范和打击欺诈行为。加强对进出口企业的监管，建立健全企业信用评价体系，对信用较差的企业进行限制或禁止进出口贸易。同时，加强对进出口商品的质量、安全、环保等方面的监管，确保进出口商品符合国家标准和质量要求。

加强贸易安全防范。加强对贸易风险的预警和防范，提高贸易安全的防范能力。采取有效措施打击国际贸易中的贸易保护主义，积极参与国际贸易谈判，促进建立开放、公平、透明和规则化的国际贸易体系，通过多边、双边和区域合作，推动贸易自由化和投资便利化。

加强贸易安全应急响应。建立完善的贸易安全应急响应机制，提高应急响应的效率和能力。建立一套智能化的风险预警系统，对外贸市场的动态进行跟踪和监测，发现变化和异常，并及时向企业提供风险提示和建议，帮助企业把握市场机遇和应对市场挑战。建立一套风险管理和保障机制，帮助企业避免市场风险和交易风险，保障企业的经济利益。

二 关于促进创新的建议

（一）快速应对技术性贸易壁垒

构建快速反应机制以应对其他国家的技术性贸易壁垒。政府应引导企业与行业协会、产业联盟合作，建立知识共享的技术性贸易壁垒数据库，为成员提供统一信息服务，并跟踪国外主要贸易国的技术性贸易壁垒的最新动态，及时对技术壁垒信息进行收集和整理。建立技术信息收集和评估系统，包括对进出口产品和技术的有关规定、标准、认证、测试等方面进行不间断的监测和评估,并分析竞争对手的技术战略和政策。集中设计应对策略和措施,确定专业团队负责协调应对工作,及时跟进对方的技术贸易壁垒措施,展开技术信息的交流合作。不间断地对外发布最新技术贸易政策,宣传并普及新标准、新技术、新产品,加以推广。提供相关企业技术支持和帮助,协助企业在翻译、审核、备案等方面提供相应的帮助。强化与其他国家和地区的合作交流,在国际层面上寻求支持和协作,并开展相关的培训和研究工作。

(二) 建立孵化器扶持初创企业

建立创新孵化器,科学培养高新技术初创企业。首先,制定支持创新孵化器发展的税收、土地、财政等政策,吸引社会资本、创新型企业和高素质人才参与其中。其次,成立创业服务中心或专门的孵化器管理机构,该机构应当对创新孵化器进行规划、指导、支持和监管等工作。另外,确立孵化器的选址标准,并通过公开招标或自主选址的方式寻找合适的场地,确保孵化器的基础设施支持完备、交通便利等。同时,注入一定数量的初始资本,补贴孵化器的日常运营和租金等费用,同时配备专业团队提供创业咨询、法律支持、技术研发、市场推广等服务。从人才、技术、市场等多方面为孵化器创业企业提供支持和帮助,积极邀请高校、科研院所、大型企业以及国内外创新导师、投资机构等各类资源参与孵化器建设和管理。最后,为保障孵化器健康发展和服务水平,加强对孵化器合规经营、知识产权保护等方面的管理,实施对孵化器的有效评估,定期统计孵化效果、成长状况和社会影响等数据。

(三) 实施差异化创新激励政策

当地政府应充分注意当地的地区特征、产业结构、行业属性较其他地区的异质性和特点,针对这种特点制定更加精准的措施。例如,对于贸易政策不确定因素对创新影响程度更大的东部地区企业,该地区企业往往创新更加积极主动,高科技制造企业的占比也更高,对东部地区的企业可以进一步加强减税降费的力度,适度给予研发引导资金支持的偏度,从而发挥其在创新方面的标杆作用和示范效应,带动其他企业采取更积极的创新策略应对贸易政策不确定性。对于西部地区而言,可创造更加宽松、利于市场竞争的外部环境,并通过对给予更多的优惠政策,积极开展创新活动。

（四）提高政府创新补贴

畅通政府补贴规避贸易不确定性、促进企业创新的渠道，发挥政府补贴支持引导企业创新的作用。政府在制定政策激励出口企业创新时，应考虑创新活动的难度、创新活动的价值和创新深度等因素，重点支持科技含量高、引领性强的创新活动，支持出口企业在实质性创新产出方面取得更大的突破。制定科学标准，甄别具有潜力的行业、领域和创新主体，并附加创新成果评价标准，避免出现企业"创新假象"。地方政府增加监督力度，确保资金使用的合理性和有效性，通过加强事中事后监管，提高补贴管理的透明性和公开度，加强对补贴资金的跟踪与管理。同时，充分发挥政府补贴的引导作用，引导企业进行技术升级，尤其是当前"卡脖子"技术的升级，提升自身竞争力。

（五）缓解企业融资约束

优化金融发展环境缓解企业融资约束，驱动企业创新和产业升级发展。首先，促进金融与实体经济深度融合。建立多元化的融资渠道，引导金融资本向实体经济领域偏度，鼓励金融机构通过股权融资、债券融资等方式加强对实体经济的支持，促进企业创新和产业升级发展。其次，加强金融服务能力。完善银行信贷体系，提高金融服务效率，为企业提供更加便捷的融资服务。另外，增强金融信息透明度。建立互联网金融信息服务平台，为企业提供金融信息查询、比较、评估等服务，帮助企业了解市场和金融产品的情况，提高其融资能力和创新能力。最后，优化金融监管制度。建立健全透明、稳健的金融监管制度，加强对风险的防范和控制，保障金融市场的公平竞争和健康发展。

（六）加强知识产权保护与合作

加强知识产权保护，促进知识产权在国内国际的交流与合作。首先，政府应积极参与国际的知识产权合作，通过加入国际知识产权组织，积极参与制定和修改国际知识产权法规，提高中国知识产权保护的国际地位和话语权，加强与其他国家和地区的知识产权合作和交流。同时，与其他国家或地区签订知识产权保护协议，推动知识产权的互认和共同保护。在此基础上，政府可以出资支持专利池、技术转移平台等机制的建设和运作，为企业提供技术创新和知识产权保护的支持，促进知识孵化和转化。同时，通过鼓励金融机构提供知识产权质押融资服务，为企业提供获得贷款和扩大市场的机会。最后，加强知识产权交流平台建设，鼓励和支持企业和学术机构间的知识产权交流，促进技术创新和知识产权保护的良性互动。

（七）发展基础科学创新

引导有能力的企业加强基础科学研究水平。首先，提高国有企业基础研究投入水平，将基础研究投入占营业收入比重作为企业考核重要标准。其次，通过企业国家级或省级重点实验室的建设，引导和支持有条件的企业进行基础性研究。另外，打通科研院所与企业的人才流通通道，进一步推动行业研究院所、转制的科研院所发挥其作用。同时，鼓励有能力的企业与高校和科研院所联合申报国家自然科学基金项目，鼓励企业参与国家重点研发计划、国家重大科技专项等应用基础研究项目，建立国家科技计划信息平台，为企业开展基础研究提供信息支撑。最后，探索企业基础研究人员的职称评定办法，使企业基础研究人才在高校、科研院所、企业间合理流动，参照高校、科研院所的职称评定模式，对企业内部的科学人才施行相似的评价体系，鼓励其申报基础研究课题。

（八）增加教育投入

改善高等教育和职业教育投入质量，促进企业人力资本的积累和创新能力的提高。首先，政府可以通过预算拨款等方式增加教育经费的投入，为学校提供更多的资源和支持，促进教育设备和设施的改善。另外，政府可以建立教育基金会和捐赠机制等方式吸纳社会资金对教育事业进行投入，促进"社会化教育"发展。同时，加大对科研基地的投入，为科技公司和研究机构提供研发用房、实验室、设备等必备条件。政府还可以加强与企业的合作，为高等院校、科研单位对接市场、对接企业搭建科技成果转化平台，在基础研究中引入社会和市场需求，加强产学研合作。最后，关注教育质量问题，提高教师培训水平，改善学生的学习环境和教学质量，从而提高教育的效果和吸引更多的人才加入科创领域。

参考文献

卞元超、白俊红：《出口贸易政策不确定性如何影响了企业的技术复杂度？》，《国际金融研究》2022年第9期。

陈国进、张润泽、赵向琴：《政策不确定性、消费行为与股票资产定价》，《世界经济》2017年第1期。

陈继勇：《中美贸易摩擦的背景、原因、本质及中国对策》，《武汉大学学报（哲学社会科学版）》2018年第5期。

陈普、欧阳志刚：《美国经济政策不确定性对中国创新的非线性溢出效应》，《当代财经》2023年第4期。

陈维涛、王永进、孙文远：《贸易自由化、进口竞争与中国工业行业技术复杂度》，《国际贸易问题》2017年第1期。

程文先、樊秀峰：《全球价值链分工下制造企业出口附加值测算——来自中国微观企业层面数据》，《中国经济问题》2017年第4期。

崔连标、朱磊、宋马林等：《中美贸易摩擦的国际经济影响评估》，《财经研究》2018年第12期。

戴魁早、方杰炜：《贸易壁垒对出口技术复杂度的影响——机制与中国制造业的证据》，《国际贸易问题》2019年第12期。

戴觅、茅锐：《外需冲击、企业出口与内销：金融危机时期的经验证据》，《世界经济》2015年第1期。

戴觅、施炳展：《中国企业层面有效汇率测算：2000—2006》，《世界经济》2013年第5期。

樊海潮、郭光远：《出口价格、出口质量与生产率间的关系：中国的证据》，《世界经济》2015年第2期。

樊海潮、李亚波、张丽娜：《进口产品种类、质量与企业出口产品价格》，《世界经济》2020年第5期。

樊海潮、张丽娜：《中间品贸易与中美贸易摩擦的福利效应：基于理论与量化分析的研究》,《中国工业经济》2018 年第 9 期。

樊秀峰、程文先:《中国制造业出口附加值估算与影响机制分析》,《中国工业经济》2015 年第 6 期。

范夏阳、李兵、刘韬等:《贸易政策不确定性对进出口产品的异质性影响——以"中美贸易摩擦"为准自然实验的研究》,《产经评论》2020 年第 1 期。

方森辉、毛其淋:《高校扩招、人力资本与企业出口质量》,《中国工业经济》2021 年第 11 期。

冯丹卿:《外资进入速度对内资企业出口贸易效应的研究》,宁波大学 2014 年版。

宫晓琳、杨淑振、胡金焱等:《非线性期望理论与基于模型不确定性的风险度量》,《经济研究》2015 年第 11 期。

贺灿飞、陈韬:《供给侧路径、需求侧路径与出口比较优势提升》,《中国工业经济》2021 年第 10 期。

胡鞍钢、谢宜泽:《如何看待中美贸易摩擦——基于国家能力和经济全球化的双维视角》,《贵州社会科学》2020 年第 1 期。

蒋灵多、陈勇兵:《出口企业的产品异质性与出口持续时间》,《世界经济》2015 年第 7 期。

黎文靖、郑曼妮:《实质性创新还是策略性创新?——宏观产业政策对微观企业创新的影响》,《经济研究》2016 年第 4 期。

李宏彬、马弘、熊艳艳等:《人民币汇率对企业进出口贸易的影响——来自中国企业的实证研究》,《金融研究》2011 年第 2 期。

李宏兵、李震、孙丽棠:《贸易政策不确定性、出口技术复杂度与劳动力技能偏向——基于全国人口普查数据的微观证据》,《国际贸易问题》2020 年第 7 期。

李宏兵、孙丽棠、文磊:《贸易政策不确定性对我国出口升级的影响研究》,《经济经纬》2022 年第 2 期。

李洲、马野青:《三次产业增加值分解视角下的中国出口技术复杂度——兼评经济开放对产业技术升级的重要性》,《国际贸易问题》2020 年第 1 期。

刘海云、毛海欧:《制造业 OFDI 对出口增加值的影响》,《中国工业经济》2016 年第 7 期。

刘旺、邱立成、张龙：《贸易政策不确定性、生产率分布与企业间工资差距》，《国际经贸探索》2022 年第 3 期。

刘钻石、张娟：《中国商品贸易结构升级了吗——基于贸易品类别、技术附加值和质量水平的分析》，《南方经济》2016 年第 8 期。

卢盛峰、董如玉、叶初升：《"一带一路"倡议促进了中国高质量出口吗——来自微观企业的证据》，《中国工业经济》2021 年第 3 期。

卢向前、戴国强：《人民币实际汇率波动对我国进出口的影响：1994—2003》，《经济研究》2005 年第 5 期。

鲁晓东、连玉君：《中国工业企业全要素生产率估计：1999—2007：经济学（季刊）》2012 年第 2 期。

吕越、陈帅、盛斌：《嵌入全球价值链会导致中国制造的"低端锁定"吗？》，《管理世界》2018 年第 8 期。

吕越、黄艳希、陈勇兵：《全球价值链嵌入的生产率效应：影响与机制分析》，《世界经济》2017 年第 7 期。

吕越、娄承蓉、杜映昕等：《基于中美双方征税清单的贸易摩擦影响效应分析》，《财经研究》2019 年第 2 期。

马野青、阮永嘉、安同良：《贸易政策不确定性如何影响出口二元边际？——理论机制与经验证据》，《湖南大学学报（社会科学版）》2022 年第 5 期。

毛其淋、许家云：《贸易政策不确定性与企业储蓄行为——基于中国加入 WTO 的准自然实验》，《管理世界》2018 年第 5 期。

毛日昇、高凌云、郑建明：《人民币实际汇率变化对出口转换的影响研究》，《管理世界》2017 年第 3 期。

毛日昇、余林徽、武岩：《人民币实际汇率变动对资源配置效率影响的研究》，《世界经济》2017 年第 4 期。

孟庆斌、师倩：《宏观经济政策不确定性对企业研发的影响：理论与经验研究》，《世界经济》2017 年第 9 期。

孟庆玺、尹兴强、白俊：《产业政策扶持激励了企业创新吗？——基于"五年规划"变更的自然实验》，《南方经济》2016 年第 12 期。

聂辉华、江艇、杨汝岱：《中国工业企业数据库的使用现状和潜在问题》，《世界经济》2012 年第 5 期。

聂辉华、阮睿、沈吉：《企业不确定性感知、投资决策和金融资产配置》,《世界经济》2020 年第 6 期。

彭国华、夏帆:《中国多产品出口企业的二元边际及核心产品研究》,《世界经济》2013 年第 2 期。

钱学锋、范冬梅:《国际贸易与企业成本加成:一个文献综述》,《经济研究》2015 年第 2 期。

钱学锋、龚联梅:《贸易政策不确定性、区域贸易协定与中国制造业出口》,《中国工业经济》2017 年第 10 期。

钱学锋、王胜:《汇率与出口退税的政策协调及其资源再配置效应》,《财贸经济》2017 年第 8 期。

钱学锋、王胜、陈勇兵:《中国的多产品出口企业及其产品范围:事实与解释》,《管理世界》2013 年第 1 期。

邵红岭、张辰利:《经济政策不确定性对中国农产品贸易的影响研究》,《技术经济与管理研究》2020 年第 7 期。

申慧慧、于鹏、吴联生:《国有股权、环境不确定性与投资效率》,《经济研究》2012 年第 7 期。

盛斌、毛其淋:《进口贸易自由化是否影响了中国制造业出口技术复杂度》,《世界经济》2017 年第 12 期。

盛丹、刘竹青:《汇率变动、加工贸易与中国企业的成本加成率》,《世界经济》2017 年第 1 期。

施炳展:《中国企业出口产品质量异质性:测度与事实》,《经济学(季刊)》2014 年第 1 期。

施炳展、邵文波:《中国企业出口产品质量测算及其决定因素——培育出口竞争新优势的微观视角》,《管理世界》2014 年第 9 期。

司登奎、李小林、孔东民等:《贸易政策不确定性、金融市场化与企业创新型发展:兼论金融市场化协同效应》,《财贸经济》2022 年第 4 期。

佟家栋、李胜旗:《贸易政策不确定性对出口企业产品创新的影响研究,《国际贸易问题》2015 年第 6 期。

王小鲁、樊纲、胡李鹏:《中国分省份市场化指数报告(2018)》,社会科学文献出版社 2018 年版。

王孝松、周钰丁:《经济政策不确定性、企业生产率与贸易高质量发展》,《中国人民大学学报》2022 年第 2 期。

王义中、宋敏：《宏观经济不确定性、资金需求与公司投资》，《经济研究》2014 年第 2 期。

王永进、盛丹、施炳展等：《基础设施如何提升了出口技术复杂度？》，《经济研究》2010 年第 7 期。

魏浩、林薛栋：《进口贸易自由化与异质性企业创新——来自中国制造企业的证据》，《经济经纬》2017 年第 6 期。

魏友岳、刘洪铎：《经济政策不确定性对出口二元边际的影响研究——理论及来自中国与其贸易伙伴的经验证据》，《国际商务（对外经济贸易大学学报）》2017 年第 1 期。

文东伟、冼国明：《企业异质性、融资约束与中国制造业企业的出口》，《金融研究》2014 年第 4 期。

许家云、佟家栋、毛其淋：《人民币汇率变动、产品排序与多产品企业的出口行为——以中国制造业企业为例》，《管理世界》2015 年第 2 期。

杨成平、林卿：《美国加征关税导致中国出口贸易转移了吗？——基于断点回归设计》，《当代经济管理》2020 年第 4 期。

杨汝岱：《中国制造业企业全要素生产率研究》，《经济研究》2015 年第 2 期。

杨洋、魏江、罗来军：《谁在利用政府补贴进行创新？——所有制和要素市场扭曲的联合调节效应》，《管理世界》2015 年第 1 期。

叶迪、朱林可：《地区质量声誉与企业出口表现》，《经济研究》2017 年第 6 期。

余淼杰：《加工贸易、企业生产率和关税减免——来自中国产品面的证据》，《经济学（季刊）》2011 年第 4 期。

余振、周冰惠、谢旭斌等：《参与全球价值链重构与中美贸易摩擦》，《中国工业经济》2018 年第 7 期。

张国峰、陆毅、蒋灵多：《关税冲击与中国进口行为》，《金融研究》2011 年第 10 期。

张杰、陈志远、刘元春：《中国出口国内附加值的测算与变化机制》，《经济研究》2013 年第 10 期。

张莉、朱光顺、李世刚等：《市场环境、重点产业政策与企业生产率差异》，《管理世界》2019 年第 3 期。

张莉、朱光顺、李夏洋等：《重点产业政策与地方政府的资源配置》，《中国工业经济》2017年第8期。

张林：《中国式产能过剩问题研究综述》，《经济学动态》2016年第9期。

张文宇、雷琳：《贸易政策不确定性、市场要素错配与出口企业创新》，《云南财经大学学报》2023年第1期。

张永亮、邹宗森：《进口种类、产品质量与贸易福利：基于价格指数的研究》，《世界经济》2018年第1期。

钟腾龙、余淼杰：《外部需求、竞争策略与多产品企业出口行为》，《中国工业经济》2020年第10期。

Aastveit, K. A., Natvik, G. J., Sola, S., "Economic uncertainty and the influence of monetary policy", *Journal of International Money and Finance*, Vol. 76, 2017, pp. 50-67.

Acemoglu, D., Akcigit, U., Alp, H., et al., "Innovation, reallocation, and growth", *American Economic Review*, Vol. 108, No. 11, 2018, pp. 3450-3491.

Adrian, T., Boyarchenko, N., Giannone, D., "Vulnerable Growth", *American Economic Review*, Vol. 109, No. 4, 2019, pp. 1263-1289.

Adrian, T., Grinberg, F., Liang, N., et al., "The Term Structure of Growth-at-Risk", *American Economic Journal: Macroeconomics*, Vol. 14, No. 3, 2022, pp. 283-323.

Aghion, P., Cai, J., Dewatripont, M., et al., "Industrial policy and competition", *American Economic Journal: Macroeconomics*, Vol. 7, No. 4, 2015, pp. 1-32.

Ahir, H., Bloom, N., Furceri, D., "The World Uncertainty Index", *National Bureau of Economic Research Working Paper Series*, No. 29736, 2022.

Ait-Sahalia, Y., Karaman, M., Mancini, L., "The term structure of equity and variance risk premia", *Journal of Econometrics*, Vol. 219, No. 2, 2020, pp. 204-230.

Akcigit, U., Grigsby, J., Nicholas, T., et al., "Taxation and innovation in the twentieth century", *The Quarterly Journal of Economics*, Vol. 137, No. 1, 2022, pp. 329-385.

Alessandri, P., Mumtaz, H., "Financial regimes and uncertainty shocks", *Journal of Monetary Economics*, Vol. 101, 2019, pp. 31-46.

Alessandria, G., Choi, H., Kaboski, J. P., et al., "Microeconomic uncertainty, international trade, and aggregate fluctuations", *Journal of Monetary Economics*, Vol. 69, 2015, pp. 20-38.

Alessandria, G. A., Khan, S. Y., Khederlarian, A., et al., "Trade-Policy Dynamics: Evidence from 60 Years of U. S. -China Trade", *National Bureau of Economic Research Working Paper Series*, No. 29122, 2021.

Alessandria, G. A., Khan, S. Y., Khederlarian, A., "Taking Stock of Trade Policy Uncertainty: Evidence from China's Pre-WTO Accession", *National Bureau of Economic Research Working Paper Series*, No. 25965, 2019.

Altig, D., Barrero, J. M., Bloom, N., et al., "Surveying business uncertainty", *Journal of Econometrics*, Vol. 231, No. 1, 2022, pp. 282-303.

Amengual, D., Xiu, D., "Resolution of policy uncertainty and sudden declines in volatility", *Journal of Econometrics*, Vol. 203, No. 2, 2018, pp. 297-315.

Amiti, M., Dai, M., Feenstra, R. C., et al., "How did China's WTO entry affect U. S. prices?", *Journal of International Economics*, Vol. 126, 2020, pp. 103-339.

Amiti, M., Itskhoki, O., Konings, J., "Importers, exporters, and exchange rate disconnect", *American Economic Review*, Vol. 104, No. 7, 2014, pp. 1942-1978.

Amiti, M., Kong, S. H., Weinstein D., "The Effect of the U. S. -China Trade War on U. S. Investment", *National Bureau of Economic Research Working Paper Series*, No. 27114, 2020.

Amiti, M., Konings, J., "Trade liberalization, intermediate inputs, and productivity: Evidence from Indonesia", *American Economic Review*, Vol. 97, No. 5, 2007, pp. 1611-1638.

An, L., Hu, C., Tan, Y., "Regional effects of export tax rebate on exporting firms: Evidence from China", *Review of International Economics*, Vol. 25, No. 4, 2017, pp. 774-798.

Antràs, P., Fort, T. C., "Tintelnot F. The Margins of Global Sourcing: Theory and Evidence from US Firms", *American Economic Review*, Vol. 107, No. 9, 2017, pp. 2514-2564.

Arkolakis, C. , Costinot, A. , Donaldson, D. , et al. , "The Elusive Pro-Competitive Effects of Trade", *The Review of Economic Studies*, Vol. 86, No. 1, 2019, pp. 46-80.

Atanassov, J. , Liu, X. , "Can corporate income tax cuts stimulate innovation?", *Journal of Financial and Quantitative Analysis*, Vol. 55, No. 5, 2020, pp. 1415-1465.

Augustin, P. , Izhakian, Y. , "Ambiguity, Volatility, and Credit Risk", *The Review of Financial Studies*, Vol. 33, No. 4, 2020, pp. 1618-1672.

Autor, D. , Dorn, D. , Hanson, G. H. , et al. , "Foreign Competition and Domestic Innovation: Evidence from US Patents", *American Economic Review: Insights*, Vol. 2, No. 3, 2020, pp. 357-374.

Autor, D. H. , Dorn, D. , Hanson, G. H. , "The China Syndrome: Local Labor Market Effects of Import Competition in the United States", *American Economic Review*, Vol. 103, No. 6, 2013, pp. 2121-2168.

Bachmann, R. , Carstensen, K. , Lautenbacher, S. , et al. , "Uncertainty and Change: Survey Evidence of Firms' Subjective Beliefs", *National Bureau of Economic Research Working Paper Series*, No. 29430, 2021.

Bachmann, R. , Elstner, S. , Sims, E. R. , "Uncertainty and Economic Activity: Evidence from Business Survey Data", *American Economic Journal: Macroeconomics*, Vol. 5, No. 2, 2013, pp. 217-249.

Baker, S. R. , Bloom, N. , Davis, S. J. , et al. , "Policy News and Stock Market Volatility", *National Bureau of Economic Research Working Paper Series*, No. 25721, 2019.

Baker, S. R. , Bloom, N. , Davis, S. J. , et al. , "What Triggers Stock Market Jumps?", *National Bureau of Economic Research Working Paper Series*, No. 28697, 2021.

Baker, S. R. , Bloom, N. , Davis, S. J. , "Measuring economic policy uncertainty", *The Quarterly Journal of Economics*, Vol. 131, No. 4, 2016, pp. 1593-1636.

Barbieri, E. , Di Tommaso, M. R. , Tassinari, M. , et al. , "Selective industrial policies in China: investigating the choice of pillar industries", *International Journal of Emerging Markets*, Vol. 16, No. 2, 2021, pp. 264-282.

Bauer, M. D., Lakdawala, A., Mueller, P., "Market-Based Monetary Policy Uncertainty", *The Economic Journal*, Vol. 132, No. 644, 2022, pp. 1290-1308.

Bekaert, G., Hoerova, M., Lo Duca, M., "Risk, uncertainty and monetary policy", *Journal of Monetary Economics*, Vol. 60, No. 7, 2013, pp. 771-788.

Benguria, F., Choi, J., Swenson, D. L., et al., "Anxiety or pain? The impact of tariffs and uncertainty on Chinese firms in the trade war", *Journal of International Economics*, Vol. 137, 2022.

Berman, N., Martin, P., Mayer, T., "How do Different Exporters React to Exchange Rate Changes?", *The Quarterly Journal of Economics*, Vol. 127, No. 1, 2012, pp. 437-492.

Bernard, A. B., Redding, S. J., Schott, P. K., "Multiproduct firms and trade liberalization", *The Quarterly journal of economics*, Vol. 126, No. 3, 2011, pp. 1271-1318.

Beshkar, M., Bond, E. W., "Cap and Escape in Trade Agreements", *American Economic Journal: Microeconomics*, Vol. 9, No. 4, 2017, pp. 171-202.

Besley, T., Mueller, H., "Institutions, volatility, and investment", *Journal of the European Economic Association*, Vol. 16, No. 3, 2018, pp. 604-649.

Bianconi, M., Esposito, F., Sammon, M., "Trade policy uncertainty and stock returns", *Journal of International Money and Finance*, Vol. 119, 2021.

Blaum, J., Lelarge, C., Peters, M., "The Gains from Input Trade with Heterogeneous Importers", *American Economic Journal: Macroeconomics*, Vol. 10, No. 4, 2018, pp. 77-127.

Bloom, N., Draca, M., Van Reenen, J., "Trade induced technical change? The impact of Chinese imports on innovation, IT and productivity", *The review of economic studies*, Vol. 83, No. 1, 2016, pp. 87-117.

Bloom, N. , "Fluctuations in uncertainty", *Journal of Economic Perspectives*, Vol. 28, No. 2, 2014, pp. 153-176.

Bontempi, M. E. , Frigeri, M. , Golinelli, R. , et al. , "EURQ: A new web search-based uncertainty index", *Economica*, Vol. 88, No. 352, 2021, pp. 969-1015.

Born, B. , Müller, G. J. , Schularick, M. , et al. , "The Costs of Economic Nationalism: Evidence from the Brexit Experiment", *The Economic Journal*, Vol. 129, No. 623, 2019, pp. 2722-2744.

Braakmann, N. , Gao, B. , Maioli, S. , "VAT rebates as trade policy: Evidence from China", *China Economic Review*, Vol. 63, 2020.

Braguinsky, S. , Ohyama, A. , Okazaki, T. , et al. , "Product innovation, product diversification, and firm growth: Evidence from japan's early industrialization", *American Economic Review*, Vol. 111, No. 12, 2021, pp. 3795-3826.

Brandt, L. , Van Biesebroeck, J. , Zhang, Y. , "Creative accounting or creative destruction? Firm-level productivity growth in Chinese manufacturing", *Journal of Development Economics*, Vol. 97, No. 2, 2012, pp. 339-351.

Brandt, L. , Van, Biesebroeck, J. , Wang, L. , et al. , "WTO accession and performance of Chinese manufacturing firms", *American Economic Review*, Vol. 107, No. 9, 2017, pp. 2784-2820.

Branstetter, L. G. , Li, G. , "Does 'Made in China 2025' Work for China? Evidence from Chinese Listed Firms", *National Bureau of Economic Research*, 2022.

Brogaard, J. , Detzel, A. , "The Asset-Pricing Implications of Government Economic Policy Uncertainty", *Management Science*, Vol. 61, No. 1, 2015, pp. 3-18.

Brown, J. R. , Martinsson, G. , Petersen, B. C. , "Do financing constraints matter for R&D?", *European Economic Review*, Vol. 56, No. 8, 2012, pp. 1512-1529.

Bustos, P. , "Trade liberalization, exports, and technology upgrading: Evidence on the impact of MERCOSUR on Argentinian firms", *American Economic Review*, Vol. 101, No. 1, 2011, pp. 304-340.

Caldara, D. , Iacoviello, M. , Molligo, P. , et al. , "The economic effects of trade policy uncertainty", *Journal of Monetary Economics*, Vol. 109, 2020, pp. 38-59.

Caldara, D. , Iacoviello, M. , "Measuring Geopolitical Risk", *American Economic Review*, Vol. 112, No. 4, 2022, pp. 1194-1225.

Caliendo, L. , Dvorkin, M. , Parro F. , "Trade and Labor Market Dynamics: General Equilibrium Analysis of the China Trade Shock", *Econometrica*, Vol. 87, No. 3, 2019, pp. 741-835.

Caliendo, L. , Parro, F. , *Handbook of International Economics*, Elsevier, 2022, pp. 219-295.

Carballo, J. , Handley, K. , Limão, N. , "Economic and Policy Uncertainty: Export Dynamics and the Value of Agreements", *National Bureau of Economic Research Working Paper Series*, No. 24368, 2018.

Carriero, A. , Clark, T. E. , Marcellino, M. , "Measuring Uncertainty and Its Impact on the Economy", *The Review of Economics and Statistics*, Vol. 100, No. 5, 2018, pp. 799-815.

Caselli, F. , Koren, M. , Lisicky, M. , et al. , "Diversification through trade", *The Quarterly Journal of Economics*, Vol. 135, No. 1, 2020, pp. 449-502.

Chandra, P. , Long, C. , "VAT rebates and export performance in China: Firm-level evidence", *Journal of Public Economics*, Vol. 102, 2013, pp. 13-22.

Charoenwong, B. , Han, M. , Wu, J. , "Not Coming Home: Trade and Economic Policy Uncertainty in American Supply Chain Networks", *SSRN Electronic Journal*, 2020.

Chatterjee, A. , Dix-Carneiro, R. , Vichyanond, J. , "Multi-product firms and exchange rate fluctuations", *American Economic Journal: Economic Policy*, Vol. 5, No. 2, 2013, pp. 77-110.

Chen, J. , Yin, X. , Fu, X. , et al. , "Beyond catch-up: could China become the global innovation powerhouse? China's innovation progress and challenges from a holistic innovation perspective", *Industrial and Corporate Change*, Vol. 30, No. 4, 2021, pp. 1037-1064.

Chen, S. , Kao, W. , Wang, Y. , "Tax policy and innovation performance: Evidence from enactment of the alternative simplified credit", *Journal of Banking & Finance*, Vol. 125, 2021.

Chen, T. , Gao, H. , Wang, Y. , "Tariff uncertainty and firm innovation: Evidence from the U. S. -China Permanent Normal Trade Relation", *Journal of Empirical Finance*, Vol. 62, 2021, pp. 12-27.

Constantinescu, C. , Mattoo, A. , Ruta, M. , "Policy Uncertainty, Trade and Global Value Chains: Some Facts, Many Questions", *Review of Industrial Organization*, Vol. 57, No. 2, 2020, pp. 285-308.

Crowley, M. , Meng, N. , Song, H. , "Tariff scares: Trade policy uncertainty and foreign market entry by Chinese firms", *Journal of International Economics*, Vol. 114, 2018, pp. 96-115.

Dabbous, A. , Tarhini, A. , "Does sharing economy promote sustainable economic development and energy efficiency? Evidence from OECD countries", *Journal of Innovation & Knowledge*, Vol. 6, No. 1, 2021, pp. 58-68.

Davis, S. J. , Liu, D. , Sheng, X. S. , "Economic policy uncertainty in China since 1949: The view from mainland newspapers", 2019.

Davis, S. J. , "An Index of Global Economic Policy Uncertainty", *National Bureau of Economic Research*, 2016.

De Loecker, J. , Goldberg, P. K. , Khandelwal, A. K. , et al. , "Prices, markups, and trade reform", *Econometrica*, Vol. 84, No. 2, 2016, pp. 445-510.

De Pooter, M. , Favara, G. , Modugno, M. , et al. , "Monetary policy uncertainty and monetary policy surprises", *Journal of International Money and Finance*, Vol. 112, 2021.

De Sousa, J. , Disdier, A. , Gaigné, C. , "Export decision under risk", *European Economic Review*, Vol. 121, 2020.

Dhingra, S. , Morrow, J. , "Monopolistic competition and optimum product diversity under firm heterogeneity", *Journal of Political Economy*, Vol. 127, No. 1, 2019, pp. 196-232.

Dhyne, E. , Petrin, A. , Smeets, V. , et al. , "Multi product firms, import competition, and the evolution of firm-product technical efficiencies",

National Bureau of Economic Research, 2017.

Drechsler, I., Yaron, A., "What's Vol Got to Do with It", *The Review of Financial Studies*, Vol. 24, No. 1, 2011, pp. 1-45.

Drechsler, I., "Uncertainty, Time-Varying Fear, and Asset Prices", *The Journal of Finance*, Vol. 68, No. 5, 2013, pp. 1843-1889.

Eaton, J., Kortum, S., Neiman, B., et al., "Trade and the Global Recession", *American Economic Review*, Vol. 106, No. 11, 2016, pp. 3401-3438.

Eisenbarth, S., "Is Chinese trade policy motivated by environmental concerns?", *Journal of Environmental Economics and Management*, Vol. 82, 2017, pp. 74-103.

Elbadry, A., Gounopoulos, D., Skinner, F., "Governance quality and information asymmetry", *Financial Markets, Institutions & Instruments*, Vol. 24, No. 2-3, 2015, pp. 127-157.

Esposito, F., "Demand risk and diversification through international trade", *Journal of International Economics*, Vol. 135, 2022.

Facchini, G., Liu, M. Y., Mayda, A. M., et al., "China's "Great Migration": The impact of the reduction in trade policy uncertainty", *Journal of International Economics*, Vol. 120, 2019, pp. 126-144.

Fajgelbaum, P., Khandelwal, A., "The Economic Impacts of the US-China Trade War", *National Bureau of Economic Research*, 2021.

Fajgelbaum, P. D., Schaal, E., Taschereau-Dumouchel, M., "Uncertainty traps", *The Quarterly Journal of Economics*, Vol. 132, No. 4, 2017, pp. 1641-1692.

Feng, L., Li, Z., Swenson, D. L., "Trade policy uncertainty and exports: Evidence from China's WTO accession", *Journal of International Economics*, Vol. 106, 2017, pp. 20-36.

Fernandes, A. P., Winters, L. A., "Exporters and shocks: The impact of the Brexit vote shock on bilateral exports to the UK", *Journal of International Economics*, Vol. 131, 2021.

Fernández-Villaverde, J., Guerrón-Quintana, P. A., "Uncertainty shocks and business cycle research", *Review of Economic Dynamics*, Vol. 37,

2020, pp. S118-S146.

Fisman, R., Knill, A., Mityakov, S., et al., "Political Beta. Review of Finance", Vol. 26, No. 5, 2022, pp. 1179-1215.

Fisman, R., Svensson, J., "Are corruption and taxation really harmful to growth? Firm level evidence", *Journal of development economics*, Vol. 83, No. 1, 2007, pp. 63-75.

Flach, L., Irlacher, M., Unger, F., "Corporate taxes and multi-product exporters: Theory and evidence from trade dynamics", *Journal of International Economics*, Vol. 132, 2021.

Flannery, B., Hillman, J. A., Mares, J., et al., *Framework Proposal for a US Upstream GHG Tax with WTO-Compliant Border Adjustments*: 2020 Update, Resources for the Future Report 20/14, October, 2020.

Francis, B. B., Hasan, I., Zhu, Y., "Political uncertainty and bank loan contracting", *Journal of Empirical Finance*, Vol. 29, 2014, pp. 281-286.

Francois, J. F., Martin, W., "Commercial policy variability, bindings, and market access", *European Economic Review*, Vol. 48, No. 3, 2004, pp. 665-679.

Gagliardini, P., Porchia, P., Trojani, F., "Ambiguity Aversion and the Term Structure of Interest Rates", *The Review of Financial Studies*, Vol. 22, No. 10, 2009, pp. 4157-4188.

Galindo, M., Méndez, M. T., "Entrepreneurship, economic growth, and innovation: Are feedback effects at work?", *Journal of Business Research*, Vol. 67, No. 5, 2014, pp. 825-829.

Gallant, A. R., R Jahan-Parvar, M., Liu, H., "Does Smooth Ambiguity Matter for Asset Pricing?", *The Review of Financial Studies*, Vol. 32, No. 9, 2019, pp. 3617-3666.

Gawande, K., Hoekman, B., Cui, Y., "Global supply chains and trade policy responses to the 2008 crisis", *The World Bank Economic Review*, Vol. 29, No. 1, 2015, pp. 102-128.

Gebrewolde, T. M., Rockey, J., "The effectiveness of industrial policy in developing countries: causal evidence from Ethiopian manufacturing firms", *Journal of Development Effectiveness*, 2022, pp. 1-27.

Geroski, P. , "Markets for technology: knowledge, innovation and appropriability", *Handbook of the Economics Innovation and Technological Change*, 1995.

Gervais, A. , "Global sourcing under uncertainty", *Canadian Journal of Economics/Revue Canadienne d'économique*, Vol. 54, No. 3, 2021, pp. 1103-1135.

Gervais, A. , "Uncertainty, risk aversion and international trade", *Journal of International Economics*, Vol. 115, 2018, pp. 145-158.

Gilboa, I. , Schmeidler, D. , "Maxmin expected utility with non-unique prior", *Journal of Mathematical Economics*, Vol. 18, No. 2, 1989, pp. 141-153.

Gilchrist, S. , Sim, J. W. , Zakraj, V. S. , Ek, E. , "Uncertainty, financial frictions, and investment dynamics", *National Bureau of Economic Research*, 2014.

Gilchrist, S. , Zakrajšek, E. , "Credit Spreads and Business Cycle Fluctuations" *American Economic Review*, Vol. 102, No. 4, 2012, pp. 1692-1720.

Giordani, P. , Söderlind, P. , "Inflation forecast uncertainty", *European Economic Review*, Vol. 47, No. 6, 2003, pp. 1037-1059.

Gnutzmann-Mkrtchyan, A. , Henn, C. , "Peeling away the layers: Impacts of durable tariff elimination", *Journal of International Economics*, Vol. 115, 2018, pp. 259-276.

Gnyawali, D. R. , Park, B. , "Co-opetition and technological innovation in small and medium-sized enterprises: A multilevel conceptual model", *Journal of Small Business Management*, Vol. 47, No. 3, 2009, pp. 308-330.

Goldberg, P. K. , Pavcnik, N. , "The Effects of Trade Policy", *National Bureau of Economic Research Working Paper Series*, No. 21957, 2016.

Goldsmith-Pinkham, P. , Sorkin, I. , Swift, H. , "Bartik instruments: What, when, why, and how", *American Economic Review*, Vol. 110, No. 8, 2020, pp. 2586-2624.

Gopinath, G. , Neiman, B. , "Trade adjustment and productivity in large crises", *American Economic Review*, Vol. 104, No. 3, 2014, pp. 793-831.

Gourdon, J. , Monjon, S. , Poncet, S. , *Incomplete VAT rebates to exporters: how do they affect China's export performance?*, HAL, March 15, 2017.

Gourdon, J. , Monjon, S. E. P. , Poncet, S. , "Trade policy and industrial policy in China: What motivates public authorities to apply restrictions on exports?", *China Economic Review*, Vol. 40, 2016, pp. 105-120.

Granstrand, O. , *Innovation and intellectual property rights*, 2006.

Graziano, A. G. , Handley, K. , Limão, N. , "Brexit Uncertainty and Trade Disintegration", *The Economic Journal*, Vol. 131, No. 635, 2021, pp. 1150-1185.

Graziano, A. G. , Handley, K. , Limão, N. , "Brexit Uncertainty: Trade Externalities beyond Europe", *AEA Papers and Proceedings*, Vol. 110, 2020, pp. 552-556.

Greenaway, D. , Kneller, R. , "Firm heterogeneity, exporting and foreign direct investment", *The Economic Journal*, Vol. 117, No. 517, 2007, pp. F134-F161.

Greenland, A. , Lopresti, J. , McHenry, P. , "Import Competition and Internal Migration", *The Review of Economics and Statistics*, Vol. 101, No. 1, 2019, pp. 44-59.

Greenland. A. , Ion, M. , Lopresti, J. , "Exports, investment and policy uncertainty," *Canadian Journal of Economics/Revue Canadienne d'économique*, Vol. 52, No. 3, 2019, pp. 1248-1288.

Grishchenko, O. , Mouabbi, S. , Renne, J. , "Measuring Inflation Anchoring and Uncertainty: A U. S. and Euro Area Comparison", *Journal of Money, Credit and Banking*, Vol. 51, No. 5, 2019, pp. 1053-1096.

Grossman, G. M. , *Handbook of Commercial Policy*, North-Holland, 2016, pp. 379-434.

Grossman, G. M. , Helpman, E. , "Outsourcing in a global economy", *The Review of Economic Studies*, Vol. 72, No. 1, 2005, pp. 135-159.

Grossman, G. M. , Helpman, E. , "Trade, innovation, and growth", *The American economic review*, Vol. 80, No. 2, 1990, pp. 86-91.

Grossman, S. J. , Hart, O. D. , "The costs and benefits of ownership: A theory of vertical and lateral integration", *Journal of Political Economy*,

Vol. 94, No. 4, 1986, pp. 691-719.

Guariglia, A. , Liu, X. , Song, L. , "Internal finance and growth: Microeconometric evidence on Chinese firms", *Journal of Development Economics*, Vol. 96, No. 1, 2011, pp. 79-94.

Gulen, H. , Ion, M. , "Policy Uncertainty and Corporate Investment", *The Review of Financial Studies*, Vol. 29, No. 3, 2016, pp. 523-564.

Gummesson, E. , "Commentary on "The role of innovation in driving the economy: Lessons from the global financial crisis"", *Journal of Business Research*, Vol. 67, No. 1, 2014, pp. 2743-2750.

Guvenen, F. , Ozkan, S. , Song, J. , "The Nature of Countercyclical Income Risk", *Journal of Political Economy*, Vol. 122, No. 3, 2014, pp. 621-660.

Hakobyan, S. , "Accounting for underutilization of trade preference programs: The US generalized system of preferences", *Canadian Journal of Economics/Revue canadienne d'économique*, Vol. 48, No. 2, 2015, pp. 408-436.

Hall, B. H. , Jaffe, A. B. , "Trajtenberg M. The NBER patent citation data file: Lessons, insights and methodological tools", *National Bureau of Economic Research Cambridge*, Mass, USA, 2001.

Hall, B. H. , "The financing of research and development", *Oxford review of economic policy*, Vol. 1, No. 1, 2002, pp. 35-51.

Halpern, L. , Koren, M. , Szeidl, A. , "Imported Inputs and Productivity", *American Economic Review*, Vol. 105, No. 12, 2015, pp. 3660-3703.

Handley, K. , Lim, A. O. N. , "Policy uncertainty, trade, and welfare: Theory and evidence for China and the United States", *American Economic Review*, Vol. 107, No. 9, 2017, pp. 2731-2783.

Handley, K. , Lim, A. O. N. , "The policy uncertainty after shocks of trade wars and trade tensions", *Trade War*, 2019, p. 95.

Handley, K. , Limão, N. , Ludema, R. D. , et al. , "Firm Input Choice Under Trade Policy Uncertainty", *National Bureau of Economic Research Working Paper Series*, No. 27910, 2020.

Handley, K. , Limão, N. , "Policy Uncertainty, Trade, and Welfare: Theory and Evidence for China and the United States", *American Economic Re-*

view, Vol. 107, No. 9, 2017, pp. 2731-2783.

Handley, K., Limão, N., "Trade and Investment under Policy Uncertainty: Theory and Firm Evidence", *American Economic Journal: Economic Policy*, Vol. 7, No. 4, 2015, pp. 189-222.

Handley, K., "Exporting under trade policy uncertainty: Theory and evidence", *Journal of International Economics*, Vol. 94, No. 1, 2014, pp. 50-66.

Hardouvelis, G., Karalas, G., Karanastasis, D., et al., "Economic Policy Uncertainty, Political Uncertainty and the Greek Economic Crisis", *SSRN Electronic Journal*, 2018.

Hart, O., Moore, J., "Property Rights and the Nature of the Firm", *Journal of Political Economy*, Vol. 98, No. 6, 1990, pp. 1119-1158.

Hassan, T. A., Hollander, S., van Lent, L., et al., "Firm-Level Political Risk: Measurement and Effects", *The Quarterly Journal of Economics*, Vol. 134, No. 4, 2019, pp. 2135-2202.

Hassan, T. A., Hollander, S., van Lent, L., et al., "The Global Impact of Brexit Uncertainty", *National Bureau of Economic Research Working Paper Series*, No. 26609, 2020.

Hausmann, R., Hwang, J., Rodrik, D., "What you export matters", *Journal of Economic Growth*, Vol. 12, 2007, pp. 1-25.

Hayashi, T., Miao, J., "Intertemporal substitution and recursive smooth ambiguity preferences", *Theoretical Economics*, Vol. 6, No. 3, 2011, pp. 423-472.

He, J. J., Tian, X., "The dark side of analyst coverage: The case of innovation", *Journal of Financial Economics*, Vol. 109, No. 3, 2013, pp. 856-878.

Heise, S., Pierce, J. R., Schaur, G., et al., "Tariff rate uncertainty and the structure of supply chains", Working Paper, Federal Reserve Bank of New York, New York, 2019.

Helpman, E., Razin, A., "A Theory of International Trade under Uncertainty", *Journal of Political Economy*, Vol. 88, No. 5, 1980, pp. 1061-1064.

Hirata, G., Soares, R. R., "Competition and the racial wage gap: Evidence from Brazil", *Journal of Development Economics*, Vol. 146, 2020.

Hirshleifer, D. , Low, A. , Teoh, S. H. , "Are overconfident CEOs better innovators?", *The journal of finance*, Vol. 67, No. 4, 2012, pp. 1457-1498.

Hlatshwayo, S. , "Unpacking policy uncertainty: evidence from european firms", IMF Working Paper, Unpublished Manuscript, Washington, D. C. , 2018.

Hodrick, R. J. , Prescott, E. C. , "Postwar U. S. Business Cycles: An Empirical Investigation", *Journal of Money, Credit and Banking*, Vol. 29, No. 1, 1997, pp. 1-16.

Hogan, T. , Hutson, E. , "Capital structure in new technology-based firms: Evidence from the Irish software sector", *Global Finance Journal*, Vol. 15, No. 3, 2005, pp. 369-387.

Horn, H. , Maggi, G. , Staiger, R. W. , "Trade Agreements as Endogenously Incomplete Contracts", *American Economic Review*, Vol. 100, No. 1, 2010, pp. 394-419.

Howell, S. T. , "Joint ventures and technology adoption: A Chinese industrial policy that backfired", *Research Policy*, Vol. 47, No. 8, 2018, pp. 1448-1462.

Hsu, P. , Tian, X. , Xu, Y. , "Financial development and innovation: Cross-country evidence", *Journal of Financial Economics*, Vol. 112, No. 1, 2014, pp. 116-135.

Hummels, D. , Ishii, J. , Yi, K. , "The nature and growth of vertical specialization in world trade", *Journal of International Economics*, Vol. 54, No. 1, 2001, pp. 75-96.

Husted, L. , Rogers, J. , Sun, B. , et al. , Measuring cross country monetary policy uncertainty, Washington: Board of Governors of the Federal Reserve System, 2016.

Husted, L. , Rogers, J. , Sun, B. , "Monetary policy uncertainty", *Journal of Monetary Economics*, Vol. 115, 2020, pp. 20-36.

Héricourt, J. , Poncet, S. , "Exchange rate volatility, financial constraints, and trade: Empirical evidence from Chinese firms", *The World Bank*

Economic Review, Vol. 29, No. 3, 2015, pp. 550-578.

Iacovone, L. , Javorcik, B. S. , "Multi-product exporters: Product churning, uncertainty and export discoveries", *The Economic Journal*, Vol. 120, No. 544, 2010, pp. 481-499.

Imbruno, M. , "Importing under trade policy uncertainty: Evidence from China", *Journal of Comparative Economics*, Vol. 47, No. 4, 2019, pp. 806-826.

Istrefi, K. , Mouabbi, S. , "Subjective interest rate uncertainty and the macroeconomy: A cross-country analysis", *Journal of International Money and Finance*, Vol. 88, 2018, pp. 296-313.

Izhakian, Y. , "Expected utility with uncertain probabilities theory", *Journal of Mathematical Economics*, Vol. 69, 2017, pp. 91-103.

Jahan-Parvar, M. R. , Liu, H. , "Ambiguity Aversion and Asset Prices in Production Economies", *The Review of Financial Studies*, Vol. 27, No. 10, 2014, pp. 3060-3097.

Jang, S. , Kim, J. , von Zedtwitz, M. , "The importance of spatial agglomeration in product innovation: A microgeography perspective", *Journal of Business Research*, Vol. 78, 2017, pp. 143-154.

Jaravel, X. , Sager, E. , *What are the price effects of trade? Evidence from the US and implications for quantitative trade models*, 2019.

Jia, R. , Li, H. , "Just above the exam cutoff score: Elite college admission and wages in China", *Journal of Public Economics*, Vol. 196, 2021.

Jiang, L. , Lu, Y. , Song, H. , et al. , "Responses of exporters to trade protectionism: Inferences from the US-China trade war", *Journal of International Economics*, Vol. 140, 2023.

Jiao, Y. , Liu, Z. , Tian, Z. , et al. , "The impacts of the US trade war on Chinese exporters", *Review of Economics and Statistics*, 2022, pp. 1-34.

Jo, S. , Sekkel, R. , "Macroeconomic Uncertainty Through the Lens of Professional Forecasters", *Journal of Business & Economic Statistics*, Vol. 37, No. 3, 2019, pp. 436-446.

Jurado, K. , Ludvigson, S. C. , Ng, S. , "Measuring Uncertainty",

American Economic Review, Vol. 105, No. 3, 2015, pp. 1177-1216.

Kalamara, E., Turrell, A., Redl, C., et al., *Making Text Count: Economic Forecasting Using Newspaper Text*, Leibniz Informationszentrum Wirtschaft, 2022.

Kano, L., Tsang, E. W., Yeung, H. W., "Global value chains: A review of the multi-disciplinary literature", *Journal of International Business studies*, Vol. 51, 2020, pp. 577-622.

Kaviani, M. S., Kryzanowski, L., Maleki, H., et al., "Policy uncertainty and corporate credit spreads", *Journal of Financial Economics*, Vol. 138, No. 3, 2020, pp. 838-865.

Knight, F. H., *Risk, uncertainty and profit*, Houghton Mifflin, 1921.

Knight, J., *Institutions and social conflict*, Cambridge University Press, 1992.

Kohler, W., Kukharskyy, B., "Offshoring under uncertainty", *European Economic Review*, Vol. 118, 2019, pp. 158-180.

Kost, K., *Trade policy uncertainty, investment, and lobbying*, The University of Chicago, 2020.

Krauth, B., "Bounding a linear causal effect using relative correlation restrictions", *Journal of Econometric Methods*, Vol. 5, No. 1, 2016, pp. 117-141.

Kripfganz, S., Kiviet, J. F., "Kinkyreg: Instrument-free inference for linear regression models with endogenous regressors", *The Stata Journal*, Vol. 21, No. 3, 2021, pp. 772-813.

Larsen, V. H., "Components Of Uncertainty", *International Economic Review*, Vol. 62, No. 2, 2021, pp. 769-788.

Lee, W., Ma, H., Xu, Y., "Export tax rebate and the margins of exports: product-level evidence from a quasi-natural experiment", *International Tax and Public Finance*, Vol. 28, 2021, pp. 386-404.

Li, M., Balistreri, E. J., Zhang, W., "The US-China trade war: Tariff data and general equilibrium analysis", *Journal of Asian Economics*, Vol. 69, 2020.

Lichtenberg, F. R., "The Private R and D Investment Response to Federal Design and Technical Competitions", *The American Economic Review*, Vol. 78, No. 3, 1988, pp. 550-559.

Limão, N. , Maggi, G. , "Uncertainty and Trade Agreements", *American Economic Journal: Microeconomics*, Vol. 7, No. 4, 2015, pp. 1-42.

Liu, E. , "Industrial Policies in Production Networks", *The Quarterly Journal of Economics*, Vol. 134, No. 4, 2019, pp. 1883-1948.

Liu, Q. , Ma, H. , "Trade policy uncertainty and innovation: Firm level evidence from China's WTO accession", *Journal of International Economics*, Vol. 127, 2020.

Lu, Y. , Wang, J. , Zhu, L. , "Place-based policies, creation, and agglomeration economies: Evidence from China's economic zone program", *American Economic Journal: Economic Policy*, Vol. 11, No. 3, 2019, pp. 325-360.

Ludvigson, S. C. , Ma, S. , Ng, S. , "Uncertainty and Business Cycles: Exogenous Impulse or Endogenous Response?", *American Economic Journal: Macroeconomics*, Vol. 13, No. 4, 2021, pp. 369-410.

Maloney, W. F. , Nayyar, G. , "Industrial Policy, Information, and Government Capacity", *The World Bank Research Observer*, Vol. 33, No. 2, 2018, pp. 189-217.

Manelici, I. , Pantea, S. , "Industrial policy at work: Evidence from Romania's income tax break for workers in IT", *European Economic Review*, Vol. 133, 2021.

Manova, K. , Yu, Z. , "How firms export: Processing vs. ordinary trade with financial frictions", *Journal of International Economics*, Vol. 100, 2016, pp. 120-137.

Mao, J. , Tang, S. , Xiao, Z. , et al. , "Industrial policy intensity, technological change, and productivity growth: Evidence from China", *Research Policy*, Vol. 50, No. 7, 2021, pp. 104287.

Mayer, T. , Melitz, M. J. , Ottaviano, G. I. , "Market size, competition, and the product mix of exporters", *American Economic Review*, Vol. 104, No. 2, 2014, pp. 495-536.

Mayer, T. , Melitz, M. J. , Ottaviano, G. I. , "Product mix and firm productivity responses to trade competition", *The Review of Economics and Statistics*, Vol. 103, No. 5, 2021, pp. 874-891.

Melitz, M. J. , Ottaviano, G. I. , "Market size, trade, and productivity", *The Review of Economic Studies*, Vol. 75, No. 1, 2008, pp. 295-316.

Melitz, M. J. , Polanec, S. , "Dynamic Olley-Pakes productivity decomposition with entry and exit", *The Rand journal of economics*, Vol. 46, No. 2, 2015, pp. 362-375.

Melitz, M. J. , Redding, S. J. , "Heterogeneous firms and trade", *Handbook of International Economics*, Vol. 4, 2014, pp. 1-54.

Melitz, M. J. , Redding, S. J. , "New Trade Models, New Welfare Implications", *American Economic Review*, Vol. 105, No. 3, 2015, pp. 1105-1146.

Mukherjee, A. , Singh, M. , ?aldokas, A. , "Do corporate taxes hinder innovation?", *Journal of Financial Economics*, Vol. 124, No. 1, 2017, pp. 195-221.

Mumtaz, H. , Musso, A. , "The Evolving Impact of Global, Region-Specific, and Country-Specific Uncertainty", *Journal of Business & Economic Statistics*, Vol. 39, No. 2, 2021, pp. 466-481.

Na, R. , Cheng W. , "Government Subsidies and Enterprise Innovation: Moderation Effect of Absorbed Slack", *Journal of Finance Research*, 2019.

Nicita, A. , Olarreaga, M. , Silva, P. , "Cooperation in WTO's Tariff Waters?", *Journal of Political Economy*, Vol. 126, No. 3, 2018, pp. 1302-1338.

Novy, D. , Taylor, A. M. , "Trade and Uncertainty", *The Review of Economics and Statistics*, Vol. 102, No. 4, 2020, pp. 749-765.

Osadchiy, N. , Schmidt, W. , Wu, J. , The bullwhip effect in supply networks", *Management Science*, Vol. 67, No. 10, 2021, pp. 6153-6173.

Ossa, R. , "Trade Wars and Trade Talks with Data", *American Economic Review*, Vol. 104, No. 12, 2014, pp. 4104-4146.

Pan, W. , Xie, T. , Wang, Z. , et al. , "Digital economy: An innovation driver for total factor productivity", *Journal of Business Research*, Vol. 139, 2022, pp. 303-311.

Paradise, J. F. , "China's quest for global economic governance reform", *Journal of Chinese Political Science*, Vol. 24, No. 3, 2019, pp. 471-493.

Pierce, J. R. , Schott, P. K. , "The Surprisingly Swift Decline of US Manufacturing Employment", *American Economic Review*, Vol. 106, No. 7, 2016, pp. 1632-1662.

Piveteau, P. , Smagghue, G. , "Estimating firm product quality using trade data", *Journal of International Economics*, Vol. 118, 2019, pp. 217-232.

Pástor, L'. , Veronesi, P. , "Political uncertainty and risk premia", *Journal of Financial Economics*, Vol. 110, 3, 2013, pp. 520-545.

Redl, C. , "Uncertainty matters: Evidence from close elections", *Journal of International Economics*, Vol. 104, 2020.

Rodriguez, C. A. , "The non-equivalence of tariffs and quotas under retaliation", *Journal of International Economics*, Vol. 4, No. 3, 1974, pp. 295-298.

Salgado, S. , Guvenen, F. , Bloom, N. , "Skewed Business Cycles", *National Bureau of Economic Research Working Paper Series*, No. 26565, 2019.

Sapra, H. , Subramanian, A. , Subramanian, K. V. , "Corporate governance and innovation: Theory and evidence", *Journal of Financial and Quantitative Analysis*, Vol. 49, No. 4, 2014, pp. 957-1003.

Scotti, C. , "Surprise and uncertainty indexes: Real-time aggregation of real-activity macro-surprises", *Journal of Monetary Economics*, Vol. 82, 2016, pp. 1-19.

Shen, G. , Wang, P. , Xu, Y. , "Trade destruction and deflection effects of US-China trade frictions on China's tariff-targeted products", *The World Economy*, Vol. 44, No. 7, 2021, pp. 2076-2106.

Shen, H. , Hou, F. , "Trade policy uncertainty and corporate innovation evidence from Chinese listed firms in new energy vehicle industry", *Energy Economics*, Vol. 97, 2021.

Shin, M. , Zhong, M. , "A New Approach to Identifying the Real Effects of Uncertainty Shocks", *Journal of Business & Economic Statistics*, Vol. 38, No. 2, 2020, pp. 367-379.

Smarzynska Javorcik, B. , Kett, B. , Stapleton, K. , et al. , "Unravelling Trade Integration: Local Labour Market Effects of the Brexit Vote", Available at SSRN 3518560, 2019.

Steinberg, J. B. , "Brexit and the macroeconomic impact of trade policy uncertainty", *Journal of International Economics*, Vol. 117, 2019, pp. 175-195.

Stiglitz, J. E. , "Industrial Policy, Learning, and Development", *The Practice of Industrial Policy: Government—Business Coordination in Africa and East Asia*, Oxford University Press, 2017.

Tang, B. , Gao, B. , Ma, J. , "The impact of export VAT rebates on firm productivity: Evidence from China", *The World Economy*, Vol. 44, No. 10, 2021, pp. 2798-2820.

Tu, X. , Du, Y. , Lu, Y. , et al. , "US-China trade war: Is winter coming for global trade?", *Journal of Chinese Political Science*, Vol. 25, 2020, pp. 199-240.

后　记

本书的撰写和出版要感谢我的博士生导师周茂荣老师，周老师治学严谨，是我的学术引路人。谢谢周老师多年的教诲和指导，使我从一名青涩的"青椒"，成长为世界经济教学和科研领域的学者。

感谢世界经济系各位前辈的指导，感谢高玉芳教授、陈继勇教授，感谢我的同事林玲教授、齐绍洲教授、张建清教授、马红霞教授、余振教授、张天顶教授、胡艺副教授、杨勇副教授、郭汝飞副教授、林晚发副教授和王书飞博士。感谢我的同门周念利教授的鼓励和帮助，感谢我的同学杨雪莱教授、杜莉教授、胡建萍副教授的勉励。感谢中国社会科学出版社戴玉龙老师的大力支持和帮助。感谢我的学生李涛、马丹、李潇、袁亦宁、吴碧瑶、易珺、李雨橙、刘慧慧、洪文凤、程嘉怡和回奕伯所做的工作。最后，感谢我的家人默默的支持和关心。